在坚守初心中绽芳华

——我的教育探索之路

曲 涛 著

中国海洋大学出版社
· 青岛 ·

图书在版编目（CIP）数据

在坚守初心中绽芳华：我的教育探索之路／曲涛著．
青岛：中国海洋大学出版社，2024.8. -- ISBN 978-7
-5670-3945-2

Ⅰ. G632. 0
中国国家版本馆 CIP 数据核字第 2024BQ1885 号

在坚守初心中绽芳华——我的教育探索之路
ZAIJIANSHOU CHUXINZHONG ZHANFANGHUA —— WODE JIAOYU TANSUO ZHILU

出版发行	中国海洋大学出版社	
社 址	青岛市香港东路 23 号	**邮政编码** 266071
出 版 人	刘文菁	
网 址	http://pub.ouc.edu.cn	
订购电话	0532-82032573（传真）	
责任编辑	赵孟欣	**电 话** 0532-85901092
印 制	青岛海蓝印刷有限责任公司	
版 次	2024 年 8 月第 1 版	
印 次	2024 年 8 月第 1 次印刷	
成品尺寸	185 mm ×260 mm	
印 张	12. 25	
字 数	265 千	
印 数	1—1 000	
定 价	89. 00 元	

发现印装质量问题，请致电 0532-88785354，由印刷厂负责调换。

目录

我是一位基础教育的实践者。

20世纪80年代，在启蒙教师侯老师的影响下，我如愿成为一名中专师范生。中师毕业后，我一直耕耘在三尺讲台上，用自己的激情、智慧与人格去点燃、启迪和熏陶着一批批学子。参加工作30多年来，我一直在思考、在探索：作为一名教师，我应该留给学生些什么？在这个纷纷扰扰的社会中，我应如何坚守初心，不断实现自我成长？

初出茅庐。为了让学生们喜欢上我的数学课，我认真学习数学教学理论和教育名家的优秀案例，经常请教有经验的同事，站在学生的立场上反复斟酌每一个教学环节。在我有意识地引导学生将数字、符号和图形与具体生活联系起来，放手让学生们自己在具体的生活情境中学习貌似枯燥的数学知识时，学生们渐渐地喜欢上我的数学课。时任烟台市教研室数学教研员的方老师的肯定，给了我深入研究数学课堂教学的动力；1998年的北京之行，让我见识了数学大家的风采；2000年牟平区实验小学千兆校园网的开通，给我的学习和研究插上了"翅膀"。几年来，我先后有多节课荣获区、市优质课，为各级各类研讨会提供教研课，在各类期刊上发表多篇文章，先后被授予"牟平区学科能手""牟平区优秀教师""牟平区教育教学先进个人""烟台市小学教学工作先进个人"等荣誉称号，还被烟台市教体局任命为牟平区实验小学教务副主任。

致知力行。2007年我在齐鲁名校长、山东省特级教师战校长的引导下开始"简约课堂"的研究。白天，我和团队一起研讨，深入教师们的课堂进行观摩，工作日晚上、双休日查阅资料、撰写研究记录，寻求改进方案，提出了"简约课堂"教学的四大环节，即问题导学—互帮共议—交流提高—检查反馈。"简约课堂"的教学研究，培养了学生自主学习的能力，转变了教师"满堂灌"教育理念，撰写的研究成果《小学数学简约课堂的研讨》获市一等奖、省二等奖。为深化"简约课堂"的研究，我又主持申报了烟台市教育科学"十二五"规划的重点课题"基于班内差异的小组互助合作策略研究"，被市教科所立项。因研究成果优秀，先后被评为"烟台市课题研究先进个人""烟台市第二批名师人选"。2012年起，五年的名师学习与实践，让我进一步明确以学生的发展为本，落实核心素养，打造思维灵动的课堂,培养"会学、乐学、善合作"的学生是教学研究者的目标;用自己持续的学习力和"爱人"之心点燃其他教师的热情与希望,努力让身边的每一位教师都成为"发光体"。

笃定共行。2016 年,因工作调动,我来到教工平均年龄为 51.2 岁、5 个年级只有 185 位学生、面临搬迁的牟平区宁海街道师范路小学。

面对种种困难,我没有退缩、没有旁观,以满腔热情与师生一起开展"贯通教研""晚学论坛""巧手钩织"等活动,极大激发了全校师生学习热情,在 2021 年 7 月区质量检测中,学校总成绩在全区名列第三名,荣获"烟台市教育教学先进单位"。2021 年 9 月,我依据国家《义务教育劳动课程标准(2022 年版)》内容,结合学生和家长的实际需求,探索构建基于五育融合的小学食育课程体系,形成种植基地、食趣课堂、多彩美食周和项目化学习于一体的实施路径,建立了过程性评价、个性展示评价和综合化评价三位一体的评价策略,实现了回归生活的教育,让学生在食育中立德、强体、增智、育美、促劳,形成自主学厨的能力,感受中华饮食文化的博大精深。课程实施经验在烟台市中小学劳动教育评价改革观摩研讨会、山东省中小学校本课程建设推进会上发言推广;2022 年,该课程被立为"烟台市基础教育教学改革项目";撰写的《"师娃学厨"劳动课程体系探索与实践》荣获山东省优秀案例一等奖。

此时,落座窗前,打开多年来的演示文稿,翻看着自己一路走来的心路历程,再次敲响键盘,是对自己教育人生的阶段性梳理,也是对那些曾经影响我、陪伴我的同事和孩子们的感恩。

书中记录的是我一路走来的一朵朵"小浪花",是从实践者的角度对探索之路的点滴思考。没有什么理论高度,也没有什么新意,唯愿通过朴实的文字和您交流我的所看、所想、所做,希望得到您的指导,我将不胜感激。

曲 涛

2023 年 12 月

第一章
薪火相传　积极探行

第一节
忆恩师

　　我出生在一个安静的小山村,村民们的精神生活相对匮乏。山那边来的侯老师如一股清流,引吸着我,感染着我,引领我走上讲台,实现了我与父母的梦想。

　　我小学就读于邻村村小,当时是侯任英老师教我们。我很喜欢侯老师,那时她已是三个孩子的妈妈。听大人们说,侯老师是城里人,高中毕业后过继到我们村的一户老夫妇家做养女。侯老师至退休仍是一位代课教师。现在想来她那时一定很委屈,可在我的记忆里,她却从未流露出不满的情绪,永远是步伐轻捷,表情严肃又慈祥,待人接物和气、大方、有礼,永远是认认真真地做着学校里的一切工作。全村人对她极为敬重。我父亲那时在大队里做着事,回家说起侯老师时,总是对她钦佩有加,嘱咐着我一定要好好学习。

　　我喜欢上侯老师的课,特别是写作课。记得刚学习写作文时,我们总觉得无话可说或是言之无物。因此,每次作文课之前,侯老师会领我们开展一些活动。村里的小河、果园、村办工厂都是我们活动的场地、写作的题材。春天侯老师带我们去果园赏花,夏天带我们去小河玩水、摸鱼,秋天带我们去果园帮婶子、大妈收苹果,冬天带我们去小河边玩雪、滑冰。回来后,开心的场景、生动的画面及真挚的情感便跃然纸上。我喜欢侯老师把我的文章当范文读的感觉,喜欢看我们学校小专栏里贴出的我们班同学的作文。记得有一次,侯老师像孩子一样飞向教室,手里拿着一本《作文通讯》喊道:"好消息,好消息,我们班两个同学的作文上《作文通讯》了,我们的小山村里出现'大作家'了。"我们一齐涌向老师,教室成了欢乐的海洋,成了我们飞翔的殿堂。现在想想,参加工作以来时常能将文字变成铅字,和侯老师的指导与影响是分不开的。

　　我忘不了侯老师对我们的点滴关爱。我家去学校要经过一条小河。平时这条小河温顺而甜美,是我们的乐园,而一到汛期,河水时常似暴怒的雄狮。每每此时,侯老师会护送我们过河。大个子同学,侯老师会左手一个右手一个领着过河;小个子同学,侯老师会背着一个又一个地送过河。侯老师的手柔柔的、暖暖的,而在急流中又是那么刚劲有力;侯老师的肩瘦瘦的,却像妈妈的肩那样温暖,又似爸爸肩那样安全。看着河对岸的我们远远离去,她才转身回家照顾她的三个孩子和老父母。每每想起此事,泪水总会情不自禁涌满我的眼眶。

　　然而不懂事的我们时常给她添乱。一日在上学的路上,一个同学提议,去路边的葡萄园摘葡萄吃,我没有同行也没有阻止他们。事后,园主到学校找到侯老师将同学们的所作所为大大地夸张一番。侯老师连连给园主赔礼。送走园主,侯老师脸色铁青,让我们面壁思过。虽然我没摘葡萄，但看着侯老师气得那样也不敢出声，悄悄地站在那儿。过了一会儿，他们几个依次向侯老师认错，只有我还像没事似的地站在那儿。突然，"啪"的一声教鞭落在我手背上，"做错了事，还不认错"，侯老师气得有些发抖。"我没摘！"不知哪儿来的勇气，我竟敢顶撞老师。"什么！"教鞭落地了，侯老师抓起我的手抚摸着，"对不起，老师没弄清情况，对不起……"我永远忘不了老师那痛怜、懊悔的表情，永远忘不了我们几个小伙伴搂着侯老师大哭的情景，那一刻我理解了侯老师那"教鞭下的爱"，我也为当时没有及时劝阻同学们而懊悔。

　　在侯老师精心栽培下，小学毕业后我顺利地升入了镇重点中学，但我依然关注着侯老师的一切。不久，侯老师的养父母相继去世。侯老师城里的父母邀请她们一家去城里住。侯老师说，她离不开学生，她喜欢和学生在一起的感觉，只要能让她当这个"孩子王"，再苦累也觉得幸福。听到侯老师这段话，我不禁想起现代教育专家李镇西的一句话："给我一个班，我就心满意足了。"侯老师虽不是什么教育家，但也道出一个极不普通的哲理：教师，生活在学生中，就是幸福，就是"最好"！让我从小就懂得了一个教育工作者应具备的品质。

　　因受侯老师的影响，中学毕业后我如愿进入师范学校。

　　师恩，深深地浸透在我的生命里……

第二节
一节偶然成功的教研课

"把你想到没想到的都做到了，就是不成熟。"

　　1990年我入职牟平区实验小学。受启蒙教师侯老师的影响，我从小就喜欢语文学科，喜欢阅读，喜欢那些丰富的文字带给我的无限遐想。在师范学校读书时，我是课文课代表兼学校报纸的编辑，每天往返于校报与班之间，无形中提升了我的文学素养，梦想有一天能与我的学生一起诵诗词、读散文，描述心中无限的美好。来到实验小学，我是两个班的数学教师并任一个班的班主任。我一直就不太喜欢看似枯燥的数学，也特别理解不喜欢数学课的孩子们。但既然安排我教数学，我就想尽办法，让孩子们在数学课上感到好玩儿，感受到学数学的意义，努力让孩子们和我一起都爱上数学课。

　　为此，我借来小学数学教学的相关杂志，学习数学教学理论和案例，有时间就请教有经验的同事们，每天晚上都要针对第二天教学内容的目标、方法研读教学参考，站在孩子的立场进行长时间的斟酌、推敲，觉得对各个环节都有把握了才安心睡觉。每当我精心设计的数学课得以圆满地呈现，孩子们学得主动积极时，我就会增添一分对数学课的喜欢。在我有意识地引导孩子们去发现、欣赏数学的思维性、逻辑性、严谨性等学科特点的过程中,我和孩子们都渐渐地喜欢上了数学课。

我的数学课很朴素,很少有花哨的形式。我喜欢带着孩子们将数字、符号和图形与具体生活联系起来,同时又从生活中抽象出来进行探究。1994 年春季,时任烟台市教研室数学教研员方老师临时来校调研,学校安排我上一节教研课。当时我们正在学习"万以内数的加减法"。前一天已经学习了"两个数进位加减法",通过作业反馈,学生掌握得并不好,今天继续学习加减混合计算,我估计效果不会太乐观。学习新课前,我出示了同学们作业中的典型错例,让他们自己分析错误原因,并提出以后做类似题的建议。接着让同桌俩互相出题计算,巩固上一节课的知识,提高同学们计算的准确性。几组练习后,一位同学出了一道加减混合计算题,我顺势引导学生展开讨论,如何进行万以内数的加减混合计算。接着与同学们一起进行个人夺旗、小组夺冠、大组夺擂的计算比赛活动。整节课孩子们都积极投入在说算理、辨方法和准确计算中。课后教师们研讨时都赞叹这节课学生学得主动、投入,并且整节课轻松、自然又不失严谨。方老师兴奋地说:"都问我计算课应该怎么上,今天我可以告诉他们计算课就应该这样上。"

课后,方老师把我的这节课的教学设计与思考,刊发在烟台市的教学期刊《烟台通讯》上。同人都啧啧赞叹,因为他们工作近 20 年也没获得这样的殊荣。要问我有什么妙招,我真没有什么高深的理念,就是放手让同学们自己在具体的生活情境中学习貌似枯躁的数学,我也没想到为什么方老师会这么赞赏。时任区数学教研员孙主任说,把你想到没想到的都做到了,就是不成熟。一语点醒梦中人,我的课堂研究方向是对的,但是才刚入门,以后还须我扎扎实实地继续研究。

第 三 节
1998 年的北京之行

1998 年的深冬,我收到北京市海淀区教研室举办的北京名师教育教学研讨会的邀请函。带着领导的嘱托和同人的期盼,我登上了北上的列车。那段时间,北京的冬天非常寒冷,但我的内心始终热气腾腾。我被各位名家那"好吃又营养"的课堂深深吸引,让我重新审视我的课堂教学。

第一天上午,吴正宪老师先给我们上了一节"年月日"的示范课。

她从中华人民共和国的诞生日、中国共产党的生日、学生的生日入手,很自然地引导学生进入学习主题,也激发起学生探究的欲望。接着通过让学生观察研究手中的年历卡,经过自主学习、交流讨论、点拨提升三大环节,与学生一起学习了大月、小月、特殊月以及平年、闰年等知识点。最后在抢答、小游戏等学生喜闻乐见的活动中巩固了本节课的知识。

亲身经历了吴老师的课堂,看到了教育大家行云流水的课堂,明白了教育家顾明远曾说过的话:"教学过程的实质是教师、学生双向、多向信息交流不断深化的过程。其信息交流是否顺畅,取决于教师的调控艺术,信息交流深刻与否,取决于教师的反馈艺术。"

课后,吴老师给我们分享的"让孩子爱上数学的'法宝'"。

第一,要"读懂儿童,读懂数学,读懂教材"。吴老师在"三读懂"的基础上,确立了小学数学学习的三维目标,即"传递知识,启迪智慧,完善人格";在三维目标的基础上,又提出了儿童数学教学理念,即让儿童在"好吃"中享受有"营养"的数学学习。第二,要让数学走向生活。她倡导教师要善于设计与生活实际有联系的数学情境,比如学生在学习"年、月、日"之前已经知道"我今年过生日,到明年过生日正好是一年""爸爸这个月领工资,到下个月再领工资正好是一个月",把这样的生活常识和数学学习结合起来,孩子们自然会喜欢。第三,课堂需要愉悦和谐的气氛。教师要用适时地"退"、适度地"装傻"、适度地融入,激发学生的自信,使师生之间平等交流。

接着我们听了窦桂梅、王崧舟和俞正强等老师的课。同各位名师比较,反观我的课堂教学,正如孙主任所说确实"不成熟"。是的,我从来没仔细考虑过,我为什么要与学生学习这些内容,我要给学生哪些"营养",培养学生哪些技能与素养,用什么方式与学生一起学习,这些知识点从哪儿来,又与后面哪些知识点衔接……

北京之行,让我这个小山村走出的小姑娘第一次来到天安门广场,第一次走进中国教育名家的课堂,第一次理性地反思自己的课堂。我不但理解了"把你想到没想到的都做到了,就是不成熟",还知道了以后如何变"成熟"。

第四节
第一篇大作

如果说 1994 年我发表于《烟台通讯》的作品是"无心之柳",那 2005 年发表于《烟台教育》的《在网络论坛中成长》则真实记录了我在网络世界成长历程。

2000 年,区政府斥巨资为我们学校安装千兆校园网,并为每位教师配备电脑。这让我如虎添翼。我利用课余时间、双休日及节假日学习五笔打字法,学习上网,学习发邮件,学习在线与各位教育同人探讨工作中遇到的问题。这期间,我申请成为教育在线论坛的会员,时常把工作感悟或困惑记录并发在论坛上,常常得到坛主或教育专业人士的指点。2004 年秋天,时任《烟台教育》编辑的张裕铼老师来学校采稿,学校让我们这些年轻教师交流成长心得。我谈了在论坛中的学习经历,张老师非常欣赏,让我整理成篇,并刊发在 2005 年《烟台教育》第 2 期上。当时,我真是兴奋,真以为自己"文笔不一般",以后又尝试写了几篇都石沉大海。静下心来,想明白了,当时网络刚刚走入寻常百姓家,我的切入点非常"应景",另一方面,文中所叙是我的真实经历、真情实感,所以能打动读者。

附文稿

在网络论坛中成长

2002 年新课改在我校启动伊始,我带着一些困惑与茫然走进互联网天地,与国内外最新教育信息零距离接触,让我有了久旱逢甘雨之感。经专业微机教师的引领,我第一次登陆了教育在线论坛。在这里,我尝试着用别样的方式来感悟教育,体验人生。渐渐地,论坛成了我与名家、同行交流的平台,成了我成长的沃土,给了我成长的动力。我一步步走来,一点点积累,随之,大量反映学生生活和工作的感悟在笔下诞生。同时,在交流的过程中我不断审视着、改进着自己的教育行为。

在网络论坛中写作——记录工作点滴。

为了提高自己的业务能力,我在论坛中寻找名家、大师们的经验、作法。在阅读中,我欣赏着,感动着,思索着。很多时候,我心中会涌起一种冲动,一种想要表达我的思考、表达我的情感的冲动,我便把这种情感化作语言文字记录下来。我记录工作,记录学习,记录孩子们成长的足迹。孩子们的一言一行、一举一动、喜怒哀乐我都会在记录中审视,在记录中研究。朴素的文字成了我积累经验的第一手资料。

在写随笔的日子里,我是快乐而充实的,因为文字烙上了我对工作的印记,记录了我对学生的回忆,更留下了我对今后工作的思索。

网络论坛让我走出了狭窄的空间,拥有了一个更加广阔的新天地。

在网络论坛中学习——捕捉教育契机。

在写作交流、思维碰撞中,我在反思,并不断地在实践中体验。曾记得,有一次,班级上经常不写作业的"惯犯"明明,因没发作业本给他而来问我。当时的我非常生气,没写作业,还倒打一耙。正当我要批评他时,想起特级教师张万祥专版中的一句话,"请你任何时候不要忘记:你面对的是儿童极易受到伤害的、极其脆弱的心灵,学校里的学习不是毫无热情地把知识从一个头脑装进另一个头脑,而是师生之间每时每刻都在进行心灵的接触"。于是我平静下来,让他回到座位,开始上课。没想到,课间邻班的学生将他的作业本送了。同学们诧异地看着明明,此时无声胜有声,刹那间明明的脸变得通红。

我庆幸是张老师的警言为自己的批评叫了暂停,为我的教育工作提供了一个难得的契机。我把这些在课堂上的实践再次写成随笔,时刻提醒自己,没有最好只能更好。

在网络论坛中回复——共探教育真谛。

看帖、回复,是共探教育真谛的妙法。回复,让大家的思想在互动中得到触发,获得进步,享受快乐。时常,网友的回复会给我思想的启迪。

在《换一种方式"惩罚"》这篇随笔中,网友"春天"这样回复:其实,在每一个人的成长过程中,适当的鼓舞与勉励都是不可缺的。有时候,一句鼓舞人心的话往往会产生意想不到的效果。多给孩子一些掌声,多为孩子喝彩,也是一种高尚,是一种无须任何成本的给予和关爱,也许正是这种给予和关爱,才会使那些有"问题"孩子对明天对未来有所期盼。

"春天"的回复让我感到好的教育是给孩子成就感的教育,给孩子自信心的教育,给孩子以追求目标的教育。肯定孩子的成功以增强孩子的自信心,就会使孩子取得更大的成功。

网友的回复增强了我回复的动力。每次看论坛都会留下我的足迹。正是这回复,激发了我对教育更深层次的思考;正是这回复,不断提高着我的工作能力。同时让我感受到论坛不但是专家、学者交流学术、经验的场所,更是教育工作者探究教育真谛的"黄金屋"。

在网络论坛中引领——促进专业成长。

在论坛中我结识了更多的人。沦耳、无尘、一叶兰舟、老黑……我们一起谈学生,谈教学,谈教育的发展。我们彼此关心着,鼓励着,成长着。

在论坛上,我认识了另类教师——蔡兴蓉,每每读到他的文字,总会在心底激起不尽的震撼,且他那"让孩子他妈也喜欢读书"的梦想更成了我前行的鞭策。还结识了现代教育专家李镇西,他一句朴实的话"给我一个班,我就心满意足了"着实让我思考半天,其中蕴含着极不普通的教师人生哲理:生活在学生中,就是幸福,就是"最好"!让我懂得了一个教育工作者应具备的教育观、人生观、价值观。我默然拜这些网友们为师,在他们的引领下,提升着专业素养。

在学习、交流中,我取得了较大的进步,多次参加区优质课、观摩课、研讨课、示范课;2004年参加市优质课比赛荣获一等奖;撰写的《给了舞台也灿烂》先后在区课改动态、省《创新教育》上发表;撰写的《借他一朵小红花》《分类比较在生活中的运用》等文先后在省市区获一、二等奖。

行文至此,脑海中忽然冒出教育在线论坛总版主曾说过的一段话:

我本想收获一片枫叶,你却给了我整片枫林;

我本想收获一朵浪花,你却给了我整个海洋;

我本想收获一缕阳光,你却给了我整片蔚蓝的晴空。

(此文发表于《烟台教育》2005年第2期)

第五节
网上拜师 引我专业成长

清华附小校长窦桂梅老师说过:"不阅读的孩子,是潜在的差生。"是的,当你工作生活迷茫时,读书是解决问题最好的方式。

连续投出几篇得意大作却石沉大海,我又陷入低沉。徘徊于教育在线论坛,坛主发布的一则消息引起我的兴趣,"本论坛会员需要一对一进行文章指导的,围绕自己所任学科写份简介发给我,我根据专业要求帮您寻找指导教师"。我立即与坛主联系,经坛主帮助,我认识了《中学数理化报》特约编辑张金传老师。为了表示诚心,我通过邮局给张老师邮了一大包妈妈晒的熟地瓜干,感动得张老师连发邮件表示感谢。现在想想我是多么幸运!

张老师建议我先读专业书,然后从专业的视角记录工作中、课堂上的闪光点或所感所悟。期间,我边工作边读书,读了吴正宪老师的《教育教学文丛》、俞正强老师的《低头找幸福》、窦桂梅老师的《回到教育原点》、史宁中校长的《基本概念与运算法则》等书籍,写了《"选作业卡"》《巧借手指释难题》《无效追问》等文章,经张老师指导后在《教育时报》《数学小灵通》《中小学数学》《辅导员》等报刊发表;制作的课件《圆的认识》发在《中国多媒体教学学报》2008 年第 3 期上。在读读、写写中,我的课堂教学水平也有了很大提高。2007 年,我执教了牟平区第一节网络直播教研课。直播当天,市、区教体局全体相关领导、教研员齐聚一堂,观看网络的运行是否畅通,观摩我的课堂教学、了解网络教研效果。我制作的基于学生实际、学习需求的课件,流畅灵动的课堂,自如的网络软件切换,赢得领导们一致好评。连续几年,因教学成绩优秀,我先后被授予"牟平区学科能手""牟平区优秀教师""牟平区教育教学先进个人""烟台市小学教学工作先进个人"等荣誉称号,还被教体局任命为学校教务副主任。

附部分文稿

对批评说暂停

课间,同学们帮我把批完的作业发了下去。我正准备上课,一个怯弱而微小的声音在我的耳畔响起:"老师,我的作业本没有发。"

循着声音找去,又是他,明明!

顿时,我由疑惑变得有点生气。这家伙,前天就没写作业,昨天的作业写得一团糟,今天十有八九又没写作业,反过来还要倒打一耙。

"老师,他肯定没写作业。"

"语文作业他就没交,语文老师问时他说放在家里了。"

"唉,没写就没写呗。为什么要说谎呀?"

…………

同学们七嘴八舌地说开了。

是啊,一个"惯犯"仅凭我昨天一时的说教,绝不可能这么快就"洗心革面",今天就交作业的。我冷冷地瞟着他,"老师,我真得写作业了。"他一脸的委屈与不服,这更激怒了我。没写作业还狡辩!我刚要劈头盖脸将我的一腔愤怒倾泻而出时,上课铃响了。

不能因为他而耽误上课。于是我强压下心中的愤怒,故作平静地说:"好吧,你先坐下,下课再说。"心里却嘀咕:等下了课,再让你"狡辩"!

课上完了。整节课,他似乎什么事也没发生,和其他同学一起交流学习,一起讨论,似乎比平日的任何一节课都用心。是因为老师的批评呢,还是真写了作业?下课铃在我的疑惑中响了。我正要叫上明明到办公室里问个究竟,这时,三班一个同学推门进来,"老师,我班的数学作业中夹着一本你们班的作业。"我拿过作业本,封面上赫然地写着两个大字"明明"。

霎时,愧疚和不安笼罩了我,我没有心思研究这个本如何到了三班,而是急忙来到明明面前温和地对他说:"老师把作业还给你,老师和同学错怪你了,请你原谅。"

他疑惑地看着我说:"老师,您昨天说我是您心目中的好学生,所以我决心从现在开始不辜负您的期望。不过我妈妈说要请您时时提醒我……"

我的心像翻倒了五味瓶,我暗自庆幸上课铃为自己的批评叫了个暂停。不然,或许我会把一叶刚冒出新芽的幼苗毁于一旦!

这让我想起了苏霍姆林斯基的一句话:"请你任何时候不要忘记:你面对的是儿童极易受到伤害的、极其脆弱的心灵,学校里的学习不是毫无热情地把知识从一个头脑装进另一个头脑,而是师生之间每时每刻都在进行心灵的接触。"

让我们在批评学生前,先为自己叫个暂停吧。给学生一个解释的机会,也给自己一个了解的机会,用爱的阳光融化这片冰雪,用爱的甘露润泽这片沙漠,用真诚解开心灵之结,用心灵去呵护心灵吧! 只有这样,你的批评才会达到良好的教育学生的目的。

(此文发表于《新课程报》2007 年第 33 期)

无效追问

(缘由)教师甲执教的"对称",课一开始便通过多媒体展示了一幅幅古建筑、工艺品、京剧脸谱、艺术体操等图片。

师笑盈盈地问:"它们美吗?"

学生们还沉浸在视觉美的享受中,不约而同地回答:"美。"

师:"它们为什么美?"

学生甲:"它们的颜色漂亮。"

师:"还有吗?"

学生乙:"那一对小鸟剪得美。"

师:"还有不同观点吗?"

学生丙:"它们的形状好看。"

师:"谁还有不同的?"

师虽然有点着急,然而学生却表情茫然。教师到底想让同学们说什么呢? 终于又有一个学生说:"那个脸谱画得好看"……

最终也没有学生回答出教师想要的答案。

无奈之下,师只得自己说出答案:"因为它们是对称的。"

(思考)新课程改革以来,我们倡导学生多说,鼓励学生敢说,但并不是让学生在课堂上漫无边际地说。如果教师为了鼓励学生大胆地说,对于学生一些漫无边际的话也不加控制,那么就会给人一种模糊的感觉,让人搞不懂这节课的目标到底是什么? 教师究竟要干什么? 从而让学生迷失了方向。实际上这种迷失更多的时候是因为教师缺少有效追问,不能准确地选择生成资源把课堂引回到有价值的方向。

(对策)当学生丙说"它们的形状好看"时,教师应该继续问,"你觉得它们的形状有什么特点",生一般会说"左右两边一样",师便可以顺势说"像这样左右两边一样的图形,就是这节课我们要学习的对称",然后可再继续追问,怎么验证两边是完全一样的呢?引出操作,很自然地引出新内容,顺应了学生的思维。

(缘由)教师乙执教的《两位数除以一位数的笔算》,学习完62÷2后,又学习72÷6,师让学生自己试着列竖式解答,其中一位学生板书。当学生列完竖式后,师指着竖式问学生:"请仔细观察这道题与例1有什么不同?"

学生甲:"被除数与除数不同。"

师:"再看看,还有什么不同?"

学生乙:"商不同。"

师:"再仔细看看,还有什么不同?"

学生丙:"多了个1。"

"还有没有不同的。"教师继续追问……

教师只是机械地询问不同点,最终也没有学生说到点子上。

(思考)课堂教学活动的进行和成果的检验,离不开提问。提问确实是一门艺术,提问不当,不仅对我们的教学毫无益处可言,还可能对学生的学习造成一定的干扰,提问得当,可以起到事半功倍的效果。

(对策)反思:当学生丙回答"多了个1"时,教师可追问,"哪儿多了个1?""这个1在哪个数位上?""表示什么?""这个1与谁和起来了,是多少?""再应该如何继续去除?"可以用这种的有效追问的方式引导学生将思维由肤浅走向深入。

有效追问是一门艺术,是教师对课堂教学内容的一种把握深度,是教师应变能力的有效见证。追问不在于多少问题,而在于这些问题是否有效地把学生引向"最近发展区",在于是否能让学生感受到进行智力劳动的乐趣,要"问得其所"。追问的最高境界应该是让学生从课堂上的"被追问"走向"主动追问",这才是新课程改革的出发点和落脚点。

(此文发表于《教育时报》2009年2月4日)

巧借手指释难题

数学教师爸爸给双胞胎兄弟明明和天天出了一道思考题:每上一层楼都要走18级台阶,李英从一楼到五楼的活动室要走多少级台阶?

哥哥明明抢着说5×18=90。弟弟天天歪着脑袋想了半天,说:"不对,应该是(5-1)×18=72。"小哥俩为了证明谁对谁错,还从一楼数到了五楼,实践证明弟弟天天的答案是正确的。可是其中的5为什么要减去1,天天也解释不清,小哥俩只好向爸爸求助。

爸爸说这类问题除了可以结合自己的生活实际,弄清其中的关系外,还可以结合自己的手指发现其中的奥妙。爸爸伸出右手,握成拳头,拳心面向自己。先伸出小指和无名指,你会发现两个手指之间有一个空;再伸出中指,你会发现三个手指之间有2个空,同理4个手指之间有3个空,5个手指之间有4个空,就是手指比空多1。如果用手指表示楼层数,空表示楼梯台阶数,求一楼到五楼要走多少级台阶,因为有4个空,就应该是(5-1)×18=72(级)。

爸爸进一步启发小哥俩:手指不仅可以表示楼层数,还可以表示路灯盏数、花的棵数,等等。例如"桥长50米,每5米装一盏灯(桥每边的两头各有一盏),你知道桥的两边各装了多少盏灯吗?"本题是求"有多少个手指",应该是"50÷5+1"为什么要加1呢?因为如果用手指表示灯的盏数,空表示"5米"的间距,"手指比空多1"反过来就是"空比手指少1",所以应用"空"再加上1,才是两边各装的灯。

爸爸接着问小哥俩:"仔细想想看,还有哪些类似问题可以巧借手指来帮忙?"小哥俩经过一番探讨发现:对于圆形场地,如"一个圆形鱼池,四周长40米,每隔4米栽一棵树,这个鱼池可以栽几棵树?"此类型的题同样可以用5个手指帮忙,只不过这次是掌心向上,让大拇指和小指"首""尾"相靠拢(但不能贴在一块儿),把它比画成圆圈状,这样就多了一个空,手指和空同样多,则该题就是40÷4=10(棵)。对于长方形、正方形或三角形同样适用,也就是说对于在封闭图形四周植树栽花,都可以这样理解。

(此文发表于《辅导员·教学版》2009年第1期)

追寻高效课堂的足迹
——对"试卷分析"一课的评析

前些日子,学校举行"高效课堂"教学研讨活动,李老师上了一节精彩的示范课——"试卷分析"。虽是一节复习课却走了条新路,本人深感受益匪浅,现撷取其中几朵浪花,以飨同行。

上课伊始,李老师先总结了班级的总体情况,然后说:"现在请你仔细看一下你的错题,把自己不知道为什么错的题找出来,能在小组解决的在小组解决,不能解决的,一会儿我们集体研究。"片刻的平静之后,小组活动开始了,李老师穿梭于小组之间与学生一起讨论。

"老师,这个比较大小的问题,89÷3为什么不等于29,我们组都认为等于?"一女同学的问题打破了小组讨论趋于结束的局面。同学们纷纷把眼光投向她。

"是吗,哪个小组来帮帮他们?"李老师把问题抛出。

"老师,我虽然做对了,但我也不理解89÷3为什么大于29?"又一个女同学不好意思地说。

(对号下面也藏着问题,我暗暗一惊。)

"有问题敢提出来,是好样的。"李老师及时表扬了她。

一男生站起来了,说:"可以这样理解,89÷3=29……2,也就是29多一点,29多一点当然大于29,就好像我们买本子,1元多的本子当然比1元的本子贵。"

(好一个"也就是",好一个"好像",把一个数学问题巧妙地引入了具体的生活情境。我带头鼓起掌,从同学们的眼神我看出他们真地明白了。)

"还有问题吗?"李老师问。

又一个男生站起来了,"这个平行四边形为什么不是轴对称图形?"

"我认为他们组没搞明白轴对称图形定义，轴对称图形是对折后左右能完全重合，而这个平行四行形对折后左右只是完全一样，完全重合和完全一样不是一回事"另一男生迫不及待地解释说。

"我补充一下，"一女生站起来了，"打个比方吧，我们立正站立时左右脚是对称的，但稍息时，左右脚就不是对称的，因为此时左右脚只是完全一样。"

（我暗自叹服，是啊，长方形是轴对称图形，但变形后的平行四边形就不是了，他们没学到这部分知识，但能引用生活情境说明问题。教室又一次响起了热烈而持久的掌声。）

"老师，我这次还是计算题错得多，我的确用心做了，我真想全做对，但每次都做不对，这可怎么办？""是啊，老师，我也是这样""我也是这样"……教室里一片赞同声。

（看来这个问题提到点子上了。说实话，这个问题我没考虑过，只是责问他们为什么连最基本的计算题都做不对。）

"哪位谈谈你做题的经验？"李老师又将问题抛出。

…………

课后想想，今天的课堂虽然看上去似乎是脚踩西瓜皮，滑到哪儿算哪儿，但细细想来还别有品位。

首先，教师创造了和谐的氛围让学生说出错误的原因。面对同一问题，不同的学生自然会有不同的想法，产生错误的原因各不相同，这正是学生思维水平的真实反映。在实际教学中，我们总是根据自己的想法去判断甚至猜测学生错误的原因，一厢情愿地讲解，这样的讲解很难纠正学生错误的认知点，致使讲解耗时低效。而本节课一开始，李老师便"弯下腰"来与学生交流，并注意倾听学生解题中的困惑，甚至是错误的想法，引导学生暴露思维过程，从中找到学生出错的根源，并在思维的障碍处引领学生进行有效的思考，因此取得了事半功倍的效果。

其次，教师把舞台真正交给了学生。课堂是学生成长的摇篮，真正的高效应该是学生的高效，是学生在教师高效的引导下，积极地参与学习活动，最大限度地挖掘自己的潜在能力。纵观这节课体现的设计思想，教师始终是一个组织者，学生真正成了学习主人。她引导学生自己探索错误的原因，自己提出疑惑，在生生交流、师生交流中了解学生真正的错误原因，而不是一味地讲解。同时，学生之间的讨论、互相评价、互相反馈、互相倾听、互相激励、互相竞争等，促进了学生之间的相互作用和相互影响。在这样的学习氛围中，每个学生的学习主动性、思维灵活性、语言表达能力以至个性特点等方面都有可能得到长足发展。

（此文发表于《中小数数学》2009 年第 1 期）

第二章

向阳而生　致知力行

第一节
"简约"引我走上不简单

2009 年起,我负责学校的数学教学工作。在观察课堂学习效果时,我发现不少教师常常在整节课上手忙手乱。他们忙着完成教学目标,忙着走完预设的教学环节,忙着演示精心制作的课件……而学生大多随波逐流跟着教师走流程。如何解放教师,把课堂还给学生呢?《道德经》里有这样一句话:"多则惑,少则得。"于是,我便与教师们一起研究如何精简课堂教学目标,如何精练教学环节,如何精用教学手段,形成以生为本的"简约课堂",即让学生在自主探究中进行思维对话,获得知识,得到体验和感悟,从而完成学习目标。简约不等于简单,相反,是一种更深的丰富。

一、"简约课堂"的建构

(一)"简约课堂"的基本含义

什么是"简约课堂"?所谓"简约课堂"是指课堂教学以学生为本,力求教学目标简明准确、教学内容简约充实、教学环节简便有效、教学手段等简单实用;简化教师的行为,把更多的时间留给学生,让学生在自主探究的过程中进行广泛的思维对话,获得知识,得到体验和感悟,从而实现知识与能力、过程与方法、情感态度和价值观三维教学目标,在有限的时间内追求课堂效益的最大化。"简约课堂"应遵循以下四个基本原则。

1. 教学目标简明准确

教学目标是每节课要达到的目的。它既是教学的起点也是教学的归宿。教师在备课中应结合教学内容的重点和学生的实际情况,确定简单明了的一两个,最多三个,师生易于把握的教学目标,每一课时的教学目标切忌多而杂,要简明而准确。

2. 教学内容简约充实

教学内容是教材已规定的内容,教师在教学中要视学生的具体情况而定。学生已经掌握了的内容可不讲;教师点拨一下学生就能懂的知识教师就少讲;疑难问题教师可精讲启发学生,使问题得到解决。教学内容要以繁化简,以简驭繁,简约而充实。

3. 教学环节简便有效

教学环节是实现教学目标的具体教学步骤。课堂教学环节要简便有效,删除一些烦琐的、无效的教学环节。用简便的教学环节,节省时间,为学生提供充分思维和自主探究、合作探究以及练习的时间,提高课堂教学效率。

4.教学手段简单实用

教学手段是教师为了有效达成教学目标所采取的方法。根据信息提供的来源,教学手段可分为视听性教学手段、实际操作性教学手段、人工智能教学手段。课堂教学并不能因为仅仅有教学手段的存在就会提高效果,只有教师能根据教学的需要选用适当的教学手段,才能使其对教学产生一定的促进作用。因此,教学手段的运用不能一味追求新颖、花哨。能用实物的不用教具,能用挂图的不必用幻灯图片。要恰当地运用多媒体,选择简便实用的教学手段。

以上所述是"简约课堂"的基本含义和遵循的基本原则,它反映了"简约课堂"的基本特征。

（二）简化课堂的教学环节

教学环节是实现教学目标的具体教学步骤。在反复观摩与研究的基础上,我们提出了简约式课堂教学的四个基本环节:问题导学→互帮共议→交流提高→检查反馈。

1.问题导学

问题导学,就是教师提出问题,引导学生学习。这一环节主要是教师根据不同年级学生的年龄特点和不同学科的教材内容设计的问题,向学生逐一提出。其目的在于启发学生的思维,进行问题探究,让学生带着问题参与学习活动过程。问题导学的方式可以多种多样,不拘一格。

（1）直接提问。教师授课时,根据教材内容直接向学生发问,从而引导学生走进本学科的学习内容。例如,在学习四年级语文(人教版教材第八册)《地震中的父与子》时,出示课题以后,教师可直接提出引领整堂课的大问题"在这场地震中,发生了一件什么事？你认为这是一对怎样的父与子？"让学生带着问题阅读课文,初步感知课文的内容。

（2）情境设问。教师结合教学内容创设教学情境,或利用教材提供的情境,提出问题,引导学生进行问题探究。例如,在教学二年级(青岛版教材)"周长的认识"一课时,教师可利用"教材窗口"设置的花坛情境,引导学生质疑:什么是周长？怎样得到这些物体的周长？然后在活动中引领学生完成本节课的学习。

（3）资料引问。教师根据教学内容,让学生课前收集或查阅相关资料,引导学生发问。当教师预计教学内容因学生的生活经验不足,产生认知困难时,教师可结合教学内容引导学生课前自主或合作搜集相关资料,提供感性认识。例如,在学习小学三年级数学中的"年、月、日"时,就可以提前让学生收集有关年、月、日的资料,丰富学生的生活体验,课堂上对搜集的资料进行汇总、观察、对比、讨论,从而使学生获得"年、月、日"的知识。

（4）活动探问。教师根据学科特点和教学内容设计动手操作的实践活动,让学生在活动中发现问题,或教师提出问题,引导学生学习探究。例如,在学习五年级数学"圆的认识"时,教师创设课前活动:为玩具小车设计车轮。在操作中让学生思考:设计什么形状的车轮,小车跑起来会更稳一些？在探究的过程中,认识圆的基本特征。

我们倡导教师在课堂教学中进行问题导学,启发学生思维,使学生在学习活动中得到发展。这就需要教师精心备课,结合课堂教学内容,选择恰当的问题导学方式。在学生思维训练过程中,教师的问题设计要有梯度,由小问题逐渐过渡到较大问题,以达到用问题引领学生思维,培养学生自主学习能力的目的。

2. 互帮共议

"互帮互议"这一环节是承"问题导学"环节的。这一环节是教师引导学生对提出的问题进行讨论,共同探究,解决问题得出结论的过程。其目的在于让学生各抒己见,从不同的角度去探究问题,培养思维能力。互帮互议可以在小组内进行合作学习探究,也可以在同桌或前后桌之间进行。例如,在学习《地震中的父与子》一课,在讨论"你认为这是一对什么样的父与子?"这一问题时,在学生自主阅读课文之后,在"小组互帮共议"后,小组长组织小组成员结合课文内容交流他们的想法,有的说"我们认为这是一对了不起的父与子";有的说"我们认为这一对有毅力,非常坚强的父与子";还有的说"我们认为这是一对讲信用,有爱心的父与子"。在学生结合课文的描述交流之后,相互取长补短,学生最终感悟到:"这真是一对了不起的父与子呀!"从而完善认识,升华情感,理解了文章在表达上的特点。

3. 交流提高

交流提高这一环节是在小组讨论的基础上,各小组推选代表在全班进行交流展示。其目的,一方面,为各小组搭建交流展示的平台,在交流学习中完善学生对问题的认识和理解;另一方面,教师根据学生的交流情况,了解学生学习中存在的问题,进行指导订正或点拨,以达到深层次的理解。

在学生交流展示过程中,教师要充分发挥教师的主导作用,对学生错误的理解及时纠正,对偏离方向的交流及时引领,对精彩的回答要给予肯定鼓励。教师的备课必须到位,做到胸有成竹,才能随机应变、灵活驾驭课堂,才能游刃有余。

4. 检查反馈

这一环节是通过当堂检测,检验学生的学习效果和教师的教学效果。其目的是巩固学生当堂学习的知识,进行教学反馈,查漏补缺。

检查的手段和方式因课而异,因人而异,可多种多样。可以是当堂提问,也可用课后练习的检测题目进行检测,还可以进行综合练习。其方式可灵活多样,可以让学生写在书上,或做在练习本上,还可以做在事先准备的检查"小试卷"上,也可以结合教学重点、难点有针对性地选择习题进行练习,等等。

"简约课堂"的四个环节,虽然是互相关联的整体,但在教学时也可灵活变通,教师根据"简约课堂"的基本原则,进行灵活应用。

(三)小组"捆绑式"评价

关于学生的学习评价,我们在推进"简约课堂"的过程中,采取小组"捆绑式"评价。即学生在学习活动过程中的表现,是以小组的整体表现为评价依据。小组内每个成员的学习行为表现不仅仅是个体行为,而是小组学习行为的一部分。这样可培养学生的团队意识,更大限度发挥小组内优生的优势,帮助学困生学习,全面调动小组各成员的学习积极性。

学生的学习评价是伴随着整个教学过程进行的，不是独立的教学环节。在课堂教学中，我们主要根据学习的过程进行即时性的随机评价。主要评价学生的学习方式和学习方法，重点评价学生参与合作、课堂发言、回答问题和思维品质等。其目的是立足过程，促进学生发展。

在课堂即时评价的基础上，总结学生一周的表现，进行阶段性的评价，提出"周四无家庭作业日"的目标，即根据小组成员课堂上的表现累积的分数，相应划分 A、B、C 三类小组，每小组布置不同类型的家庭作业。表现出色的 A 类小组"周四无家庭作业"，学生可以根据自己的兴趣看书或做些自己喜欢的研究性小作业；表现较好的 B 类小组，可布置少而精的促进提高的书面作业；表现相对差一点的 C 小组，教师可根据学习情况布置适当的基础性的巩固性作业。这样有力地促进了各小组成员的发展和竞争，每周各小组都在力争上游，极大地调动了学生的学习积极性。

二、"简约课堂"的实践探索

教师的魅力在课堂，课堂的精彩可以预约。行走在研究路上的团队，对"简约课堂"是如何实施，如何理解，如何改进的呢……下面是我和团队的所做、所研、所想。

（一）根据学情，科学设置导学案

导学案是"简约课堂"的重要载体。它是教师在课堂上引导学生学习文本内容的实施方案。我们"简约课堂"的导学案由学习目标、学前调研、导学问题、学后检测与反思四个板块构成。这是在充分结合学生学习实际的基础上，科学设置的适合学情与教情、能发挥"简约课堂"实效的一份课堂实施方案。为了让这份导学案真正发挥作用，也就是实现"让学生主动参与"这一教学目标，我们对导学案的设计格外重视。

第一，要求教师细心研读新课标。"培养学生解决问题的能力"是新课标对教师教学的要求之一，有新课标做指引，导学案的设计便有了方向。第二，要求教师充分结合学习目标和学情，把握学生学习的兴趣点，设置"学生愿意去尝试，愿意去思考，愿意去参与"的问题。第三，针对"如何培养学生解决问题的能力，如何培养学生的合作意识"这两个问题，要求教师设置的问题要"接地气儿"，即学生完成这个问题有路可循，问题不能大而空，让学生摸不着头脑，解答问题一定是要有路径的。第四，有意识地鼓励学生"发散思维"，即为学生提示几个角度，学生在小组讨论的过程中，在这几个角度的基础上，或许会有更多更有新意的发现，这样学生才会愿意参与其中。在小组合作中，讨论解决问题的过程，本身也是"兵教兵"的过程。组内异质，相互促进与带动，成绩好的学生有成就感，成绩略差的学生有自信心，这样的课堂不再沉闷。

导学案的使用大大提高了上课的效率。因为新课前，学生已经拿到了这节课的导学案，对于程度较好而且主动性强的学生来说，他们完全可以根据导学案来自学。还有导学案上的"课前预习"部分也把以往的预习工作具体化了，目标也更明确。当然，如何做到真正的预习，刚开始时我们要引导好学生。另外，在授课过程中，因为课堂的整个流程学生的导学案上也有，所以他们也知道下一步要做什么，该怎么做，指向很明确，也便于

他们重点关注自己不明白的地方。对教师来说,导学案的使用更需要同备课组之间的集体备课。在编制与运用导学案时,同组教师必须认真探究,要多交流得失,总结经验,充分发挥集体的智慧和力量,不断地完善导学案。正所谓,一人之力远不及众人之智,合作才能双赢。这种模式对教师来说非常有帮助,以往的教学,虽然教案也是通过集体备课完成的,但是没有这么细,预见性小,可变性大。而现在的导学案则非常具体地把这节课要讲的,要突破的,甚至可以作延伸的都很仔细地体现出来了,这样一来,教师对这堂课要达成些什么目标就很明确了,而且思路清晰,非常明了。对学生来说,导学案的使用使他们学习的主动性大大提高了。学生真正成为学习的主体,能够学以致用。在课堂上学生除了听教师讲课之外,还有更多的事情做,能够主动学习,边学边练、边讲边练,能更好地掌握知识。导学案的各个环节的设计还是比较科学的,能够根据我校学生的实际情况,设置课前预习,课堂学习,课后巩固、拓展,教学后记,为师生的沟通搭建了一个平台。

导学案是教师教学智慧的体现。教学相长,唯有不断的学习与思考,不断的尝试与改变,才能助力课堂教学,助力孩子们数学素养的提升。

附优秀导学案

《角的初步认识》导学案

1. 学习目标

(1)结合具体情境初步认识角,知道角的各部分名称。

(2)借助直角三角板认识直角,会用直角符号表示直角。

(3)在认识角的过程中,发展初步的观察能力、动手操作能力和空间观念。

2. 学前调研

(1)课前谈话。

① 展示长方形、正方形、平行四边形、三角形等平面图形。

师:你认识这些图形吗?(通过谈话发现,所有学生对已学过的平面图形掌握得很扎实,为进一步认识角奠定了基础。)

② 师:你能在教室里找到角吗?(通过谈话发现,虽然学生没有形成角的概念,但是面对现实生活中无处不在的角,学生能够初步辨认,对角已有了一些朦胧的认识,这对学生从生活中的角过渡到数学意义上的角有着非常重要的意义。)

③ 你能用自己的话说说角是什么样子的吗?(通过交流发现,学生对角的认识,还停留在直观感受上,不能把物和形分开。)

(2)前测结果分析。

通过学前调研发现,多数学生对已学过的平面图形记忆深刻,能够初步辨认现实生活中的角。通过谈话还发现,多数学生还不能从生活中的角过渡到数学意义上的角,形成正确的角的概念。

3. 导学问题

针对学前调研所存在的问题特设置以下导学问题。

（1）什么是角，能给角的每一部分起个名字吗？

预设：学生基本上能说出自己对角的直观看法，比如，尖尖的，有点扎手，两条直线摸起来直直的，很光滑；尖尖的地方叫点、尖而直的叫直线……但不能上升到数学意义上的角。

对策：结合具体实物和课件，帮助学生初步认识角的特征和角的各部分名称。首先把一些实物粘贴在黑板上，让学生讨论交流后，让学生用粉笔描绘出角的形状并移开实物，得到一个平面图形"角"。使学生经历将"生活"中的角抽象出"数学"中的角的过程，同时利用多媒体课件演示从电视天线、剪刀和扇面上抽象出角，让学生经历从具体实物中抽象出角的过程，达成共识：角有一个顶点、两条直直的边，并通过"剪一剪""画一画""折一折"等操作加深印象。

（2）你能把我们找到的这些角分一分类吗？你发现了什么。

预设：学生基本上能把一些锐角和钝角分类，但对直角的认识很模糊。

对策：结合直角三角板和课件，帮助学生正确认识直角。首先出示直角三角板，让学生对比观察黑板上的角和三角板上较大的角，从而把直角凸显出来，告诉学生这些角是直角，用"∟"直角符号表示。并让学生在"找一找""辨一辨""折一折"等练习活动中学会正确运用三角板上的直角判断，以加深对直角的认识。

4. 学后检测及分析

（1）检测内容。

① 角是由一个（　　　）和（　　　）条边组成的。

（　　　）　∨　（　　　）

（　　　）

② 是角的请用"√"标出来。

（　　　）　（　　　）　（　　　）　（　　　）

③ 找直角，并用直角符号"∟"表示出来。

（2）后测目的。

测试学生对本节课的知识、技能掌握和运用的情况，了解学前调研、课堂问题导学给我们这节课教学带来的成效以及不足之处。

（3）后测结果分析。

通过检测发现，学生对"导学问题"所涉及的知识点掌握较好，对角的认识明显好于学前调研时的水平。

① 学生对角的各部分名称已经全面掌握。

② 学生能够灵活运用所学知识正确判断哪些是角。但有极个别学生审体题不认真，对不是角的画上了"×"。

③ 找直角是出错最多的题目，个别学生的直角符号标注不规范，也有个别学生缺乏

动手操作三角板的习惯,因此造成判断失误。

几点反思如下。

(1)加强审题能力和学习习惯的培养。

判断角、做符号标记都需要认真仔细,但部分学生却认识不到细节的重要,答卷时不够规范,造成错误。在今后的教学中应着重培养学生认真仔细的态度,同时注重学生的审题能力的培养,让学生养成"做前仔细审题,做时认真分析,做后认真检查"的习惯。

(2)加强灵活运用知识能力的培养。

学生对用三角板判断直角的方法还不能灵活运用,可能是练习力度不够,实效没有得到彰显。在今后的训练中要有意识地变换各种题型,让学生在学习了数学知识的同时,能熟练地对知识进行举一反三式的应用,真正达到活学活用。

(3)关注后进生的状况。及时帮助学困生解决学习中的困难,树立学习数学的信心,实际解决问题的能力使不同的学生学习到不同的数学。

(作者:牟平区实验小学　贺丽芝)

《三位数加三位数(连续进位)》导学案

1.学习目标

(1)结合具体情境,让学生进一步体会加法的意义,会计算连续进位的三位数加法。

(2)在解决问题的过程中,让学生探索连续进位的三位数加法的计算方法,培养初步的应用意识和解决问题的能力。

(3)在提出问题、解决问题的过程中,感受数学源于生活,体验解决数学问题成功的喜悦,增强对数学学习的兴趣和信心。

为了能充分了解学生已有的知识基础及经验,有针对性地设计本节课的导学问题,在课前我们对学生进行了课前小测。

2.课前小测及分析

前测时间:2008年3月25日

前测形式:小卷

前测对象:2.2班50名学生

前测内容:笔算两位数加两位数、三位数加三位数。

表2-1　课前小测情况统计

题目	28+72=	69+128=	315+467=	276+225=
正确率	96%	90%	94%	72%
四题全对	48%			
四题全错	4%			

前测目的:

了解学生对两位数加两位数、三位数加三位数笔算方法的掌握情况以及存在的问题,以便于有针对性地进行教学设计,做好课堂预设。

前测结果分析:

大多数学生能够运用知识的迁移解决新问题。

(1)三位数加三位数(连续进位)的笔算方法,学生能运用知识的迁移从三位数加三位数(不连续进位)的笔算方法中延续过来,解决三位数加三位数(连续进位)的笔算问题。

(2)在这四道题中,第一题是两位数加两位数(连续进位),中间两题是两位数加三位数、三位数加三位数(不连续进位),前面的三道题都是学生已经学过的知识,从测试的结果来看,学生掌握得不错。最后一题是三位数加三位数(连续进位),也是本节课我们要学习的新知识点,大部分学生已经能计算出准确的结果,初步了解了计算方法。

当然,在测试中我们也发现了学生在思维水平上有较大的差异和不足,具体存在的问题如下。

(1)个别学生在计算28+72=100时,得数书写不规范。

(2)多数学生计算276+225=501出现的错误是:十位上满十没有向百位进一,有的学生说是忘记了,有的学生把个位上进的"一"跟十位上进的"一"混淆了。其实,就是对算理不理解。

(3)用估算的方法检验计算结果的准确性学生掌握得不好。

基于以上情况,我找到了在教学设计中应该关注的问题:① 重视知识的迁移,沟通好新旧知识的联系。② 学生学习的难点并不是三位数加三位数(连续进位)的笔算方法,而是"三位数加三位数(连续进位)计算的算理,理解为什么哪一位上满十就向前一位进一,连续的进一表示什么意思。③ 在教学过程中,渗透用估算的方法来检验计算结果的准确与否。④ 大多数学生有很强的自学能力,在教学中可以设计让学生通过小组内的互帮共议以及全班师生、生生间的思维碰撞突破本节课的教学重点、难点。

3. 导学问题

基于对学生在小测中了解的情况,本节课我设计的导学问题如下。

电话 145 元　　录音机 615 元　　手机 614 元　　自行车 386 元　　电饭煲 264 元

(1)我有 500 元钱,可以买哪两种商品?

(2)如果有买 1 000 元返 100 元购物券,怎样购买才能得到购物券?

通过两个导学性问题的引领,降低学生学习的难度,让学生在解决问题的过程中,循序渐进地通过新旧知识的迁移来学习三位数加三位数(连续进位)的计算方法及算理,能通过估算来确定计算结果的大致范围。

课堂预设:

(1)学生不理解"满十向前一位进一"的意思(不理解算理)。

对策:先让计算准确的学生交流一下,在交流的过程中分别弄清个位满十,这个十表示什么意思,十位满十,这个十又表示什么意思,百位上满十呢?如果学生还不太理解的话,可以用课件出示小正方体块直观演示,加深理解。

(2)学生计算614+386出现千位上数位没对齐的现象。

对策:先让出现错误的学生说一说自己的想法,让其他的同学帮忙找找错误的原因。

主要说清算理。

（3）学生出现忘记进位的情况。

对策：在学生互相交流的过程中，让计算正确率比较高的学生介绍一下好的经验。

4. 学后测试及分析

学生在学习了三位数加三位数（连续进位）的计算方法以后，我们对本节课进行了课后小测。

后测时间：2008年3月27日

后测形式：小卷

后测对象：2.2班50名学生

后测内容：三位数加三位数（连续进位）

表 2-2　学后小测情况统计

题目	基础练习	巩固练习	拓展练习	应用练习
	算一算	火眼金睛辨对错	判断商是几位数	解决实际问题
正确率	96%	78%	88%	86%
四题全对	72%			
四题全错	2%			

后测目的：

测试学生对本节课的知识、技能掌握情况，从学生角度了解学前测试、课堂问题导学给我们这节课教学带来的成效以及不足之处。

后测分析：

单从学生对知识与技能掌握的情况来看，本节课达到了一定的成效。学生对笔算方法、算理掌握得很好，全班50人仅有2人有错误。通过新旧知识的对比，学生容易得出三位数加三位数（连续进位）的笔算方法。

但是，从学后测试中也可以看得出，学生还没有形成良好的认真审题、做题的习惯，学生抄错数、横式与竖式得数不符、火眼金睛辨对错一题对于细节上的错误学生找不出等现象有很多。

基于以上情况，在以后的教学中不仅要关注学生知识与技能的掌握情况，更应该关注学生良好学习习惯的培养。

（作者：牟平区实验小学　林雪飞）

《圆锥的体积》导学案

1. 学习目标

（1）通过实验，使学生了解圆锥体积公式的推导过程，掌握圆锥体积与圆柱的关系，并能运用体积公式进行计算。

（2）经历猜测—验证—归纳—应用的探究过程，感悟转化的数学思想和方法，发展学生空间观念,培养学生探究和推理力。

（3）使学生在数学活动中初步形成独立思考与合作交流的意识,感受到数学来源于生活,感受数学学习的乐趣。

2. 学前检测

（1）检测内容如下。

① 回忆如何计算圆柱体的体积?

② 你能列式并计算下面圆柱的体积吗?

底面积是 5 平方厘米,高 6 厘米,体积是多少?

底面半径是 2 分米,高 10 分米,体积是多少?

底面直径是 6 分米,高 10 分米,体积是多少?

③ 猜想一下圆锥的体积应该怎样计算?

（2）检测结果分析。

前两个问题是对圆柱体体积求法的复习。由于圆锥体积的计算与圆柱有着密切的关系,所以设置了这样的练习,意在通过前测,唤起学生的回忆,为求圆锥体的体积做好铺垫。

在前面的学习中,学生已经统一了求体积的计算公式,知道了求长方体、正方体和圆柱体的体积都是用"底面积乘高"得到的。因此,在猜测圆锥体积的求法的时候,很多学生能联想到应该先用底面积和高相乘然后再进行相关运算。但是具体应该进行怎样的计算,有人说应该再除以 2,也有人说应该乘 ,这样计算的理由,只有极少数课前预习过的学生能准确表达,大部分学生凭直观感觉猜测。

3. 导学问题

（1）针对前测所存在的问题特设置以下导学问题。

① 将一块圆柱形木料削成圆锥形,你能削出几类不同的圆锥?削出的圆锥和圆柱有什么关系?

② 等底等高"情况下圆柱和圆锥的体积大小有什么关系?

（2）课堂预设。

① 受思维的局限,学生可能首先考虑削出"等底等高"的情况。

对策:结合学生的操作,引导学生明确这种情况下底面积相等,高也相等。

学生能再削出其他类型的,但不能准确地将其分类。

对策:引导学生从底和高两方面分析,从而得出另外三种情况,即"等底不等高""等高不等底""不等底不等高"。

通过这样的操作,让学生体会到等底等高的情况下,削出的圆锥是唯一的,而其他三种情况能削出的圆锥个数不唯一,体积也不相等。理解了这个问题,再进行第二问的思考。

② 学生往往凭直觉,说出"等底等高"情况下的圆锥的体积是圆柱的 $\frac{1}{3}$。

对策:鼓励学生说出判断的想法。然后指明,仅靠观察想象得到的结论是不可靠的,实践是检验真理的唯一标准。然后让学生想办法验证。运用学生想到的方法来验证两者之间的关系,得出最终结论。最后再通过课件演示,加深学生的理解。

4. 学后检测及分析

(1)检测内容。

[想一想,填一填]

① 一个圆锥体和一个圆柱体等底等高。圆柱体的体积是 36 立方米,圆锥体的体积是(   )立方米。

② 一个圆锥体,它的底面半径是 4 厘米,高是 9 厘米,它的体积是(   )立方厘米。

③ 一个圆柱体削成一个最大的圆锥体,削去部分的体积是圆柱体积的(   ),是圆锥体积的(   )。

④ 一个圆柱体和一个圆锥体等底等高,它们的体积相差 16 立方厘米,圆柱的体积是(   )立方厘米。

[判断]

① 圆柱体积是圆锥体积的 3 倍。(   )

② 圆柱体和圆锥体的体积和底面积都相等,则圆锥的高一定是圆柱高的。(   )

[算一算]

① 这个粮仓的占地面积有多大?

② 它的容积是多少立方米?(墙壁的厚度忽略不计)

(2)后测结果分析。

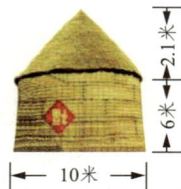

图 2-1　粮仓图示

通过检测发现,导学问题 1 的操作和实验加深了学生对圆柱和圆锥体积之间关系的理解,在操作中明确了只有在"等底等高"前提下圆锥的体积才是圆柱体积的,学生对圆锥体体积计算方法的理解很到位。填空题的正确率高达 90%,有 52% 的学生正确率达到 100%。其中还有部分学生是计算结果有误。属于理解错误的全班只有 4 人。第 3、4 小题部分学生没有注意到要分析的是相差的部分,当成圆锥体的部分,导致错误。有70% 以上的学生对"算一算"的理解到位,但在计算方法上只有 30% 的同学注意到第一问已经求出了圆柱和圆锥的底面积,在第二问的计算中可以直接使用。

学生对于求圆锥体体积的认识有了显著的提升,圆锥体体积计算方法的正确率明显提高,但是在计算的准确率方面还有待于进一步提高。同时,通过后测,也看出部分学生对知识的掌握还仅限于对书面知识的理解,在以后的教学中,有必要进一步加强数学与生活实际的联系,对于少数掌握不到位的学生,教师要有针对性地进行个别辅导,让后进生不掉队。

基于以上情况,在今后的教学中要注意更多地创造机会让学生自主学习,使课堂真正达到和谐高效。

附导学作业实施反思

在"简约课堂"的研究中我们发现:学生在课堂上由于受条件的限制,有些问题不能很好地引发思考，于是我们推出了导学作业。导学作业是教师根据学生将要学习的知识，为学生精心设计的一份前置性作业。它是以问题为中心，让学生在课前独立学习探究。这类作业要求学生不只是单纯地看教材，还应该有理性的数学思考和辩证的数学反思。所以要求学生在完成导学作业时，要有收获，更要有思考、有问题。这样既能提高作业的实效性，又能拓宽学生思考的广度和探究的深度，也为课堂的有效交流奠定基础。

一、导学作业，唤起学生的探究欲望

好奇是学生的天性，在学习数学时也是如此。学习新课之前，学生常常想提前获取将要学习的知识，以证明他的先知先觉。它是学生内在的主观需要，也是一种本能的对未知世界的独立探究行为。导学作业正是迎合了学生的这种探究需要，唤起学生提前获取新知的需求。如学习了"百分数"的有关知识后，学生非常想弄清"折扣""利息"等知识，于是教师结合学生的实际设计一份有关百分数实际运用的导学作业。学生通过看书、查阅资料理解了什么是"折扣"，什么是"税率"，什么是"本金""利息""利率"等概念。"生活中哪些地方用到这些知识呢？"带着问题，满怀好奇，学生们深入所在的社区、超市、银行等地方做起了小小调查员。在调查中，加深了对概念的理解以及对计算方法的探究和应用。因为有探究的欲望和问题的引领，使得原本枯燥的数学知识变得有趣，在实践探究中深层次地理解并内化了数学概念。由于这种作业顺应了学生内心的需求，激发学生探求的欲望，所以学生做得轻松且富有乐趣，并且真切体会到数学的来自生活，并服务于生活。

二、导学作业，为不同层次学生提供探究空间

"学生的数学学习过程应当是一个生动活泼的、主动的和富有个性的过程。"以前，在环环紧扣的课堂教学中，教师的讲解，学生的探究固然精彩，但总是给人以匆匆赶课的感觉，另外反应稍慢和缺乏自信的学生总在"雾里看花，水中望月"，他们的思考和疑问会被优秀生的精彩回答所淹没。而导学作业弥补了这方面的不足。因为学生在完成导学作业时，既随意又没有任何心理压力，它为所有的学生提供了一个自由探索的空间，是体现学生个性、缩短学困生与学优生差距的最佳学习方式。如在学习"圆的面积"时，教师设置这样的导学作业，教材用了什么方法来计算圆的面积，你还能想出哪些方法？作业中，有的学生仿照教材中的实验方法进行模仿探究，他们把圆等分成一些小扇形，拼成一个近似的长方形，在拼的过程中发现平均分的份数越多，拼成的图形就越接近长方形。还有的进行了深层次的研究，他们在教材"化圆为方"转化思想引领下，尝试拼成三角形或梯形来推导，还有的学生干脆先算出一个小三角形的面积，再乘以等分份数算出整圆的面积。有了问题的引领，有了自由探索的时间和空间，不同层次的学生都能从不同的角度探究，以表达自己对"圆的面积"推导方法的理解。

三、导学作业，提高学生课堂探究的质量

一节新课，尤其是需要动手操作的探究内容，学生常常在画、剪、拼中花费较多时间，课堂效率可想而知。而放在课前的作业中通过教师的问题引领来完成，课堂上只需花少量时间检查一下学生的作业情况，然后教师就只可抓住重点、难点，有的放矢地进行教学。学生已掌握的教学时一带而过，把更多的时间放在教学重点和学生学习的难点上。

如通过完成导学作业,学生已探究出求圆柱表面积的方法,课堂上就可重点探究求积方法的实际运用,学生在解决"笔筒的用料""刷柱子用的油漆""粉刷教室的面积"等问题中进一步巩固计算方法,提高了课堂效率。另外,学生通过完成作业,对新知识有了一定的思考,同时也产生一些困惑,这样会促使学生把注意力集中在难以理解的知识上,从而使他们听课的指向性更加明确,对不懂的地方,他们会听得更专心,求知欲更强,课堂探究氛围更加浓厚,大大提高了课堂探究的效果和质量。

完成导学作业是学生在家庭作业中的一种个体独立探究的行为,是一个重要的学习方法的引领,是一种良好的学习习惯的培养,也是一种人生智慧的养成。只有把这种行为持续地、有意识地加以指导和培养,才能使之成为学生终身学习所需要的一种能力、一种习惯,将使他们终身受益。

(二)适时表扬,让小组"捆绑式"评价更有实效

评价是指教师对学生的表现所作的即兴评说。恰如其分的评价是促进学生积极参与学习活动的有效方式。为了使课堂达到"简约高效",我们采取了小组"捆绑式"评价,即学生在学习活动过程中的表现,是以小组的整体表现为评价依据。小组内每个成员的学习行为表现不仅仅是个体行为,而是小组学习行为的一部分。教学中我们充分利用小组"捆绑式"评价的激励性、调空性和导向性作用,使之贯穿于"简约课堂"的四个环节当中。

1. 问题导学中,对学生解决问题的评价

在教学《千米的认识》时,为了唤起学生的生活经验,降低学习难度,王老师提前把本课的"导学问题"呈现出来,让学生自主探究:1千米有多长以及千米在生活中的应用。这就为学生提供了充分的活动时间和空间。学生们为了把自己最精彩的一面展示给大家,为了给小组争得荣誉,他们自觉地利用课余时间,根据"导学问题"去通读教材、尝试练习。遇到不懂的,主动询问同学,请教家长,有的小组甚至会自觉地聚在一起,针对不懂的问题进行交流。课堂上,学生对千米的认识带给我们意想不到的惊喜。

情景 1

师:谁能说说对千米的认识?

生 1:千米也叫公里,用字母 km 来表示,读作千米或公里。

师:你的回答很准确,你为你们小组增添了光彩,给你们小组加 1 分。你是如何知道这些的?

生 1:我是上网查的。

生 2:老师,我是问爸爸妈妈的。

生 3:我是看书知道的

············

师:同学们有的是通过自己看书获得答案,有的是和父母合作获得结论,有的通过上网查资料丰富了自己的知识,这些好的学习方式都是值得我们大家学习的,值得奖励。

情景 2

师:1 千米有多长?

生1：学校操场跑一圈是200米，跑5圈是1千米。

生2：我一庹长约是1米，我这样1 000个人手拉手的长度大约是1千米。……

师：你是如何知道的？

生1：我们小组去问过体育老师，通过计算知道的。

生2：一年级的时候我知道一庹的长度大约是1米，我想我们1 000个人手拉手就是1 000个1米，后来我们小组又在一起讨论得出1 000个1米就是1千米。（学生鼓掌）

师：谁来评价一下他们的想法？

生1：他们的想法很新颖独特。

生2：他们的想法，我们一听就明白

··········

师：这两个小组通过合作探究，不但知道了1千米有多长，而且还知道了1 000米就是1千米。希望我们都能像他们一样在学习中积极思考，认真研究，更加出色地表现自己，为他们的精彩表现给予加分。

小组"捆绑式"评价注重学生的学习方式和学习方法的评价。这个环节中，王老师重点评价学生参与合作的程度、课堂发言的积极性，思维的深度和广度等，并把评价的结果跟小组的成绩"捆绑"在一起，让学生在"导学问题"的引导下，群策群力，团结协作。这种评价机制激发了学生的学习动力，学习中能自觉地形成了"比、学、赶、帮、超"的学习氛围，从而达到高效的学习效果。

2. 互帮共议中，对学生合作学习的评价

长度单位之间的换算一直是教学的重点，为了让学生掌握高级单位和低级单位互化的方法，我把这个问题放在"互帮共议"这个环节，借助学生的合作探究，自主地来突破。小组合作的时候我会巡回指导，发现小组合作好的方法，及时给予评价。

情景1

小组长：我们从1号开始一个一个来说自己的想法，然后再选出好的方法来汇报。（学生交流）

小组长：我们一起来说说3号同学的方法，哪儿好，哪儿不好。（学生交流）

师：我发现这个小组的合作得非常好，小组长充分发挥了带头作用，带领大家有秩序地交流和思考，最终选出了他们小组的最佳答案。老师相信其他小组也能做得和他们一样好。对他们小组的认真合作给予奖励。

情景2

小组长：我们来练习几道长度单位的换算吧。（出示小白板上的题，小组成员独立解决并交流。）

生1：4号还有3道题没做对。

生2：我来帮他讲。

生3：我再出几题，让他做一做。

师：我发现这个小组非常团结，对还没学会的同学关爱有加，他们互相帮助，互相督促,共同进步。现在,他们每个人都掌握了长度单位的换算,该怎样奖励他们小组?

生:加最高分!

在互帮共议中,教师始终在强调小组合作的重要性,使学生明确自己和他人始终和小组的成功"捆绑"在一起,从而强化了生生间合作学习的目的。这种评价促使学生在平等相近的交流中,达到了信息互相沟通,知识互相补充,疑难共同解决的目的,差异在交流中消融,教学效果非常明显。

3. 交流提高中,对学生思维发展的评价

交流提高的目的是将学生的思维升华。为了达到最佳的效果,教学中我们积极利用"捆绑式"评价的导向作用,促进学生的思维走向深刻。

在教学《方向与位置》时,关于方向与位置的相对性,是教学难点。这节课,教师发现仍有部分同学,不能正确地理解语境转换时观测点也随之改变,不能清楚辨别方向。为了突破难点,教师利用交流提高这个环节让学生畅所欲言。学生交流的方法很多。

生1:找准观测点。

生2:把自己想象成图里的人物。

生3:首先要找准观测点,然后在观测点画上方向标,就能很快找准方向。(学生纷纷实验)

师:谁来评价一下这3位同学的想法?

生:他们想法都很好,我觉得生3的想法最好用。

师:这么有创意的想法是怎么得到的呢?

生3:我们小组一起想的,王芳说找先准观测点,林明说再把自己想象成图里面的人去想方向,徐涵说想象成图里的人有时容易出错,我说用清晰可辨的方向标来试一试,我们在一起实验了一下,这个方法真的很灵。

师:原来,这个最佳创意是经过组里每个人的积极探究得到的。真是人多智慧大呀!如何奖励他们?

生:每个人都加分,再把奖励的分合起来,就是他们小组的成绩。(学生鼓掌)

交流提高中,教师非常注重对小组合作成效的展示,并引导学生通过讨论、争辩、互补等方式促进学生思维的发展,对有创意、有深度想法的小组重点奖励。这种小组"捆绑式"评价让学生感受到"人多智慧大",从而积极地参与小组的合作探究。

在交流的同时,我们利用评价的调控作用来引领学生倾听,让学生认识到只有仔细倾听才会精彩纷呈。

教学中,课堂上经常会出现学生竞相展示自己的热闹场面,但在热闹背后,不少学生只想着发表自己的看法,很难静下心来倾听别人的见解,不善于"取人之长,补己之短"。为了达到最佳的教学效果,我们利用小组"捆绑式"评价来积极引导学生的倾听,使学生的思维走向深刻,如"这位同学能认真听别人发言,并能指出不足,为他们小组增添了光彩,加一分";"你看他多会听课呀,就连同学这么小的错误都听出来了,看来他们小组的人都能和他一样善于倾听别人的见解"。时间长了,课堂不仅有生动、热闹讨论,还有静静的思考和思索。

4. 检查反馈中,对学生学习效果的评价

学习完"千米的认识",教师通过当堂检测,检验学生对整个单元的学习效果。教师把题目呈现出来。

师:提前给你们几分钟时间来探讨题目。针对题目,你想对小组里的其他人说什么?(小组交流)

生1:要认真仔细,沉着冷静。

生2:换算和比较大小的时候,要注意先把不同的单位化成相同的单位。

生3:填完长度单位后,要联系生活中的实物比较下,看看结果和实际的长度是否相符。

⋯⋯⋯⋯⋯

师:我们一起来评价一下今天的检测。获得优胜的小组有一组、四组⋯⋯这几个小组经过大家的努力成绩都全是优,给予加分。

师:我们请三组来评价一下他们今天的表现。

生1:我们组今天的成绩不理想,有个别同学的换算方法掌握不够好。

生2:4号同学只错了一道小题,比小组讨论之前已经进步了很多。

生3:下课后我们会帮他记住方法的。

生4:下次,我一定记住换算的方法,争取给小组加分。

⋯⋯⋯⋯⋯

师:老师相信,优异的成绩一定会属于你们这个团结努力的小组。也希望在以后的学习中,会有更多的同学像这组的4号同学一样,在大家互帮互助中,掌握好的学习方法,养成认真仔细的好习惯,我们的成绩一定会芝麻开花——节节高。

在检查反馈这个环节中,采用小组"捆绑式"评价的目的是把学生个体间的竞争转化为小组间的竞争,凸显小组合作的巨大能量,使学生形成"组内合作,组间竞争"的氛围。在这种评价的激励下,学生会在学习中更注重自己学习的态度,逐步形成适合自己的学习方法,养成良好的学习习惯,学习能力得到进一步的提高,学习效果显著。

小组"捆绑式"评价,使每个学生在浓厚的集体氛围中,自主地发现本身存在的缺点,自觉地取人之长补己之短,从而更好地约束和完善自我。同时,小组"捆绑式"评价,也促使每个学生的评价标准上升到一个新的高度,以更公平的竞争标准来衡量自己,辩证地看待别人。这种评价机制,点燃了每个学生的学习热情,在小组这个凝聚着巨大能量的"熔炉"里相互学习,共同促进,学习效果和谐而高效。

附优秀评价案例

善于捕捉最佳"评价点"

在课堂上,我经常遇到这样的情况,当一个学生回答的比较好时,我都会夸奖他:"你说得真好!""你说得真棒!"回头一想,我还能想出多少句类似这样的评价语。这样的评价，我昨天用过，今天用过，或许明天仍然要用。至于这样的评价能对同一位学生的以后带来多大的作用，我不知道。如果我对这样的回答评价稍作思考，我就会问自己，这个学生说得棒，到底棒在哪里？不得而知。评价语言缺乏针对性、准确性，能给学生带来什么启发呢？"你说得真好！""你说得真棒！"这样模糊的评价放在任何一个说得好的同学身上都是可以的。但是这样的评价并不是万能的。其实，这样的评价，学生弄不清自己好在哪里。教师应该准确地肯定学生哪些方面好。

前不久，我听了两位教师执教的"分米、米"的认识，两位教师在教学1分米时，由于对学生相同的回答做出的不同的评价，教学效果也迥然不同。

案例1：

师：直尺上从哪到哪是1分米？

生：从0厘米到10厘米是1分米。

生：从10厘米到20厘米是1分米。

生：从20厘米到30厘米也是1分米……

生：从3厘米到13厘米是1分米。

生：从23厘米到33厘米是1分米……

由于教师不能敏锐地找到学生回答中真正精彩的地方，并同时在思考方式和价值上加以引领，而在每一位学生回答完后，都给予"你真棒，真聪明""很好，你也很聪明"一类话来敷衍，导致学生对评价的麻木，也使评价失去了应有的作用，从而导致课堂互动不足、气氛沉闷。从学生的回答中我们不难发现，后面起来回答的学生显然更是动了一番脑筋，思维更有深度和广度了。如果我们能对这两种从不同角度思考问题的学生进行有意识的、适度的、升级式的评价，我想是可以帮助学生提升思维的深度，促使其在原有水平上的发展的。

案例2：

师：直尺上从哪到哪是1分米？

生：从0厘米到10厘米是1分米。

师评：真棒，从尺子的起点处找到了1分米。

生：从10厘米到20厘米是1分米。

师评：你听得很认真，还能接着找到1分米。

生：从20厘米到30厘米也是1分米……

师评：这个"也"用的真好，看来你也很赞同前面两位同学的说法。

生：从3厘米到13厘米是1分米。

师评：这个发现很与众不同。

生：从23厘米到33厘米是1分米……

师：听起来大家很会玩接龙游戏啊！

小小评价语，激起千层浪。由于教师抓于最佳"评价点"，并运用了充满机智的评价语言，带领学生一步步往问题的纵深处探索，有效避免了学生思维流于表面的现象发生，同时把课堂上生成的问题转化为学生发展的机会，让学生在学中思、在思中悟、在悟中得,以此提升思维层次,有效解决学生的认知冲突,达到对知识的深刻理解,也使课堂妙趣横生。可见教师从不同角度,多花样,多渠道的有针对性地根据教学目标对学生进行评价,不仅优化了自己的课堂效果,更能充分调动了学生学习的积极性,创造了积极和谐的学习氛围。

"选作业卡"

作业是课堂的延伸,是学生消化知识、掌握技能的有效手段。如果作业内容只是机械地重复课堂内容,那就很容易让学生望"业"生厌,从而导致个别学生逐渐养成不良的作业习惯。如何让作业变得灵动活泼、生动有趣呢?我在学生中试行"选作业卡"的做法,收获了理想的效果。

每次安排作业时,我根据学生对学习内容掌握的实际情况把作业设计成基本练习、拓展练习和实践活动三个层次。然后选择一些同学们喜欢的小卡片,稍作改动制作成作业卡,并且在作业卡上分别写上"你真棒!""还好!""要加油!"等字样。

在周一至周五的学习中,小组长要认真记录小组内每名学生的课堂听讲情况、回答问题的情况、课堂小测验情况等日常学习表现,并进行累计积分。在周五放学前根据积分高低发"选作业卡"。积分高的同学可以得到"你真棒!"卡,有权从三个层次的作业中任意选一个层次的作业完成,也可以抛开这三个层次,自拟作业;得到"还好!"卡,可从三个层次的作业中任意选取两个层次的作业完成;对于积分较低的几个同学,便在"要加油!"卡上附上简短的几句话"建议你选前两个层次的作业,下周老师期待你有进步","选作业卡"的"有效期"为一周。

"选作业卡"的发放,把学生一周的学习表现与家庭作业直接联系起来,能够有效地督促学生积极地参与学习活动。每到周五发放"选作业卡"时,既是对学生一周学习情况的总结,又能有效地促使学生自觉地进行自我反思。同时"选作业卡"的发放,也能让家长对孩子在校一周的表现有大致的了解,家长还可以根据卡片的作业记录情况,有的放矢地检查孩子的作业完成情况。

"选作业卡"的发放,给了学生更多选择的空间,学生不必机械地重复已经掌握的内容,可以灵活地选择自己感兴趣的话题去探索,去研究。

"选作业卡"的发放,架起了师生、家长沟通的桥梁。教师写在"选作业卡"上的诸如"本周回答问题很精彩""本周作业有进步""下周要注意听讲啊!"等简洁的留言,犹如一泓泓暖流,让学生兴奋万分,让家长激动不已,从而激励学生不断地从"胜利"走向"胜利"。

(三)加强教研,促进"简约课堂"理念扎实落地

"一个人可以走得很快,一群人可以走得更远。"在"简约课堂"教学模式的探寻中,我们倡导教师随时进行"桌边"教研,定期进行组内教研、校内教研以及校际教研,以不断提升教师业务素养。

1. 校内"沉浸式"教研提素养

本次我们围绕青岛版教材二年级下册《周长的认识》的教学,展开了一次别开生面

的在"简约"中追寻"高效"的教研讨论。

（1）情境导入，简约高效。

师：请看屏幕，看着沁水花园这满园的春色图画，你有什么感受？

（多个学生描述花的美艳）

师：（点击鼠标，几只小兔子跑进花坛，把花践踏了）你的心情如何呢？

（多个学生说感受）

师：如何阻止这些小兔子呢？

（不同学生交流了方法，引出"安护栏"的措施）

师：安在哪儿呢？谁下来指一指？（学生指图说明）

师：护栏的长度就是这个圆形花坛的周长。这节课我们就来认识周长。（导出课题）

讨论如下：

我们先针对这个情境导入谈谈你的看法。

师1：这个情境导入用了11分，时间太长，影响后面重点内容的学习。

师2：情境导入主要是激发起学生的兴趣，通过情感共鸣让同学主动参与学习活动，我认为这样还可以。

师3：教师的目的在于通过给花坛"安护栏"引出"周长"，以切入主题，因此我认为有关花的美丽可以不让学生说。

我们现在有两种观点：一方认为情境导入用时太长，一方认为可以这样安排。到底哪种观点更好？我们从情境导入的有效性来分析一下。这个情境导入的确激发起了学生的兴趣，可以说有效，但是否"简约"、是否"高效"呢？我们今天的主题是在"简约"中追寻"高效"，我们可否把情境导入设置如下：

师：春天来了，沁水公园花坛里的花都开了，看看去？（课件出示各种形状的花坛）接着看。（出示兔子糟蹋花的课件）

师：怎么了？（生答：被兔子吃了）

师：怎么阻止这些兔子进花坛呢？

生：安护栏。

师：安在哪？让生指出。（学生指出）

师：护栏的长度就是这个圆形花坛的周长。

图2-2　花坛示意图

小结：

简约高效的课堂，首先就要摒弃烦琐的语言和无效的环节。本次讨论使我想起了关于高效课堂的一种解释：首先取决于对课堂上"做什么"做出正确的决定，其次取决于如何实现这些决定。本情境导入主要是为了在生活中直观地引出"周长"，因此有关"花如何美丽及花被小兔子糟蹋了后学生的心情"没有必要再让学生交流，可以顺着学生的思维引入主题："怎么阻止这些兔子进花坛？"

（2）设置问题，引发思考。

师：知道了什么是周长，我们再一起算周长，请看屏幕：

① 你用什么方法知道这个三角形的周长？

② 你能估算一下黑板面、桌面的周长吗？

（3）测量出你最喜欢的一个小礼物的周长。

讨论如下：

我们再来讨论这三个问题的设置。

师 1：这三个问题主要是为了体现周长算法的多样化，可以用尺量，还可以用拃、用庹量，我认为可以。

师 2：我认为第 3 个问题与前两个问题是重复的，因为学生计算手中的小礼物的周长大都用前面两个问题的方法。

显然各位都是从"简约"的角度出发，为什么我们还会不满意呢？我们能不能把这三个"小问题"变成一个能引发学生思考的"大问题"，并且还能拓展学生思维的深度和广度。你们看这样改一改如何。

请你选择合适的方法测量出沁水河岸那个圆形花坛、教室的黑板和你作业纸上那个三角形的周长？

请小组选择自己感兴趣的问题共同完成。交流时可以这样提问：

① 你有什么好办法测量出沁水花坛的周长呢？

② 测量黑板的周长，又可以用什么方法呢？

③ 测量三角形的周长，你又用的什么方法呢？

小结：问题的设置要有开放性和生成性，才能引起学生自主的参与和有效的思维。设置的问题应是一个具有现实性的、富有挑战性的问题，它应有多种不同的解，其隐含的数学问题要由学生自己提出来，学生在相互争论、相互补充、相互启发中，完善认识。测量沁水河岸那个圆形的花坛的周长，把学生的视野又带到了户外。学生根据生活的经验，经过独立思考，有了自己的方法，在小组交流中提升了认识，在全班共同交流中又拓宽了思维。如再次授课时，学生不仅说可以用尺量，还说可以用步测、可以和同学合作用绳子量，等等。这样的问题，在"简约"中丰富了学生的思维，在生生交流碰撞中达到了和谐高效。

（4）学生交流，拓展延伸。

师：谁来说说你是如何计算这个长方形的周长的？

生 1：6+2+6+2=16（cm）

师：很好，还有不同的方法吗？

生 2：6×2×2×2=16（cm）

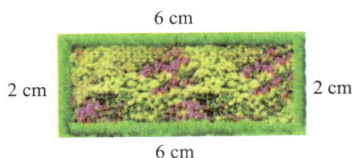
图 2-3 长方形花坛图示

生 3：老师，我还有更好的方法。（6+2）×2=16（cm）

师：我也觉得好，但你为什么说更好呢？

生 3：我认为比他们俩的方法计算起来更快。

师：有自己的见解，能把你的想法和同学们说一说吗？

生 3：因为长方形的对边相等，6+2 求出了一个长和一个宽的和，再乘 2，就求出它们的周长。

师：你们觉得有道理吗？

教室里不约而同地响起了掌声。

讨论如下：

师 1：我有一个问题，这节课研究的"周长的认识"，还有必要追问出如何求长方形的周长更简便吗？

师 2：我认为学生只要说出算法就行了。

大家的意见集中在对问题处理不够简约上。这里涉及了一个如何处理课堂中生成资源的问题。本节课，虽然学习的是"周长的认识"，但学生的思维和已具备的知识经验，已经能用最简便的方法求出长方形的周长了，我们为什么不顺势而为呢？我们所提倡的"简约"课堂，并不是越简约越好，我们要在简约中寻求丰富，实现高效。"简约"的课堂应隐含着"丰富的动态生成"，我们要善于根据学生认知情况，适时帮助学生自己去理清知识的脉络。这样的课堂，既顺应了学生的思维，又将知识连成一大片，课堂教学效率就又前进了一步。

小结：教师要站在整体的高度捕捉、利用学生生成的学习资源，并加以拓展延伸，从而实现简约高效。

我们从这次教研过程中认识到："简约并不简单，相反是一种更为深刻的丰富"，寓丰富于简约之中，在"简约"中追求高效。

2. 区域"LDC"教研会上展风采

为深化"简约课堂"，提升教师专业素养，检验学校教师的教研水平，2011 年 4 月"烟台市小学数学骨干教师培训研讨会"在我校以"LDC"教研模式展开。"LDC"含义为"学习与发展共同体"。"LDC"教研模式旨在以教师团队为学习、发展共同体，以一种全新的教研模式和评价机制，营造人人参与、合作共赢、碰撞共生、激情飞扬的研讨氛围与环境，让教师在交流、分享的过程中开拓新思维，实现教师理论认知、教学水平、管理能力及个人发展同步提高，从而全面提高教师业务能力，提升学校教学质量。

学校作为承办单位，董晓伟、于翠翠、于建华三位教师分别执教"百以内数进行加法""多边形面积的整理和复习""众数、中位数"研讨课，接着，学校全体数学教师与烟台市小学数学骨干教师一起针对这三节课展开研讨。

整个过程一改往日的沉闷与单一。教师们在小组长的带领下专心地做海报，在团队交流中争先恐后的发表自己的观点。不是理论上的空谈，不是学术上的研究，大家谈的是实践中的做法，交流的是工作中的困惑，这些来自一线的策略，带有草根气息的小故事，引起了各位研伴的共鸣，掌声此起彼伏。

"LDC"教研模式，受到与会教师一致好评，山东省小学数学教研员徐云鸿老师高兴地说，"我要把这种教研方式推广到全省"。教师们对"简约课堂"的把握以及个人专业素养得到与会教师和领导的充分肯定。

附威海"LDC"教研之行有感

2011 年 5 月，我作为烟台市牟平区实验小学的代表，参与了徐云鸿老师在威海市高区举办的一次别开生面的数学教研活动——我们一起做研究。自始至终，每个教师都洋溢着参与的幸福和快乐，感受着思想与思想的碰撞，心灵与心灵的交融。再次融入这热烈的教研氛围中，让我情不自禁想起朱永新教授的一段话："我心中的理想教师，应该是胸怀理想，充满激情和诗意的教师；我心中的理想教师，应该是自信、自强，不断地挑战自我的教师；我心中的理想教师，应该是一个追求卓越、富有创新精神的教师；我心中的理想教师，应该是一个关注人类命运，具有社会责任感的教师……"我认为"LDC"教研活动，正是酝酿这样理想的教师的摇篮。

"LDC"教研活动，让我们人人参与其中。

研讨会场，没有专家，没有领导，有的是研伴，有的是团队。整个过程一改往日的沉闷与单一。我们在主持人的带领下快乐地做游戏，在小组长的带领下专心做海报，在团队交流中争先恐后地发表自己的观点。不是理论上的空谈，不是学术上的研究，大家谈的是实践中的做法，交流的是工作中的困惑，这些来自一线的策略，带有草根气息的小故事，引起了各位研伴的共鸣，掌声此起彼伏。一位老教师激动地说："教师生涯一路走来，教学研讨会从没让我感到这样充实，这样亲切，收获这么多，这正是我们基层工作所需要的研讨。"主持人的总结道出了"LDC"教研的本质：今天的研讨让我看到了"LDC"教研文化的特质，那就是让每个教师都能快乐地参与其中，让每个人都成为行动的践行者，让每个人都看到自身的价值，从而形成一个共同体——教师发展的共同体。

"LDC"教研活动，让我们在欣赏中成长。

研讨会一改往日的批评与建议式，而是让每个团队围绕展示课分别找出的亮点、策略和故事。在浓浓的氛围中，研伴们你一条亮点，我一个策略，更有趣的是，当一个人的亮点被欣赏、被肯定，这个"亮点"就会发生膨胀、衍生，不断地被欣赏、被肯定，不禁让执教教师的胸挺起来了，眼睛亮起来了，干劲鼓起来了。执教"直直的线"的毕丽莎老师激动地说："我刚参加完市优质课的磨课，今天讲完这节课，我再次做好了充分的准备，来接受大家的批评，没想到我这节课还有这么多优点，没想到自己会这样自信站在讲台上，这样的教研活动真是快乐。"高区教研员梁娟老师说："我第一次发现咱教师这么棒，以前咱总是说学生给点阳光就灿烂，今天我认为，给咱们任何人一个平台我们都能行。"威海市教研员潘桂华老师说："以前的评课越评越'冷'，今天的教研会让我这个快退休的老太婆也是热血沸腾。"是啊，有这样一句话，这个世界上不是缺少美，而是缺少发现美的眼睛。而我们今天这个研讨活动处处体现着美，发现着美，分享着美。更重要的是大家发现的不仅仅是一个小策略、一个小亮点，而是一种全新的教学理念。

活动中，我深刻体会到"LDC"教研，旨在引导每位参与者学会欣赏他人扎实的专业知识，欣赏他人的教学技能，欣赏他人的教学语言……在欣赏的过程中，看到与他人的差距，并虚心地向他人学习，通过自己不断地努力学习，逐步缩短与他人的距离。即把欣赏别人作为自己进步的一种方法。正如徐云鸿老师所说：让教师在欣赏中成长。是的，欣赏是一种给予，一种馨香，一种沟通与理解，一种信赖与成长。欣赏可以起到点石成金或者锦上添花的效果，特别是作为教育者的我们就更需要学会欣赏，欣赏我们的同事，欣赏我们的学生,与孩子们一起快乐地学习,快乐地成长。

"LDC"教研活动,让我们学会了做研究。

以前谈起研究,我们就会为那大堆的计划与方案烦恼,就会为那置之楼阁的成果而不值。今天的研讨让我们明白"LDC"的研究倡导的不是教育学术上的研究,而是行动上的研究。它是融入教师教育教学的,教师在教学中研究,在研究中改善教学,在实践研究中提升。"LDC"的研究首先是去"做"身边的事,其次是与同伴一起做。从"小现象、小问题、小策略"入手,研究自身的问题,解决日常教育教学工作中的难题,寻求解决各类问题的策略。它操作容易,并且实用性强、见效快,教师们不会再把研究问题、开展教研活动作为一种负担,而是以积极的态度主动研究,互相交流,共同分享,取长补短,共同提高。

最后,徐云鸿老师的点评给我们带来的是更多的智慧,她不仅点评了研究中存在一些问题,还引导我们下一步如何做,她说,我们要把今天发现的一些小策略、小故事,进行整理,分门别类地建立起资料库,按时与大家一起分享。但资料库只是一个副产品,真正的产品是我们学生、我们教师自己的幸福成长。

长此以往,"LDC"教研活动将会对我们教师的成长产生深远的影响,学生在我们教师的眼里将会更加生动可爱,教师们把教研活动中的有效做法随时带到课堂中,会让每个学生获得最大限度的成长。"玉不琢,不成器;人不学,不知道"。我们要成长,我们就需要学习,"LDC"会成为我们的"思想之窗",使我们在一次次的感悟中豁然开朗。

附优秀教学反思

对"简约课堂"的几点理解

通过几轮讲课评课的磨炼,我对"简约课堂"理念有了初步的理解。

首先,"简约课堂"倡导学生自学自悟。即,课前教师根据本节课的知识点为学生设计有利于学生思考的导学提纲。让学生根据导学提纲开始读、想、写、算。

"读"就是仔细阅读信息窗中的数学信息并把它记录下来。重、难点处要圈点勾画,疑问处"?"。

"想"就是根据数学信息提出有价值的数学问题并记录。(把解决这个问题的有关信息都要完整写下来,此目的也是让学生学会筛选信息)

"解"就是解答上个环节自己所提的数学问题。要把自己的解题思路尽可能都写出来。(包括画图、列表、摘录等各种数学思想方法的使用等)

"做"就是尝试解答自主练习2～3道题。

"预习反思"。也就是记下预习后的收获和疑问。

学生通过导学提纲来有针对性地进行自主思考,探究,从而领悟本节课的知识脉络。通过导学提纲的引领学习,不同的学生对本课的知识内容都有了不同程度的了解。同时也明确了自己的收获和疑问。这样使学生学有方向。

根据这样的理念我在设计"2,5,3的倍数的特征"这一课时,考虑到学生有能力根据课本提供的方式方法自己找到2,5,3的特征。因此,课前设计了如下的预习提纲,让学生自己进行探究,并把探究的结果加以记录。

2的倍数有什么特征,你是怎么发现的?

5的倍数有什么特征,你是怎么发现的?

3的倍数有什么特征,你是怎么发现的?

通过学习,你还知道了什么? 你有什么问题?

经过自主探究,学生基本上都能找到2,5的倍数的特征。但3的倍数的特征部分学生还没能找到。当然,在这个环节的学习中。学生也有很多疑惑。如为什么2,5的倍数只看个位就可以了,而3的倍数却要把各个数位的数加起来等。

其次,在自学自悟的基础上,再进行互助共议。这个环节也类似于我们以前倡导的合作学习。合作学习是现代社会孩子必须具备的能力,在这个环节中我们根据学生的实际情况把学生划分为不同的小组。学生把自己自主探究中的所得在小组内交流,听取同学的意见和建议。同时也提出自己的学习过程中的疑问。学生是学习的主人,把学习的权利交给学生。在这里,学生交流自己学习所得,品尝收获的快乐,同时也同组内其他成员产生思维的碰撞,分享学习的快乐。

由于这个过程中加入了小组捆绑式评价,所以交流时,小组同学更多地关注了待进生的学习情况。形成了一种互帮互助,共同进步的学习氛围。本节课中,学生基本上都选取了课本中所提供的列表法或百数表中的一种,通过实际操作,圈一圈,划一划,找一找,直观地明确了2,5,3的倍数的特征。做了就理解了,在这个过程中,学生基本上都通过实际操作,完成了基本的知识点的学习。

然后,让学生带着收获与疑问在班级中进行交流提高。在这个环节中,教师主要了解学生对知识掌握的情况。因此,要有选择地让小组派出不同层次的学生进行交流。对重点内容要反复交流,直到大部分同学都能理解为止。此环节的重点应该放在为学生解惑上,学生有了疑问,先在课堂上提出,看哪位同学能帮助解决,实在解答不出来,教师就可以帮助学生理解。

本节课中,学生通过列表法和百数表直观地观察到了2,5,3的倍数的特征,但是这个特征在学生看来,只是一种表象。到底为什么2和5的倍数看个位就能知道,而3的倍数却要把各个数位上的数字加起来呢? 学生心存疑惑。问题提出来后,有的同学马上就有了答案。因为"几十,几百,几千的数都是2和5的倍数",是不是这样的呢,自己顺手写几个数验证一下就明白了。但是为什么3的倍数却要加起来呢? 这个问题对学生来讲有些难。于是,利用课件,直观地让学生看到,一个十,三个一组,最后剩一个,然后进一步让学生明白,有几个十,三个一组分完后,就剩几个一,几个百三个一组分完后也就剩下几,最后再把剩下的数合在一起也就是各个数位上的数字合起来,看看是不是3的倍数就可以了。

为了更好地了解学生的学习情况,最后我们进行了必要的检查。因为知识是学生通过自己动脑得到的,所以效果理想。

通过几个周的听讲评,我深切地感受到"简约课堂","简约"而不"简单"。它对教师提出了更高的要求。课堂上不但体现教师对教学内容的设计,看到的更多是学生自主探究能力,预习能力,看书学习能力,以及教师灵活地驾驭课堂,合理调控时间等多方面能力。我最想说的就是"简约课堂"爱你不容易。

(作者:牟平区实验小学　董辉)

数学"简约课堂"重在促进学生的思维

在以往的数学课堂教学中,我发现,真正能做到积极参与课堂活动的也就是班上那十几名同学,多数同学的表情木然、思维缓慢,或者思维被动地参与活动。在构建简约高效的课堂教学探索中,我重新来审视我的数学课堂,从引导学生积极思维、主动参与课堂活动的角度出发,分别在教学目标的确立、教学内容的选择、教学环节的设计、教学手段的应用等方面做了进一步探究,初见成效,现结合我执教的二年级下册"三位数加三位数(连续进位)"一课为例,谈谈我的具体做法。

1. 教学目标简明准确,接近学生思维起点

教学目标是课堂教学的灵魂,只有目标明确了,行动才有方向。课堂教学目标的确定,从学生已有的知识经验出发,彻底解决一两个切实需要解决的阶段目标,拟定简明而准确的教学目标。例如,教学"三位数加三位数(连续进位加)"一课时,我制定了如下教学目标:① 学生在已经掌握三位数加三位数(不连续进位)的基础上,进一步体会加法的意义,会计算连续进位的三位数加法。② 学生在探索连续进位的三位数加法计算方法的过程中,逐步培养应用意识和解决问题的能力。

整节课教学目标的确立以学生为主体,从学生已有的知识水平(已经掌握了不连续进位的三位数加三位数计算方法)的基础上,进一步来研究连续进位的三位数加三位数的计算方法,实际上是为学生找到了解决新问题时思维的起点。

2. 教学内容简约充实,符合学生认知水平

一节课的时间是有限的,学生学习的精力也是有限的。因此,选择精讲的教学内容,尤为重要。教学中要视学生的具体情况而定。学生已经掌握了的内容可不讲;教师点拨一下学生就能懂的知识教师就少讲;对疑难问题教师可精讲启发学生,使问题得到解决。课堂上,教师不需要把什么都讲透了,要给学生多留下自由想象和发展的空间。

在设计"三位数加三位数(连续进位)"一课的教学内容时,考虑到学生前面已经掌握了三位数加三位数不连续进位的计算方法,我先让学生自己解决三位数加三位数不连续进位的问题,唤起学生对已有知识的回忆。继而,让学生尝试解决简单的三位数加三位数连续进位的计算问题。利用新旧知识间的迁移大部分学生能自主解决新问题,因此,这部分内容我并没有过多去干涉,而是让学生之间通过互帮共议讲明计算方法及道理。当学生明白了简单的连续进位的三位数加法的计算方法及道理以后,我趁热打铁,把教学内容进一步深化,让学生尝试解决稍复杂的三位数加三位数连续进位的计算问题。这时,学生通过互帮共议可能还有一些小问题解释不清,如:百位上满也十了我该怎样写?每一位上都要进位,我要怎样才能记……当学生遇到困难了,我再适时地给予点拨。在

教学中,关注学生已有的认知水平,有利于地激起学生的思维,达到事半功倍的效果。

3. 教学环节简便有效,适应学生认知规律

以往为了教学环节的完整,总是或多或少地有一些可有可无的教学环节,课堂上,这些环节的教学效率微乎其微。"简约课堂"探索中,我大胆地删掉了那些可有可无的教学环节,针对学生的认知水平,确定了一些学生跳一跳便能完成的教学内容,引导学生通过小组合作学习,小组捆绑式评价,激励学生自主探究学习。不久,我惊喜地发现:学生敢想,敢说,敢于担当"小老师"的人越来越多了。

还是以"三位数加三位数(连续进位加)"一课为例,本节课我主要分了两大环节。用两个大问题:第一,老师有 500 元钱,可以买哪两种商品? 第二,买哪两种商品够 1 000 元,可以获得购物券? 引领了本节课的学习。第一环节让学生在解决问题的过程中,复习了前面的不连续进位三位数加法,也初次尝试探究了 500 以内连续进位的三位数加法的计算方法。因为学生在学习本节课之前已经掌握了不连续进位的三位数加法的计算方法,所以,在第一个环节里学生很容易利用新旧知识间的迁移,探究出简单的连续进位的三位数加法的计算方法。有了第一环节的基础,第二环节进一步探究稍复杂的连续进位的三位数加法,对于学生来说就比较容易了。

遵循学生的认知规律,简化教学环节,能节省很多时间,把更多时间还给学生,为学生提供充分思维和自主探究、合作以及练习的时间与空间,从而激活了学生思维,提高了课堂教学效率。

4. 教学手段简单实用,激发学生深度思维

学数学,贵在引导学生明晰算理和算法,适时出示课件或使用学具,能起到"四两拨千斤"的作用。而为了充实环节,作用不大的课件不管有多么漂亮,我都毫不迟疑地去掉,以给学生留出安静的思考空间和时间,让他们在思考后绽放灵性。

如在教学本节课时,当提出问题以后,我先让学生尝试独立解决问题,当学生对所探究的连续进位的三位数加法的算理理解不深刻,解释不清楚时,我适时地出示计数器让学生动手拨一拨,利用多媒体直观演示小正方体块的变化,让学生看一看,想一想,加深学生对计算算理的理解。同时,在学生小组内互帮共议时,我发给每一个小组一块小黑板,让学生把组内的意见和建议写在小黑板上,在全班交流时,既节省了时间,又让每个学生都有展示的机会,在积极参与的过程中,深化自己的思维。

综上所述,尊重学生的主体地位,简化教学目标、教学行为,优化活动环节,能为学生留出更广泛的思维空间,激活学生的深度思维,让课堂中每个学生的思维动起来,促进不同层次的学生不同程度的发展。

(作者:牟平区实验小学　林雪飞)

附优秀教学设计

"多边形面积计算试卷讲评课"教学设计

1. 学习内容

《义务教育课程标准实验教书•数学》(青岛版五四制)四年级下册第二单元单元测试。

2. 教材分析

本节课是学生学习了平行四边形、三角形和梯形及组合图形的面积计算方法以后，运用单元测试题对学生学习情况进行检测，以此进一步了解学生对本单元知识的掌握情况，并针对学生的检测情况对试卷进行讲评。讲评澄清学生的一些模糊认识，提高学生灵活运用知识解决实际问题的能力，为他们以后学习其他图形的面积或体积的计算奠定基础。

3. 学情分析

通过测试，我发现百分之九十的学生能够记住多边形面积的计算公式，并能在实践中灵活运用，并且有百分之二十五左右的学生不但能准确地运用计算公式进行计算，还能够对问题进行科学合理的分析，灵活地解决问题。但是仍有部分待进生对公式运用不熟练，有百分之十左右的学生在计算三角形与梯形面积的时候常常忘记除以2。

4. 学习目标

① 通过对试卷的讲评，引导学生对本单元的知识进行系统的回顾整理。

② 通过典型错例的剖析与矫正，帮助学生掌握正确的思考方法和解决问题的策略。

③ 培养学生灵活运用知识解决问题的能力和良好的学习习惯。

5. 学习准备

师：电脑课件

生：单元测试卷、小测作业纸

6. 学习过程

（1）个体排查，自查自改。

师：同学们，通过对本单元的测试，老师发现大多数同学对本单元的知识掌握很好，但同时也发现部分同学还存在着一定的问题，下面我们就对本次测试进行试卷讲评。（板书课题：多边形面积的计算试卷讲评。）

请大家用五分钟的时间认真思考你的错题，找出错误原因并加以改正，如果自己找不出错误码原因，请加上标注，一会儿我们小组中解决。

教师巡视，关注学生的改错和标注情况，特别要注意学生改错时是不是真的明白了，避免学生照抄照搬。同时关注学生标注的哪些题目，做到心中有数。

【设计意图：同一份试题，由于学生错的题目各不相同，错的原因也不同，所以先给学生五分钟的时间，让他们对自己的错误自查，能解决的先自己解决，这样就使后面的交流讨论更有针对性。】

（2）第二个环节：小组共议，相互交融。

师：请同学们以小组为单位，把你的问题在小组中提出来，小组同学一起讨论解决，如果小组内还不能解决的问题，还是做出标记。一会儿我们再班内集体讨论解决，咱们看哪个小组交流得最到位。

小组长要认真倾听组员的问题，要求学生敢说、想说、认真地说。同时教师巡视，发现学生交流的一些好的方法,并且适时加以指点,使学生间的互帮共议更有效。

【设计意图:学生之间的交流,或者说同龄人之间的交流更通畅一些。同样的问题,教师或者跟学生讲不明白,但学生跟学生能说清楚,因为语言可能有更多的相近之处。此环节以小组交流的形式,让熟练掌握知识的学生帮助有困难的学生,通过组内学生的交流与思维碰撞,逐步弥补部分学生知识的缺陷。当然,此环节不光是学生口头的一种交流,还应让学生拿来起笔来算一算,边算边交流,以期达到取长补短互相促进的目的。】

（3）集中交流,共同提高。

师:哪位同学先提出你们小组的疑惑?

师:哪位同学能帮他们解决这个问题?

① 注意观察学生的动态,引导学生"互相讲解"。一个学生讲完后,可以再了解其他学生的理解情况。当一种解决问题方法交流透彻后,再了解学生。

谁还有别的方法? 借此把学生思维引向深入。

直到学生们把疑惑都弄明白了,再进行下一个问题。

② 如果学生提出一个问题后,班级中没有人响应。可以尝试请小组交流中教师发现的交流不错的同学尝试。如果交流不到位,可适时帮扶,以达到预期目标。然后再问:谁听明白了? 然后找班级中的中等生再交流,以了解他是不是真的明白了。

③ 如果学生提出的问题,班级同学中没有准备,教师可以适时给学生以提示,让学生按教师的提示先思考,然后再进行交流。

【设计意图:通过互帮共议这个环节,本堂课相对简单的内容是已经消化了。这一环节要把重点和难点的内容引导学生深化交流,达到深层次的思维交流。在这个过程中引导学生大胆说出自己的思考过程,从中找到学生出错的根源,并适时加以点拨,引导学生进行有效的思考。】

（4）举一反三,拓展提高。

通过刚才的学习,大家感觉你对本单元的知识掌握得怎么样了? 想不想再检验一下自己的水平? 拿出作业纸,听清教师的要求:一题是必做题,二题是选做题,做第二题时,首先要选择出合适的方法再动笔。

① 必做题:

一个三角形的面积是 36 平方厘米,高是 4 厘米,底是(　　　)。

一个平行四边形与一个三角形面积相等,底也相等,平行四边形的高是 6 厘米,三角形的高是(　　　)厘米。

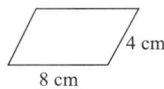

图 2-4　第①题图

如图 2-4 所示,平行四边形的两条邻边分别是 8 厘米和 4 厘米,一条边上的高是 6 厘米,另一条边上的高是(　　　)厘米。

② 选做题:

求图 2-5 阴影部分的面积。你能想出几种求法?

生做题,教师关注待进生的进展情况。

师:以小组为单位订正。组长要及时帮助你们小组有错误的

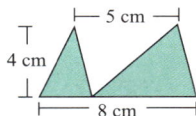

图 2-5　第②题图

同学。订正完后,可以交流第二题的做法。

小组交流。

师:第一题还有问题吗?没问题的话,那咱们就直接来看第二题吧。哪位同学来说说你的想法?

师:咱们同学真棒,有这么多好方法,但时间关系,咱们就交流到此,有兴趣的同学可以在课后再研究。

【设计意图:通过前面几个环节的活动学生在相互交流过程中逐步加深了对于多边形面积相关内容的认识,本环节的设计,我力求在学生已经逐步对本单元知识形成网络化、条理化的基础上,进一步梳理相关知识,完善学生的认知,使每一个学生都能有不同程度的提高,进一步形成探求知识的渴望,为后面进一步的学习打下基础。】

附学生优秀日记

当生活与数学牵手,当跃动的思维幻化成文字,呈现在我们眼前时,我们所触及的不只是童真的数学世界,更多的是思维发展的精彩,在一点一点累积。数学小日记:理性的思维、形象的表述;文虽短,却耐看。下面几篇同学们写的数学日记,分别刊发于《少年智力开发报》2010—2011 学年度的第 12 期和 35 期的"小鬼当家擂台专版"。

买哪种合算?

这是个阳光明媚的双休日,适逢我的生日。我打算邀请 6 位好朋友来做客。妈妈给我们准备了一大桌美食,但没有饮料。妈妈说我长大了,给我 30 元钱,让我自己去买。

我们都喜欢喝橙汁。如果每人准备 600 毫升的橙汁,7 人共需 4 200 毫升,就需 1 200 毫升装的大瓶,3 瓶;200 毫升装的小瓶,3 瓶。我边算计着边来到我家附近的一个小超市。标价:大瓶 10 元,小瓶 2 元,如果买一大瓶送一小瓶。妈妈常说货比三家。于是我又来到"龙辉超市",相同品牌相同包装的橙汁九折优惠。家家悦超市是满 30 元给八折优惠。买哪种更合算呢? 我心理开始盘算起来:

小超市买一送一正好需要 30 元。

龙辉超市打九折:$(10×3+2×3)×0.9=32.4$(元)

家家悦超市满 30 元八折:$(10×3+2×3)×0.8=28.8$(元)

想到这儿,我毫不犹豫直奔家家悦超市,并且用剩余的钱给妈妈买了一块巧克力。

学数学,用数学,使我的生活充满快乐。

教师评语:能灵活运用所学知识解决生活问题,真了不起,为你点赞!

(作者:牟平区实验小学五年级一班　王胜淼)

公园里的数学问题

星期天,我跟妈妈到公园里玩,公园的甬路边种了一排小树,我绕着小树空跟妈妈玩捉迷藏。玩着玩着,突然想到,我们数学课上刚学过路灯跟路灯空间的问题跟公园里小树和小树的空间差不多。于是,我就想在妈妈面前露一手。

"妈妈,你知道这一排 11 棵小树,一共有几个树空吗?"

妈妈一愣,然后用手比画起来。我立刻得意地说:"不用比画了,我来告诉你吧,11 棵树有 10 个空。"

"你怎么一下子就知道了呀?"妈妈一脸疑惑地问我。

"树空比小树的棵数少一个,因为两头都有小树,每一棵小树后面都有一个树空,只有最后一棵小树是最后头了,它后面就没有树空了。"

"哦,原来是这样啊!"妈妈恍然大悟,对我竖起了大拇指。

我更加得意起来,蹦蹦跳跳来到公园中心湖,指着湖边的小树继续考妈妈:"妈妈,你知道这 12 棵小树有几个树空吗?"

妈妈并没着急回答我,而是仔细地观察了一会儿,然后反问我:"你说呢?"

我想也没想,说道:"当然是 11 个树空了。"

这一次妈妈没有立刻赞同我的说法,她让我走一走,数一数。原来我还有点不情愿,但是,为了证明我的想法是对的,我陪着妈妈一起走了一圈。但是,让我震惊地是,这次我的想法竟然是错的,12 棵小树,有 12 个树空! 这是怎么回事啊? 我顿时糊涂了……

这时,妈妈拍了拍我的肩膀说:"孩子,想一想,刚才甬路边上的小树是怎样排的? 那现在这些小树又是怎样排的?""怎样排的? 甬路边的小树是排成一排的,这儿的小树是围成一个圈的……""对呀,恐怕就是因为排列跟原来不一样,用原来的方法就不灵了。"

哦,原来当小树围成一圈时,小树的棵数跟小树空是一样多的。这次公园真得没白来,不仅玩得高兴,还让我明白了一个数学问题,真不错!

教师评析:你是一个细心的孩子,对呀,很多数学问题就藏在我们身边,只要用心观察,就会有很多收获! 你的发现很重要,希望你长大能成为一位小小数学家。

(作者:牟平区实验小学三年级一班　曲绍熠)

我与质量单位交朋友

今天,教师陪我们走进了"克、千克、吨"王国。我们认识了"克仆人""千克大臣""吨国王"。

"克仆人"领着我们走进了王宫。只见"克"很小很轻。"克"说:"尊敬的客人您好,我叫克,英文名字叫'g',我是我们王国最小的,你能想象我有多么轻吗?"我们猜测着说:"有一本字典的重量?"克摇摇头,它见我们猜不出来,说:"我只有一粒花生米那么重,或者4粒黄豆那么重。"我们拈了拈,一粒花生米,4粒黄豆真的很轻哟。接着,"克"又带领我们去见"千克大臣"。我们一看,千克比克要大很多呀。"千克"说:"大家好,我的英文名字叫'kg',我是千克的 1 000 倍,我能表示较重的物体,比如 2 袋盐,或一壶水大约都是 1 千克。"我们想了想,"那 6 个西红柿应该是你的重量吧。""千克"又说:"对,不过,我还不是最重的,比我还大的是'吨国王'。"

我们走进去一看,只见"吨国王",很胖很重,坐在宝座上,"吨国王"说:"我的英文名字叫't',我是千克的 1 000 倍,我表示很重的质量,如大象的质量,卡车的质量等,这就是我们的王国,欢迎你们的到来。"我们终于知道了"克""千克""吨"的关系。

从"克、千克、吨"王国出来后,我仔细地观察,发现1个茄子大约重200克,1棵大白菜重3千克,我的体重是30千克……原来,这三个朋友就在我们身边,只要细心观察,你就会发现它们。

教师评语:我们学习的数学并不是孤立地存在的,它和生活有着密切的联系。这篇日记充分发挥了想象力,很有趣,而且通过观察,找到了生活中的数。

(作者:牟平区实验小学三年级一班 蔡锦语)

数学童话——谁的功劳大

我有两位好"朋友",它们分别是平移和旋转。平移喜欢沿着一条直线运动,而旋转喜欢围着中心轴转动。

有一天,平移和旋转在一起讨论谁的功劳最大。平移说:"我的功劳最大,正是有了我,人们才能从一个地方到另一个地方。"

旋转说:"我的功劳最大,有了我,风扇才能吹出风,人们才能乘凉。"

平移又说:"我的功劳最大,有了我,人们才能坐着汽车从家到超市。"

旋转又说:"哼,没有我,你的车轮都动不了,你怎么让汽车跑呢?"

平移又说:"我的功劳大!"

旋转又说:"我的功劳大!"

"我的功劳大!""我的功劳大!"……它们闹得不可开交。

我看它们闹得不可开交,就连忙过去问原因。然后说:"你们俩作用一样大,没有平移旋转发挥不了作用;没有旋转,平移也是发挥不了作用的。"它俩听了惭愧地低下了头。

从此后,它们成了更要好的朋友。

教师评析:从小作者富有想象力的童话小故事中,我们看得出,小作者对平移和旋转运动特点理解得很深刻。可以灵活地运用平移与旋转的知识,采用拟人化的对话形式,将平移与旋转之间的联系与区别展示出来,很了不起。

(作者:牟平区实验小学三年级一班 王易馨)

三、"简约课堂"带来的变化

在"简约课堂"的研究与实践中,教师积极参与各种理论学习,不断进行实践探究,师生素养发生了很大的变化。

一是促进了学生能力的提高和学习方式的转变。在学习过程中,学生的自学能力、探究能力、倾听能力、提出问题的能力、合作能力、辩论能力、表达能力、操作能力、动手实践能力、搜集整理资料能力以及创造力等方面,都得到长足的发展,由"要我学"变成了"我要学"。具体表现在,第一,学生成为课堂上的"四小",即小侦探(学会探索新知)、小记者(学会提问)、小教师(学会讲解)、小辩手(学会为真理而辩)。学生在"四小"角色的自由转换中,变成一个会探索、善表达、自信阳光的孩子。第二,学生的学习方法得到了优化。"简约课堂"注重放手让学生在反复的探索与尝试中去找到适合自己的学习方法。良好的学习方式的养成,利于把学生的学习引向快车道。第三,学生的学习能力得到发展,学业成绩得到提高。在"简约课堂"学习中,学生完整经历了一个从发现问题、提出问题、分析问题、解决问题的全过程,能力培养起来了,学习质量自然也会得到提高。

二是教师的专业素养得到提升。首先,教师的教育理念得到转变。他们敢于放手让学生去寻找学习的方法,重视给学生搭建施展才华的舞台,鼓励学生间相互帮助、友情提醒、彼此促进,促成他们在主动思考、大胆交流中汲取知识。其次,教师的研究力得到提升。教师备课从学生学的角度出发,本着简约实用的原则进行教学设计,力争做到教学目标简明准确,易于把握和达成;教学内容做到以繁化简,以简驭繁,简约而充实;教学环节简便有效,有利于提高课堂教学效率;教学方法手段能为有效达成教学目标服务,简便实用。教师在备课中更多地思考:什么样的问题更能启发学生的思维?导学问题如何设计,如何呈现?用什么方式能调动学生学习的积极性?互帮共议中学生可能会提出哪些问题?学生在课堂交流中能提出哪些在备课中没有预想的问题,应怎样应对?对"检查反馈"中学生出现的问题,应如何改进和弥补?等等。再次,教师驾驭课堂的能力提升。在课堂教学中,教师以学生为本,关注每个学生的学习活动,倾听学生的发言,引导学生思维,适时进行点拨,做到因材施教。更多地关注课堂中学生的思维是否有深度,关注学生互帮共议是否有效,关注小组捆绑式评价是否得当,等等,改变了过去关注学优生多,关注学困生少的局面。

三是师生的幸福指数提高了。在"简约课堂"中,教师轻松了、解放了,懂得去欣赏学生,慢慢地,学生的能力提升了,学习质量提高了,教师的职业幸福感也随之提升了。

伴随着学生的成长,团队的发展,我在课堂研究中也不断突破自我。研究成果《小学数学简约课堂的研讨》获市一等奖,省二等奖;撰写的论文《踏着青春节拍舞出成长的精彩》发表于《基础教育改革论坛》2011年的第1期;申请的课题"小学数学简约课堂的研究"被省教科所立项;2012年4月在牟平区实验小学主持召开了"烟台市数学骨干教师'我们一起做研究'研讨会",因教研效果较好,又协助山东省教科院徐云鸿老师在威海市高区开展研讨;先后被评为"烟台市优秀教师""烟台市课题研究先进个人""烟台市第二批名师人选"。

立足于课堂,研究课堂,以学生的发展为本,落实核心素养,打造思维灵动的课堂,是我永远的追求。

附成长历程

踏着青春的节拍　舞出成长的精彩

带着成长的思索,带着收获的喜悦,我从课程改革中一路走来。回首自己的成长路程,有过激动不已的兴奋,也有过解不开的困惑;体验过成功的愉悦,也感受过挫折后的失落。在经历了不断的磨砺之后,我有了更多的理性思考,有了更多的自我超越、自我挑战的勇气和能力。

一、学习是成长的动力

新课改伊始,我有些困惑与茫然,在各位专家和领导的指导下,我采取读教育名著、博客交流、现场观摩、网络教研等多种方式向专家学者、教育大家学习。这些方式，使我有了更多机会和国内教育专家及同行精英们零距离接触、交流，让我有了久旱逢甘雨之感。我认识了另类教师——蔡兴蓉，每每读到他的文字，总会在心底激起不尽的浪涛，且他那"让孩子他妈也喜欢读书"的梦想更成了我前行的鞭策；我结识了现代教育专家李镇西，他的民主教学思想，使我看到了现代教育的曙光，他灵活洒脱的教学艺术，引起了我心底的强烈向往；我还结交了小学数学专家吴正宪和《小学数学》的编辑成安宁老师……在一次次与教育名家的"交流"中，我的心灵被震撼着、洗礼着、提升着，新的教育理念在慢慢形成，逐步树立起"教学是师生学习的共同体""教学就是按照学生学习规律引导学生自主学习""教学是带领学生走向知识，不是带着知识走向学生"等新的教学观念。我一步步走来，一点点积累，随之，大量反映学生生活和工作的感悟在笔下诞生，我撰写的《11-20 各数的认识》《一节难忘的数学课》等多篇文章在省、市、区获奖；十几篇文章在《中小学数学》《辅导员》《创新教育》《教育时报》《烟台教育》等期刊发表；指导学生写的《游九龙池》发表在 2008 年的《当代小学生》上。

二、勤奋扎实是成长的起点

"腹有诗书气自华。"有了丰厚的积淀作基础，工作中我自觉地把名家的理念和经验融进自己的教学，全身地投入新课程的课堂教学改革中。日常教学的每项工作我都力求精细、扎实、有效地做好。在备课中精心研读教材，做到仔细揣摩、透彻理解。常常为了一个环节的设计，翻遍手头所有的资料，问遍有关专业人士，改了一遍又一遍。在反复研究与实践中我逐渐形成了自己的教学风格，建立起自己独特的教学模式，即"导学合作"模式：课前根据学习内容为学生精心设计出"导学材料"，引导学生通过自己主动的思维活动提出问题并尝试自己解决问题，再以合作交流的方式解决学生的疑难问题，最后再以课堂小测的方式检查学生的学习效果。实践证明，采取这种学习方式后，不但学生学得轻松、教师教得轻松，而且还有利于培养学生独立思考、勇于探索的创新意识，有利于培养学生勇于发表自己的独特见解的能力，为学生的可持续发展奠定基础。多年的努力收到了丰硕的成果，我曾多次为区教研会执教研讨课、观摩课、视频课，受到领导与同人一致好评。其中执教的"两位数进位加法"和"分数的初步认识"均获省市优质课一等奖；并享有"把学生放在我班，领导放心、家长舒心、学生开心"的美誉。

在成绩面前，我没有停止前进的脚步，学习和实践让我深深明白，作为新课程的实施者，只有不断学习，不断更新知识结构，才能让"源头活水"不断流入我们教学的"荷塘"，才能在教学中做到游刃有余，从而为学生提供更为优质的服务，为新课程的推广出绵薄之力。

三、学研型团队是成长的沃土

我们学校有一个互帮互助的教师团体，战校长的加入更是加强了我们团队的学研氛围。在战校长的带领下，我积极参与学校校本教研、教研组教研等集体教研活动。2007年我们申请到一个国家"十一五"规划课题子课题"小学数学教具、学具手段在发展性课堂教学中的应用与提高课堂效率的研究"。领导安排我任组长和首位研究员。根据实验方案我将我们这个团队分为三组,分别进行"数与代数""空间与图形""统计与概率"三个不同领域的研究。在研究中我采取定期组织理论学习、观摩课研讨、不定时地听推门课等方式,促进课题深入扎实地开展。在团队的共同努力下,我执教的学具课《方向与位置》获市一等奖,制作的课件《圆的认识》被教育部主办的《中国多媒体教学学报》录制成光盘公开发行,撰写的结题报告受到专家同行的认可。这些成绩的取得都离不开我们这个团结互助的团体。正如教研室孙传华主任总结时所说:"每一个人的成功都离不开优秀的成长环境,离不开优秀的团队,离不开优秀的领导。"在进取的学研型团队建设与发展中、在学校浓厚的集体教研氛围中,我得以踏着坚实的脚步不断成长、不断进步。

2009年9月,受领导的委托我开始担任数学科大组长的工作。肩头的责任是重大的,而这项工作对我来说又是全新的。为做好数学学课的带头人,凡事我都身体力行做好表率。平时认真开展集体备课、公开课及课后评课的工作;外出学习回来后,我会及时把各类教学观摩课和报告会的先进观念在组中交流学习,以促进数学教师教学能力的不断提高。工作中遇到困难我会虚心向领导和各位前辈请教。我先后配合战校长把数学作业改革的推向了深入,并收到了良好的效果;带领组织教师参与区优质课评选,四人全部榜上有名;大胆组织了数学单项测试,促进了课堂教学常规的进一步优化。在领导的支持和各位同事的努力下,出现了大家齐心协力抓教学的好势头,无论是教学工作还是其他事务,均取得较好的成绩,受到领导同人的认同。

机遇只垂青于那些有准备的人。我曾先后两次被区委区政府授予"优秀教师"称号;两次被"嘉奖";2007年9月被区教育体育局授予"学科能手"称号;2005年被市妇联、市教育局授予"烟台好家长"称号;2009年被区教育体育局授予"名师"和"优秀教师"称号;并且在2007—2009年年度考核中,被定为优秀等次。

"路漫漫其修远兮,吾将上下而求索"是我追求的境界。在今后的教育教学工作中,我将继续踏着青春的节拍,舞出成长的精彩,在教育这片沃土上勤奋耕耘,积极探索,奉献我无悔的青春。

（此文发表于《基础教育改革论坛》2011年第1期）

第二节
我的名师成长之路

2012年5月,我有幸被评为烟台市小学数学第二批名师人选。跟随团队先后到东北师范大学、华东师范大学、浙江大学等地方听取了很多教育专家的讲座,还深入一些大学的附属小学观课、评课。五年的学习与实践,丰盈了我的教学理论知识,提升了我对有效课堂的理解,打开了我的视野,为我的教学工作打下了坚实的基础。

一、做个快乐智慧的人——浙大学习之悟

在丹桂飘香的季节里,我们来到了美丽的浙江大学,参加了"烟台市名师人选人文素养提升研修班"的学习。在这短短几天的时间里,我们先后听了浙大五位教授的讲座,参观考察了三所学校。期间观摩了课堂教学,聆听了专题讲座,参观了校园文化。几天来,专家们睿智的高深理论、精确的教育视角;三所学校美丽而丰厚的校园文化、三位风格迥异而又多才勤奋的校长,令我心潮澎湃、跃跃欲试,理念、方法随之升华。回眸学习中的点点滴滴,重新拾贝,重扬远航之帆。

(一)收获一种理念　快乐智慧地工作

本次去参观的三所学校,是杭州办得最出色的三所民办学校。"阳光快乐"是他们的共同特点。

"做个快乐的公益人"是杭州公益中学的办学理念。在这一理念指导下,"做人第一,活教乐学"成为他们的特色。楼梯墙壁上写着"我把左半边留给您";走廊墙壁上写着"和谐大气　相亲相爱";班会课上学生们讨论的是"这事,站在他人的角度上想想看";等等。点点滴滴向我们展现的是教学生学习先教学生做人。"培养阳光学子"是杭州竞舟小学的办学理念,学校以"把学校办成少年儿童健康成长的乐园"为目标,积极致力于教育教学改革。校本课程的普及为每一位学子提供了平台,科技馆、生态池、攀缘场、贸易馆等场所,处处有学子们活动的身影、朗朗笑声和累累硕果。"我的道路是最美的"是杭州文晖中学每个人的座右铭,校内的师生员工个个从容、阳光、智慧。三位博学快乐的校长带着一批乐教善创的教师,培养着一批乐观向上的天使。学校严中求活的校风,实实在在的教学成果赢得了社会各界的好评。知名度、美誉度不断提高,三所学校均已成为杭州城家长首选的热点民办学校。

"做什么事,做人是第一位,做个快乐的人尤为重要。"杭州公益中学潘校长的话时时萦绕在我耳边。是啊,没有这样快乐智慧的校长怎能带出一批积极向上的团队。正如浙大教授徐宇青所说:"相由心生,地球有地心吸引力,我们的心跟这个世界,跟其他人,也是有吸引力的,就看是你的力大,还是别人的大,做一个快乐的,乐观的人,你就拥有强大的吸引力,你就可以获得意想不到的成功。"

(二)学到一种方法　逐步完善我的工作

校本课程对培养学生的兴趣特长和各种能力,具有十分重要的意义。做得好,它就是学校的一张名片、一个亮点。几年来,我校的校本课程一直没有什么突破。看了杭州竞舟小学的社团活动,我忽然茅塞顿开。

竞舟小学每个社团的人选是学生们先看指导教师的开班启事,再自己选班,选不到班的同学由教师进行帮扶调整。这样做能让每一位学生根据自己的素质和特长,选择一个喜欢的社团参与。这是我们所欠缺的。另外,如何让"一湾池水"保持清澈(生态池);如何"买东西与卖东西"(贸易馆)等主题的特色社团,都是同学们感兴趣的,也是学生的学习与生活的结合点。我们也可以借鉴。

杭州文晖中学的听评课教研活动,很有新意。同学校、同学科的教师自愿结合成三人组,一人说课,不少于 8 分钟;一人上课,40 分钟;一人评课,不少于 30 分钟。三人必须团结合作,研究教材,研究学生,研究教法和学法,才能完成好这项工作。众人拾柴火焰高,在合作中互相学习,共同提高,形成一股研究合力。同时,组与组间又无形中形成一种比赛。

另外,听了几位校长和教授的专题讲座,我觉得我们首先要做的是为学生们设计一份问卷,听一听学生的心声,根据他们的需求,为学生们设计一份培养计划,设计一份他们喜欢的家庭作业,一份他们喜欢的寒、暑假作业,一份符合新课标理念的试卷;为教师们设计一次别样的教研活动。其次,读几本心理学书籍,管一管自己的情绪与压力;听一听高雅音乐,从而不断提升自己,丰富自己。

（三）得到一种精神　激励我扬帆远航

有幸聆听了浙江省特级教师、全国语文学科副会长赵群筠教授的讲座。三个半小时的讲座中,她始终是平和、阳光和从容的。她是北大优秀毕业生,因历史原因被分配在杭州最偏远的农村小学。她没有气馁,没有自暴自弃,而是扎扎实实、一步一个脚印地工作。那时,她的日记是这样写的:“我一天天地教着书,是在为万丈高楼一天天地打基础。‘基础’不露面,谈不上‘出色’与‘出息’。‘吾十有五而志于学,三十而立,四十不惑,五十知天命’,孔夫子尚且如此,我急什么呢? 水到渠成,瓜熟蒂落。欲速则不达,首要的是做好眼前事。”凭着这份扎实与勤奋,她从一个乡村语文教师成为浙江省特级教师、全国语文学科副会长。她用自己的亲身经历向我们展示了一种从容、一种勤奋和一种锲而不舍的精神。

音乐学张博教授,擅长拉小提琴和摄影。他用优美的小提琴声,向我们表现着音乐的魅力。他还向我们展示了他的摄影作品,独特的拍摄视角,呈现了一幅幅美丽画卷。他用他的作品向我们诠释着:世界并不缺少美,而是缺少发现美的眼睛。他向我们传递的是一种平和、一种美。

有一种力量是无形的,但它对人的影响却是无穷的。它就是人的魅力。我想这些教授、校长们的自然、时尚、洒脱、乐观也许是我追求的东西吧! 同时他们都非常朴实、富有朝气,做事严谨认真,给我竖起了榜样。

“路漫漫其修远,吾将上下而求索。”我坚信,有追寻便是快乐,有希望便是幸福。让这希望和追求成为我一生的精彩! 成为学校教育教学的精彩!

二、以人为本,以文铸魂——上海学习之获

2013 年 4 月 8 日至 4 月 15 日,我参加了华东师范大学山东省烟台市名师、名校长高级研修班的学习。八天中,与烟台名师、名校长们朝夕相处,坐在教室聆听了教授们对于学校管理的思考与实践,走进学校,如沐春风地感受到了上海学校的先进与厚重,精细与开放,严谨与活力。回首走过的历程,可谓一路风景一路收获。既是观念上的洗礼,也是理论上的提升,更是视野上的开拓。更为重要的是,这一过程带给我深刻的反思,引发

我对管理理念及今后工作的再思考、再认识。

（一）让我结识了一帮学习的好伙伴

八天的时间里，与烟台的名师名校长们一起学习，一起生活，一起交流，结下了深厚的友情。带队的两位年轻的领导，课上是认真学习的学生，课下是对我们细心照顾的朋友。组长李校长更是对我们的生活关爱有加。学习过程中，虽然学习强度较大，内容安排密集，但同行的名校长们，无论年龄大小，无论是哪个学段，白天都能按时参加学习，认真记录笔记，晚上回到住所，不少校长们不顾白天学习的劳累梳理学习内容、交流学校的办学经验。同行的孙中华主任常常是一面留心聆听同室校长们成功的办学经验，一面网上安排学校的工作，了解班级学生的动态。我从同组的徐校长、蔡校长他们风趣幽默的言谈中了解了他们学校的辉煌以及他们对学校未来的展望。佩服他们的灿烂成绩，更敬慕他们的学习热情，与这么多激情四溢的智者为伴，与这么多思想有深度、工作有魄力的优秀的名师为伍，让我感受到从未有过的充实与丰富。

（二）对我是一次思想的洗礼

走进上海的每一所学校，都让我深深地感受到了学校的特色及个性。在上海群益职业技术学校，学生甜甜的声音"请这边走""老师好！"时时响起。放眼望去，校园内处处是学生们的身影，他们在为我们导游，在整理卫生，在整理花坛……学生们有序的活动、自信大方的举止成为校园内一道亮丽风景，这才是校园内真正的"文化"。踏进华东师范第二附属中学，迎面扑来的是浓浓的学术氛围，学生做的"探究学生成绩波动的原因""探究教室座位合理安排""商场垃圾桶空间分布的合理研究"等，一个个鲜活的小课题研究流程吸引了我们的注意。学生们在研究中培养了兴趣，提高了动手能力、语言表达能力，更重要的是培养了社会责任感。浦东区竹园小学，由一个将要关门的小学发展成浦东区重点小学，得益于校长"成就教师、幸福学生"的理念。"小巧"的学校处处是典雅的景观，处处是育人的园地，走在其中，身心舒畅，流连忘返，那种自然愉悦的感觉或许就是学校厚重文化的作用！

这几所学校都让我们深深地感觉学校管理的科学化和实效化，感受到各个学校的管理都是在严格有序的基础上，紧紧围绕如何充分调动人的积极性，挖掘人的潜力上做文章，充分体现了一种更广泛意义上的"以人为本"。

每一所学校，都给了我不小的震撼，都给我的思想以洗礼。

（三）让我对以后的工作有了重新的思考

首先，作为学校的管理者，要重视学校的校舍、教学活动和规章制度等表层文化的建设，更要重视学校的办学理念、办学目标、学校的社会责任等深层次的文化的建设。正如浦东区竹园小学田荣俊校长所说："六年后，我们给学生带走些什么，若干年后，我们给年轻的管理者留下些什么？这都是我们现在应静下心来思考的问题。"是的，十年或二十年后，校舍会陈旧，规章制度会变化，但那曾经引领管理者、教师、家长和学生团结一致，共同奋斗，并形成积极向上的合力的氛围将留在每一个人心中。

其次，作为学校的管理者，要管好学校的事情，更要管好教师的心情。即工作要"以心为本"，养护好教师的心情，让教师心情舒畅地来学校工作与学习，心甘情愿地把该做的事情做好，心平气和地处理工作中的问题，心存高远地规划自己专业发展，心存善意地去看待他人的言行。只有这样，教师才能最大限度地释放潜能与智慧。正如"三星电子"曾说：再勤奋的员工也无法打败一个在工作中拥有好心情的人。如何管好教师的心情，我认为第一要重视教师，让教师感到被尊重；再是要认同教师，让教师充满自信地去工作。

再次，作为学校的管理者，要重视校本课程的建设。因为它是校园文化的核心，是校园文化的载体，也是看一所学校是否有特色的关键所在。校本课程要在整合学校各方面资源优势的前提下，搭建一个让师生共同发展的平台。

上海之行，留给我们学习思考的还有很多：如上海校长的睿智与从容，上海学校品牌的精心"经营"，上海教育对于教师专业发展的文化引领，上海学校对于课堂教学过程的清新简实，等等。闭目凝息，思忖着上海教育做到如此精致优雅的原因，虽有体制的完善、经济的领先、历史的积淀，更重要的是他们先进的理念和执着的实践，他们严肃的思考与灵活的思辨，他们对于事业的潜心和专一！反思我的教育工作实际，我们深深地感到自己的单薄，也感到教育发展和改革的紧迫与压力。但相信，只要我们意识到了，反思到了，加上不断学习，勤奋实践，也会打造品牌的学校。

三、理念与特色赋能学生成长——福州学习之得

2014 年 5 月 13 日到 19 日，我有幸作为烟台名校长培训班的一名学员，前往福州参加为期 5 天的"华东师范大学山东省烟台市中小学名校长高级研修班"活动。此行，我们通过听报告、看校园等形式获得了几所学校管理方面鲜活而厚重的第一手资料。我们所参观学校以及为我们作专题讲座的校长都具有前瞻的办学理念、深厚的业务修养和高尚的人格魅力，学校的精细化管理、校园深厚的人文气息，以及师生们表现出来的朝气与活力都让人叹服和感动，使我们开阔了视野、提升了理念、启迪了思路。

（一）办学理念是学校发展的灵魂

每一所成功的学校，必然有适合自己的办学理念和明确的办学目标。如研修班参观的三所学校，福州市鼓山新区小学，以"平安教育"为办学理念，旨在培养有安全、服务、赏识、快乐的意识和能力，培养身心健全的快乐人生创造者。在该理念的指导下短短十年就成为晋安区的窗口学校。学校自编的平安校歌、平安操、平安校本课程成为校园一大特色。福州市格致中学是一所具有 1600 多年文化底蕴的学校，学校以"传承文化、探索真知，教有特色，学有所长"为办学理念，在该理念指导下学生参加各级各学科竞赛频频得奖，学校曾获"全国科技课外活动先进单位"称号；福州市中学生交响乐团依托于该校，饮誉中学乐坛；学校是省级乒乓球运动传统校，体育运动优良传统代代相传，培育了多位世界体坛名将。福州第十八中学，以"合格＋特色"为办学理念，始终把德育工作放在学校工作的首位，抓好学生日常行为规范的养成，重视教研组建设，着力提高教育质量和办学效益。中、高考成绩和录取率20多年来均居同类校前列，每年中考考进福州一中、

三中等省一级达标重点中学的学生人数名列全市前茅,高考上线率居同类校前列。"居住西湖边,入读十八中"已成为福州市民向往优质教育的目标。

这些办学理念的形成,绝非当下流行词语的简单套用,而是校长勤于思考,苦苦追求的过程,是具体教育情境中的智慧生成,植根于现实的土壤,承载了教育的梦想。校长有了坚定的办学理念,就会有坚定的办学行为,领着教职工,领着一茬又一茬的孩子行走在追逐教育理想的路上,凝聚成校园文化,在坚持中历经风雨,在发展中与时俱进,不断在前行的路上丰富、完善、深化,把师生紧紧地团结在核心理念下,从而实现了学校的跨越、持续和稳定发展,成为小学校办大教育的典范名校。

(二)特色课程赋能学生个性成长

福州市鼓山新区小学地处城乡结合处,学校大门口就是十字路口,学校依此确立以"快乐与平安同行"为特色,打造平安教育特色学校,通过营造浓厚校园文化氛围,自编平安歌、平安操,创建平安墙、校内 T 字形模拟路口、安全宣传室,编写平安校本教材,将安全融入品生(社)课堂教学中,8 年来,学校已开设多场省、市、区大型的安全主题教育活动,取得良好的效果,深受学生的喜爱、群众的好评、社会的广泛关注。学校开展特色教育以来获各级荣誉,2005 年获得"中国少年儿童平安行动优秀组织奖",学校作为福建省唯一的代表于 2005 年 12 月晋京在北京人民大会堂做汇报并领奖。2006 年获得"全国平安行动示范学校",2007 年获得"中国平安和谐校园"的荣誉称号,2009 年 8 月被晋安区授予"校园平安教育特色校"称号。福州格致中学始建于 1846 年,是福建省最早的中等学校之一。位于山北麓为校址,是西方教会在福建创办的最早的中等学校。学校注重培养学生的创新精神和实践能力,在高一、高二年级开展了含天文观测、走进三坊七巷等几十项课题的"研究性学习"课程,并取得丰硕成果。学生在各级学科竞赛和省市青少年科技创新大赛中频频获奖,学校被授予"省青少年科技教育先进集体""省青少年电脑机器人工作室"等荣誉称号。学校还是市体育传统学校和音乐、美术活动"综合先进学校",拥有乒乓球运动、篮球运动、交响乐团等富有格致特色的育才基地。

学校特色课程的开发是促进学生个性发展、素养提升的前提条件,能否形成鲜明的特色、形成什么样的特色取决于办学指导思想的科学性和合理性。办学特色又是无处不在的,既体现在学校的办学理念上,又体现在学校的管理体制、运行机制、学科布局、课程体系、人才培养模式等方面。经过本次学习,我认为学校应通过以下几个方面来形成自己的办学特色:① 认真分析、利用、发挥学校的优势所在,寻找和培植学校的办学特色;② 充分挖掘、传承学校的优秀传统文化,形成自己的办学特色;③ 利用学校资源,发挥学科师资优势,形成办学特色;④ 加强学校课程建设,形成办学特色;⑤ 坚持科研兴校,形成办学特色。

(三)积极向上的师资队伍是学校发展的动力

学校发展、学生进步,没有一支高素质高能力、注重团队合作的教师队伍,再好的设施、理念也无法得以落实。三所学校之所以办得成功,正是因为他们都注重管理干部和教师队伍的培养,每一所学校都有很多的省级的、市级的优秀教师,她们都有很强的业务钻研能力,有很好的团队合作意识。鼓山新区小学的全体教师平均年龄只有 29 岁,并且都是本科以上学历,省、市、区骨干教师 20 名,保证了他们的教研水平及后续力量。福州格致中学专任教师中享受国务院政府特殊津贴专家 1 人、特级教师 4 人、省中小学中青年学科(教学)带头人 9 人、市名学科带头人 1 人、省市优秀青年教师 34 人,获"硕士学位"教师 27 人。福州第十八中学拥有 8 名省级学科带头人,10 余名省市骨干教师,8 名市级校际教研员,拥有福州市教育局授牌的通用技术"林立东名师工作室"。

一个管理者要用智慧,带出一个好班子、好团队,才能办好一所学校。虽然,我们的教师团队还与这些学校教师有很大差距,但我们有信心激发我们团队热爱教育、投身教育的热情,通过不断加强业务培训与学习,向高素质团队靠近。

他山之石,可以攻玉;他乡之水,可借清源。校长培训已经结束,但我们的学习才开始。在以后的工作中,我将以这次考察学习为契机,自觉学习名校先进的办学经验,立足本校实际,扎实工作,和全体教职工共同开创学校工作的新局面。

四、持续学习力赋能自身成长——北京学习之感

带着一分对学习的渴望、对工作的执着,我又参加了"第三届全国中小学名师工作室发展论坛"的培训学习。这是一次高端的盛会,时间虽然短暂,但是每天的感觉是幸福而又充实的,因为每一天都能面对不同风格的专家,每一天都能走进特色各异的学校,每一天都能感受到思想火花的冲击。可谓一路风景一路收获。既是视野上的开拓,也是理论上的提升,更是观念上的洗礼。更为重要的是,这一过程带给我深刻的反思,引发我对本职工作的再思考,再认识。

(一)北京之行丰盈了我的教学理论知识

首先听了专家钟志农教授的讲座《教育科研—名师成长的必由之路》。钟教授从教育科研要树立八种科研意识、锻炼八种科研能力、养成八种科研作风、具备四种科研精神四个方面一一道来。课题研究一直是我很迷茫的问题,听了钟教授的讲座,我豁然开朗。我明白了如何选题,如何做实施方案,如何进行过程研究和撰写结题报告等。更重要的是他在讲座时不但告诉我们如何做"科研",更要重告诉我们如何"做人"。这是他的经验之谈,也是我们每一位专注于教育科研前行路上的教师有可能遇到的问题。吴正宪老师的主题报告《如何带领名师工作室成员做教学研究》,告诉我们如何带领团队做研究。她结合亲身经历谈了名师必须经历的"三部曲",即成才——成为教育领域里某一方面的专门人才;成名——成为一定区域里的"名师";成家——有自己的教育思想和见解,创造性从事教育教学工作。那么,怎样成才?如何成名?成家之路何在呢?她用自身带领来自北京 18 个区县的 72 名数学教师创造的一个让社会瞩目的案例,给了我们很好的诠释。专家们高屋建瓴的讲析、生动的故事,澄清了我的一些模糊认识,丰实了我的理论知识,为我以后的教育管理工作奠定了基础。

(二)北京之行提升了我对高效课堂的理解

古人曰:"授人以鱼,不如授人以渔。"冯恩洪教授的讲座《建设三个课堂 创造适合学

生的教学》,不但告诉我们什么样的课堂是高效课堂,而且告诉我们为什么要构建高效课堂,怎样构建高效课堂。他认为高效课堂的评课标准应该是:"问题是教学的起点,小组是能力的平台,展示是生成的关键,导学是教师的水平。"当他谈到小组合作的有效性时,展示了上海建平中学小组合作活动时的场景:先让学困生发言,再让中等生补充或改正,最后让学优生提出更好的建议或方法。听着他的介绍我明白了我们的小组合作效率不高的原因,首先问题设置过于简单,不适合小组合作完成;其次是小组活动时完全是学优生的一言堂,看似热闹,实际根本没有引发中等生和学困生的思维;另外教师讲得太多,教师讲授的内容只能是经过启发学生还不懂的问题,教师才能适当点拨。从程红兵教授的讲座《学校的教学领导》谈的要"创造具有生命温度的课堂"中,我明白了我们的学生没有形成良好的学习习惯,原因之一是因为在形成时的恰当时机我们的方法与评价不到位。

专家们在讲解自己的理论观点时,无不旁征博引,结合教育社会学和自己多年的教学管理经验,以通俗易懂的语言,深入浅出地分析了高效课堂建设的本质。视野决定高度,高度造就人生。在以后的工作中,我会在借鉴他们经验、教学模式的基础上努力打造出适合我校的有效课堂,以形成自己独具特色的课堂风格。

(三)北京之行促使我将终点转化为始点

有 20 年的教学生涯的我常常觉得凭经验也会把课上得有声有色,想走出瓶颈也非易事,时而有些倦怠,有些应付,还有些浮躁。在青年教师与江苏名师于永正、北京名师钱守旺的同课异构中,我看到了我的稚嫩。听了名师赵谦翔老师的成长史,让我羞愧。他喜欢读书,因为阅读,他投身教改,开创了"青春读书课",使得课堂活水绵绵,生机无限。因此,赢得了众多的赞誉。在他年近五十的时候,被清华大学附属中学闻名请去做校长,使他的"青春读书课"培养出更多的喜欢读书的学子。他说自己是"在秋季里开花,在冬季里结果"。试想,没有他的坚持,哪来今天的硕果累累?北京东平区原教委书记72岁的徐安德老先生至今还在研究"国学"的课堂教学。他说:"静下心来备每一堂课,静下心来批每一本作业,静下心来与每个孩子对话,静下心来研究学问,静下心来读几本书,静下心来总结规律,静下心来反思,静下心来细细地品味。静下心来受益的是学生,而最终受益的是教师自己。"这几句话更深深触动了我,72 岁的老人尚且如此,我们还有何脸面去随波逐流呢?

从他们身上,我学到的远不只是专业的知识和做学问的方法,是他们执着于教育事业、孜孜不倦、潜心钻研、尽心尽责的那种热爱工作、热爱生活的高品位的生命形式。这些,开阔了我的眼界,拓宽了我的思路,转变了我的观念,促使我站在更高的层次上反思以前的工作,更严肃地思考现在所面临的挑战与机遇,更认真地思考未来的路如何去走。

难忘首都之行,难忘团队成员们真诚朴实的友好,难忘与专家同课异构时观点的见仁见智、精彩纷呈,难忘讲座的学术魅力与我内心的震撼……视野的开阔,理念的提升,观点的建构,人生的丰润,都会慢慢沉淀下来,给我带来一种新的工作方式,新的教育思考,并且让我重新扬起风帆,去构建属于我的那片蓝天。

五、且学且思且行——名师培训小结

五年的学习与实践,让我由"青涩"走向"成熟"。我进一步明确了什么样的教育才是理想的教育,我们应培养什么样的人,作为一位学校管理者应具备哪些品质……

学校应是学生分享快乐增长智慧的乐园。校园应是学生温暖的家园,是学生真心喜爱、内心获得滋养的地方,是学生成长的生命场,是学生心驰神往的乐园。

课堂学习,乐而启智。课堂上学生是学习的主人,我们要引导学生学会学习和探索。因此,我们构建适合学生发展的"简约课堂",创建"问题导学→交流提高→拓展延学"教学流程。课前,教师参照"课程标准",结合学生的实际,设计导学单,学生带着预学收获和问题走进课堂;课上,教师根据学生的自学收获和质疑问难情况,组织学生合作学习,深入思考、交流、分享;课后,学生拓展学习,带着更高的渴求,在教师的指点下追求新知。在整个教学过程中,教师始终注意激发学生的学习积极性,让他们通过自主学习、合作学习、探究学习,动口、动手、动脑,培养他们的创新精神和创新能力。

校本课程,乐而神往。学校结合学生的特长与学校资源,构建校本课程,定期举办学生自己的书画展、科技节、运动会、音乐会等,从舞蹈、声乐、器乐、戏剧、绘画、书法、摄影、旅游、篆刻,到棋类、朗诵、曲艺等方面,给学生搭建发展个性、培养能力的舞台。学生想展示什么就展示什么,想怎样展示就怎样展示。让学生秀出个性,秀出自信,秀出成长,让校园成为一个阳光自信、创新共融的活力乐园,同学们的精神家园。

良好的品行是学生一生的财富。法国思想家、文学家罗曼·罗兰曾说过:"99％的努力和1％的灵感,对于成功是不够的,你还必须要有200％的道德品质做保证。"所以,立德树人是教育的根本任务。我们要通过学校教育,培养学生至真至善至美的品质。

学校首先构建教育课程体系。"心动礼仪、简约课堂、悦动游戏、律动舞台、乐动实践、灵动阅读"六类课程构成教育课程体系。该课程体系的建设基于生活,阅读贯穿全过程,通过打造生态的学习场域,促使学生在主动、互动的探索中,实现能力与品格共成长,为学生的灵动发展奠定坚实的基础。第二构建教育育人管理模式。形成"四线"工作机制,建立"学生自我管理—学校全员育人—家庭携手育人—社区助力育人"四条德育主线,优化德育管理模式。第三构建教育多元评价保障体系。形成聚焦德育目标的《教师考核制度》,评价导向教师实现由"学科教学"到"学科育人"的转变;形成了聚焦习惯和能力培养的《每天进步一点点》学科评价手册、《劳动教育序列目标》,评价导向学生实现由"学习至上"到"德智体美劳"全面发展。形成"文化引路、课程夯基、特色带动、融合育人"的立德树人校本化实践路径,树立整体育人的大教育观,促进学生良好品行的形成。

管理者应是一位燃助型人。管理就是管人心,管人心自然是修己及他人。稻盛和夫说,人可以分为自燃型、易燃型和阻燃型。要成为一位好的管理者,自燃型是基础版,助燃型是升级版。"点火器"和"助燃剂"是一位好的管理者必备品质。

首先,燃助型管理者要永远保持学习力。因为学习力是一个人能够获得可持续发展与进步的最基础也是最核心的能力,决定着一个管理者发展的高度、宽度与深度。所以,要建立"学习—思考—输出—学习"闭环学习模型,并善于抓住教育的发展规律,在燃烧自我的同时,做别人的助燃剂,不断点燃他人,带团飞奔。前进之路虽然充满不确定,结

果或许不尽如人意,但是沿途迷人的风景也是人生难得的历练和体验,更是全体教职员工取之不竭的动力来源。

其次,燃助型管理者要懂得"爱人"。爱人者人恒爱之!作为管理者,要具备真善美的品格,要心中有大爱、行为有气度、思考有智慧;能够把整个心都献给学校、献给教师,与大家一起向前走,努力让教师成为"发光体"。当教师遇到不公正对待时,管理者是"包大人";当教师家庭遇到困难时,管理者是"及时雨";当教师工作中遇到矛盾时,管理者是"保护伞"。当管理者用"爱心"去激发每个人的善意,包容他人,就能胸怀天下、成人达己。

学习在路上,风景这边独好。在名师学习中,我们明确了一分担当,坚定了一个方向,坚守了一分信仰,收获了一分期待。路漫漫其修远兮,吾将上下而求索。唯其艰难,才更显勇毅;惟其笃行,才弥足珍贵。以匠心致初心,且学且思且行且成长,不负职责使命,力求更上新台阶。

第三节
在"差异教学"研究中深化"简约课堂"

在学习过程中,我不断地反思我的课堂教学,发现班上学生由于在年龄、生活经验和对已学知识的掌握程度不同,同一节课对新知识的接受情况就会不一样,如何既能保证"面向全体",又兼顾了"提优"和"辅差"呢?针对这个问题,我主持申报了烟台市教育科学"十二五"规划的重点课题"基于班内差异的小组互助合作策略研究",经专家评审,准予立项(编号:125-2013ZD010)。我便带领团队根据研究方案展开研究。

一、建构模式,让小组差异合作有适合的生长点

结合学校"简约课堂"的教学模式,根据小学数学学科特点和学生差异原因,我改变传统班级授课的课堂教学组织形式,采用"分—合—分"式教学结构,对基于班内差异的小组互助合作的课堂教学模式和教学策略展开研究。

"分—合—分"的具体研究过程如下。

第一,根据"简约课堂"的教学模式,将"自学自悟"和"互帮共议"两个环节设置为差异课堂教学模式中的"分"。

"自学自悟"和"互帮共议"是根据教材内容先让学生自学或者自己尝试解决新的知识点,记录下有关疑惑,然后在小组内尝试解决。这个过程要求教师根据知识点的区别和不同层次学生的实际情况,或设置自学提纲,或安排学生提前预习,教师要加强对自学方法或小组"共议互帮"方法的指导。

在"共议互帮"时,努力从以下四个方面进行建构。

（1）教师必须考虑清楚学生的个体或群体差异状态,随时调控和指导学生的学习和交流。

（2）重视学生的自主学习,把学习的主动权交给学生;给学生留下创造性学习的时间和机会。

（3）通过小组的"共议互帮"为水平较低的学生提供表现的机会和获得成功的体验,使差生消除自卑心态,努力创设一种和谐、合作的课堂教学氛围,使学生相互促进,相互提高。

（4）使小组成员在"互帮共议"中能自觉地发现自己的优点、长处和差距,能主动寻求合作、帮助,展现自己的优势,弥补自己的不足,激发自觉的动力。

第二,"自学自悟"和"互帮共议"的学习效果如何?相关的教学要求是否达到?有无需要纠补外授之处?因此要"师生共议"来解决这些问题,亦即"合"。"分"之后"合"的主要功能是:

（1）反馈。通过检查预习情况或提问自学提纲中的学习要求,了解不同层次的学生对知识的掌握情况。

（2）提高。在学生的交流中,澄清一些模糊认识,加深对知识点的理解,并在教师的进一步引导下学会灵活运用新知识。

（3）互动。提出问题共同讨论时,由不同组学生分别对对方的发言进行评价,交流各自的见解,并从中碰撞出思维的火花。互动机制需要在教学中不断得到强化,互评应该成为"合"时的教学常规。

（4）整合。通过师生互动,对知识的重点、难点进行梳理,使知识条理化、结构化,从而使小组间学习效果得到整合。

（5）点拨。对于"合"中反映出来的共性问题,教师要及时采用适当的方法,点拨纠正。

"分合式"的操作,可以有若干种变式,可以是一轮分合式,即"分—合—分",也可以是二轮分合式,即"分—合—分—合—分",或轮换分合式。变式的确定应基于对教材适用性的分析,针对具体教学内容的特点合理决定"分"与"合"。

第三,"合"之后学生对知识的掌握情况及灵活运用的能力如何?设置"检查纠错"即"分层练习"这个环节进行检查和弥补,亦即"分"。练习的设计要体现层次性、体现弹性。

（1）基本练习。一般设计结构特征明显、代表知识要点的基本题,进行比较单纯的练习,以巩固基础知识,掌握基本方法为目的。

（2）深化练习。一般采用逐步改变基本题,由简到繁,由易到难,由一种解法到多种解法,用题组练习或互换条件和结果进行互逆练习等方式体现知识纵向深化线性发展的过程,使学生加深对知识的理解,提高能力。

（3）发展练习。是扩展知识面,沟通知识间横向联系的综合性。练习一般通过两个方面进行,一是解答综合性练习题,二是从不同的知识角度,去理解、解答同一个数学问题,帮助学生沟通知识,理清思路,编织新的知识网络。

做不同的练习时,对不同层次的学生要有不同的要求,适时运用评价机制让不同层次的学生都有收获。

第四,在差异课堂教学过程中,要注意研究、体现以下几个方面。

(1)对不同层次的学生要求不同。

优秀学生在学习的过程中,一要培养其有礼貌提问、辩论的能力;二要培养其小组互助精神;三要训练其敢于向学习困难挑战的毅力。对中下游学生,一要培养他们的学习兴趣及自信心;二要引导他们学会学习方法;三要培养他们敢想、敢问、敢说的精神。

(2)对不同层次的学生提问的方法不同。

一般对优秀学生经常采用探究式、开拓式、发散式、演绎式提问;而对于中下游学生则常采用启发式、激励式、提示式、分析式等提问。

(3)对不同层次的学生点拨的方法不同。

教师在引导学生自学、互学、研讨的过程中,对不同层次学生遇到的不同程度的学习障碍及学生思维过程中出现的不同问题,要以障碍和问题为中心,对其分别进行疏导点拨。

第五,科学分组。

按照"组内异质,组间同质"的原则,以4～6名学生为单位,依据学生的性别、学业成绩、智力水平、个性特征、家庭背景等方面进行科学分组。组内异质为互助合作奠定了基础,而组间同质又为全班各小组间展开公开竞争创造了条件。要使学习小组能够正常运行,还要选一名得力的组长,小组长应具备三种能力:提问能力、激励能力和分辨能力。另外还要给每一小组编一个相应的代号。代号最好按照学生学业成绩和能力水平从高到低进行编号。这样既便于组长分工——小组内成员按一定的序号发言、交流、讨论,或者按一定的方式合作,又便于教师抽查——指定同一层次的学生代表小组发言,并给予及时评价,使个人承担一定的小组责任,促使小组成员将焦点集中到互教互助上来。

第六,对小组进行捆绑式评价(表2-3)。

对小组进行捆绑式的评价是对小组合作过程和学生合作表现的监控,是促进合作小组健康发展的重要环节。对小组合作的成果或全组每位成员表现都很好,则全组每位成员都可以得到奖励。这样,"一荣俱荣,一损俱损",让每个人代表的都是一个整体,集体荣誉感会越来越强,评价体系也成为一个动态的过程、一个促进的过程和一个开放的系统,最终成为一个增强每一个学生发展动力的"泵"。那些平日被我们遗忘的"花朵",也得到阳光普照,而绽放生命的光彩。

表2-3　小组捆绑式评价表

姓名	得分	合计	姓名	得分	合计
1号×××			4号×××		
2号×××			5号×××		
3号×××			6号×××		
本组总分(　) 平均分(　) 本组在班级名次(　) 本周之星(　)					

二、依情而定，使小组差异合作灵活多样

（一）根据内容，大胆创新，对差异合作活动进行多样化设计

在教学过程中，由于教学内容的不同，或适合于学生融合的知识"点"不同，学生差异合作活动的具体形式也不尽相同。小学数学课堂教学中，在明确教学目标、透析教学内容的前提下，我们设置了多样化的、有助于学生差异发展的活动形式，如互相检查、小组内说一说、小组间比一比、讨论、调查、游戏等等，下面以"试卷讲评课"的教学片段为例。

1. 自查自纠

师：单元测试结束了，从测试结果看，大部分同学掌握得不错，但仍有部分同学存在问题。本节课，我们就对本次测试进行试卷讲评。（板书课题：多边形面积的计算试卷讲评。）下面，请大家就试卷上的错题，先自查自纠，在自己仍不能解决的题目上做个标记，一会儿在小组内解决。

（教师巡视，关注学生的改错和标注情况，一是要注意学生改错时是不是真的明白了，避免学生照抄照搬；二是要关注学生标注了哪些题目，做到心中有数。）

同一份试题，由于学生的个体差异，错的题目各不相同，错的原因也不同。这里给学生创造机会，让他们对自己的错误先自查，能解决的自己解决，这样就使后面的交流讨论更有针对性。

2. 小组共帮　差异交融

师：通过刚才的自查，你有什么感受？

学生说出自己通过自查都找出了哪些错误原因。

师：像刚才大家出现的这些问题，做题时，只要你用心，是可以避免的，那么还有没有你不明白的问题？

师：请大家带着这些问题到小组中交流，看通过小组的力量能不能解决。比一比，看哪个小组交流得最到位。

小组长要认真倾听组员的问题，要求学生敢说，想说，认真地说。同时教师巡视，发现学生交流中的一些好的方法，并且适时加以指点。使学生间的互帮共议更有效。

孩子之间的交流，或者说同龄人之间的交流更通畅一些，同样的问题，你或许跟学生讲不明白，但孩子跟孩子能说清楚，因为语言可能更相近。此本环节充分利用了组内异质的优势，让熟练掌握知识的学生帮助有困难的学生，通过组内学生的交流与思维碰撞，逐步弥补部分学生知识的缺陷，对于优生也是一种复习与锻炼。当然，此环节不光是学生口头交流，还应让学生拿来起笔来写一写，边写边交流，以期达到取长补短、互相促进的目的。

（二）根据学情，科学分组，让学生的差异合作更加切实

我们按照"组内异质，组间同质"的原则，以4～6名学生为单位，依据学生的性别、学业成绩、智力水平、个性特征、家庭背景等方面进行科学分组。下面请看案例"欢迎你

的加入"。

在日常教学中,为了激励同学互帮互助,学期初我采用了分组积分的竞争机制,每周四把积分累计,分数比较高的小组获得无作业的奖励。在实行过程中,我尊重学生个人智力、能力方面的差异,同时也为了让竞争公平合理,我用心地安排每个小组的成员,原则上使每个小组中成员的成绩都有好中差之分,以达到"组内有差异,组间无差异",让每个小组平衡发展的目的。刚开始,这一举动确实起到了预期的作用,但是,经过一段时间以后,我发现小组之间发展并不均衡,有的小组积分一直遥遥领先,而有的小组积分一直不高,组与组之间的差异越来越明显了。积分不高的小组慢慢地就没了积极性,其中表现突出的成员也对自己小组失去了信心,纷纷开始抱怨起来。组与组之间的差异仍然存在,怎么办呢?为了解决这个问题,我做出了调整,采用小组成员不固定,小组成员每月(四周)一调整,将成绩特别突出的小组中的二号学生与成绩较差的小组中的三号学生对调,以此力求达到小组均衡发展。调整之后,组间发展不平衡的问题得到了有效的缓解,不像刚开始那样明显了,学生整体上都有了很大的发展。

一次积分统计后,小颖所在小组的成绩又是第一名。组长小颖是一位聪明好强的小姑娘,她的同桌在班级中的成绩原本上是属于后三名的,采用小组计分评比后,为了帮助同桌提高,她一有时间就对同桌进行辅导,可谓是费尽了心思。几周后,她同桌的成绩直线上升,几乎能达到班级中游水平了。班级中有这样认真负责的小组长,小组同学的成绩怎么能不进步呢,真是让人高兴。看来,我妙用差异规律,促进学生进步的目的实现了。

但是当成绩公布以后,"功臣"小颖却哭了。

"老师,这回我们组算是彻底完了。"

"为什么?你们小组不是第一名吗?"

"您看,我们组现在的同学都是打死也不举手回答问题的同学了,以后可怎么办呢?"

原来,她是怕在课堂上由于小组同学都不举手回答问题,而失去了得分的机会。

"我看你们组回答问题一直很踊跃啊。你看连小鑫那么内向的同学都能争先恐后地举手回答问题,这不是很好吗?怎么说他们打死也不举手呢?"我耐心地询问她。

"那是小贤逼着她举手的,可现在小贤要作为二号组员被调到六组了,而新来的六组三号同学又是一个不爱举手的同学。这样我们组不就完了吗?"小颖急得脸都红了。

原来是这样,看来她比我想得还远呢。她现在已经想到了即将进行的每月一调整了,真是一个细心的小姑娘,我心里越发喜欢她了。

看来我得帮她解开这个心结。于是,我先肯定了她率小组其他成员取得的成绩,又帮她分析了新成员的优势,新组员虽然课堂回答问题确实是差了些,但他也有原来同学所没有的长处。

听了我的这番话,她又高兴地笑了,她对着即将调到他们组的那位同学招招手,说:"欢迎你的加入。"

学生个体间存在的差异并不可怕,我们要尊重差异的客观存在。尊重差异就要承认差异,巧妙运用差异规律,让每个学生都能得到不同的发展,展示差异的魅力。

组内异质为互助合作奠定了基础,而组间同质又为全班各小组间展开公开竞争创造了条件。对小组进行捆绑式评价是对小组合作过程和学生合作表现的监控,是促进合作小组健康发展的重要环节。对小组合作的成果或全组每位成员表现都很好,则全组每位成员都可以得到奖励。这样,"一荣俱荣,一损俱损",让每个人代表的都是一个整体,集体荣誉感会越来越强,评价体系也成为一个动态的过程、一个促进的过程和一个开放的系统,最终成为一个增强每一个学生发展动力的"泵"。那些平日被我们遗忘的"花朵",也得到阳光普照,而绽放生命的光彩。

三、顺势而导,使小组差异合作更具内涵

(一)发掘差异资源,让学生成为合作发展的主体

在建构知识过程中,我们要带着赏识、敏锐的眼光,正视、关注和把握学生的个性差异,并把这种差异当成一种教学资源充分开发和利用,从而激活学生的潜能,促使他们在不同的起点上获得最大限度的发展和提高。

请看"角的大小比较"教学片段。

在教"角的大小比较"时,有一道自主练习题,是让学生比较边长不同的两个角的大小,孩子们的答案有分歧:

生1:我认为两条边短的这个角是大的。

生2:我不同意,我认为边长的这个角大,因为它的两条边是长长的。

师:这么说,角的大小跟边长有关系,是这样的吗?

生1:不对,角的大小跟边的长短没关系。

生2:有关系。

学生们争论得面红耳赤。

我给每组提供了两个边长不同的角,让他们以小组为单位,展开合作探究。

学生们在小组长的带领下,动手用各种学具去验证。正当小组合作如火如荼地展开时,我发现了极不协调的一幕:凯把身子倚在身后的桌子上,伸直了放在桌子底下的两条腿,一会儿叉开,一会儿又并上,自得其乐,嘴里还念念有词……这个平时让我头疼不已的"待进生"又在搞什么花样?

我走到他的身后,只见他在不停地摆动着两条腿,说:"变大,变小。"我疑惑不解,难道他也在探究?

我俯下身子,轻轻地对他说:"你愿意把你的答案与我分享吗?"

他惊慌地站起来,红着脸说:"我在做实验。"

"我能和你一起做实验吗?"他点点头。

"老师,这个问题我觉得很简单,不需要动手操作。"

"请说说你的高见。"我也跟着他的道具—两条腿比划着:"老师,我们玩跨步的时候,

两腿叉开就形成一个角,我腿叉开得越大,两腿形成的角就越大,我把腿叉开得越小,两腿形成的角就越小,虽然我的两条腿形成的角有大有小,但我的腿没变长,也没变短。"

"你能总结一下角的大小跟什么有关,跟什么无关吗?"

他缓了口气,又滔滔不绝地说:"角的大小跟边的长短无关,跟两边叉开的大小有关。"

我太惊喜了!我惊喜的是,他能联系生活,在游戏中找到答案,更惊喜的是我没把这么精彩的"资源"给扼杀了。我急忙转身走向讲台。

"通过刚才的操作活动,我想同学们的心中已经有了答案,现在,我们请凯来把他的想法展示给大家?"

凯在同学们疑惑与不屑的眼光中,昂首挺胸地走向讲台,用两条腿边比画边说:"我们玩跨步的时候……"他的话音刚落,孩子们就迫不及待地在自己的座位上验证了,然后异口同声地说:"老师,说的对。"我故意问:"怎么个对法?""老师,角的大小跟……"回答声此起彼伏,就连那些平日和凯一样的孩子也踊跃地举手回答,教学难点不攻自破。凯的脸上也洋溢着从未有过的自豪和幸福。

"差异教学不是无奈,不是怜悯,不是施舍,而是发现,是肯定,是赞赏,更应是发掘。"在学生理解、深化、建构知识的过程中,差异的存在是一定的,我们不能强求一致,应允许不同的学生有不同的学习方法。我们要善于发现差异,善待差异,努力使"差异"成为一种可开发利用的资源,成为精彩课堂的一种宝贵"财富",让不同层次的学生充分释放他的潜能和才华,鼓励和欣赏学生敢于求异创新,获得成功的体验,从而使他们的各种能力得到相应的发展和提高。

(二)适时指导点拨,让学生的差异合作更加有效

在学生进行"同桌俩互相说一说""小组内讨论讨论"时,教师有重点地参与其中,或与个体展开"交流",或在参与倾听的基础上给需要指导、需要纠错、需要激励的学生以引领和点拨,同时也借此了解和掌握学情,不仅为"班内交流展示"对象的确定提供依据,更重要的是让学生的差异合作学习更加有效。

请看"除数是两位数的除法"教学片段。

为了提高学生全面参与的积极性,小组合作环节中,我特别关注每种知识基础的学生对导学问题的理解和交流。在学生针对情境图提出问题并很顺利地列出算式:$120 \div 24 =$,用什么方法计算?我要求小组讨论。

我在巡视的过程中,听小林说:"我把24四舍五入估成20,120里面有6个20,那么$120 \div 24$如果商6肯定过大……"

我及时问:"能说说为什么商6过大?"

他补充道:"20×6正好等于120,6个24比120大。"

我夸道:"有道理,那你怎么解决这个问题?"

另一生抢着说:"6大了一点,再用5试商,一试,正好合适,我的答案就是:商是5。"他们不约而同地笑了……

其实,教师参与学生的差异合作学习并不是单纯的监督、督促,保证学生之间的差异合作学习的效率,而是适时地介入进去,与学生进行"对话",更大程度上是发掘并利用好源自学生的有价值的资源,并依据不同学生的个性,适式地进行引领、点拨,进而促进学生的差异发展。

(三)促成自主对话,让学生的差异合作更具价值

在数学课堂的师生、生生之间的交流中,加强对有错误学生的关注,用合适的方法让他们敢于交流,用合理的评价进行正确的引领,会使我们的课堂因错误而变得美丽,因善待错误而减少差异。

请看"三位数乘两位数笔算方法"教学片段。

在三年级下学期第五单元"三位数乘两位数笔算方法"的教学中,因为学生已经有两位数乘两位数和一个因数末尾有 0 的乘法的计算方法的知识基础,所以我放手让学生自主探索笔算 260×12 的方法。在巡视的过程中,我发现班里大部分学生能根据已有的知识经验正确地计算出结果,而有的学生因为基础较差或是对自己不自信出现各种各样的小错误。

到全班交流提高的环节时,学生们习惯上还是先把小组内正确的计算方法展示了出来。于是,我适时地引导他们:"在计算的过程中,也许有的同学会因为一点小失误而出现错误,把你的小失误与大家分享,让大家都能引起注意,我想,我们的收获会更大。"我的话音刚落,就已经有学生迫不及待了,有的小组说:"我们小组有同学用的是简便的方法,一开始先不算末尾的 0,想等最后直接写在个位就可以了,可是到最后竟然忘写了。"这个小组同学在交流的过程中,就已经有同学表示有同感了。我适时给予评价:"哦,这个错误发现得真及时,你看,帮我们班这么多同学找到了错误的原因,也给其他同学提了个醒,应该奖励给你们小组一颗细心小奖章。""老师,老师,我们小组也发现了一个错误,就是有的同学在用第二个因数的十位数去乘第一个因数的十位数时,积的位置写错了。"第二个小组的同学也不甘落后。"那你们现在知道应该写在哪儿了吗?"我及时追问。"知道了,应该写在百位上,因为 10×60=600,所以这个'6'表示 6 个百,应该写在百位上。""这个小组同学更棒了,不但能找到错误的地方,还能找到正确地解决方法,奖给他们组一颗智慧奖章。"

…………

在我的正确引导下,连我们班从来在课堂上都不主动发言的菁菁竟然也主动站起来不好意思地说:"老师,我也知道自己错误的原因了,我把数抄错了,应该是 260,我抄成 620 了……"

在课堂中,鼓励学生交流出错误的算法,引导学生积极查找错误的原因,使大部分学生的思维得到了提升,让少数经常出现错误的同学有了交流的空间,得到了关注。教师合理的评价,让学生敢于面对错误,增强了学生学习数学的信心,减少了学生之间的差异性。

四、差异研究,让师生同成长

我们认为,一项研究是否具有价值,主要看它是否产生了积极的实践效应。因此,我们特别关注实施研究以来班内学生学习态度、学习成绩、学习方法、学心习惯等方面的动态变化状况。以下是对于实验班学生学习发展情况的测查、分析与说明。

(一)问卷调查

1. 调查内容

为了从学生角度客观地检验基于班内差异的小组互助合作教学模式及策略的可行性和有效性,我们先后两次对学生进行了问卷调查。调查的内容涉及五个方面:一是学生对数学学习的喜欢程度,二是对开展班内差异合作教学模式及策略的认可程度,三是学生差异合作的自主参与程度,四是班内差异合作教学模式及策略是否有助于学生数学知识、技能的提高,五是班内差异合作教学模式及策略是否有利于培养学生良好的数学学习方法及习惯。

2. 调查方法

为了更好地揭示基于班内差异的小组互助合作教学模式及策略对各层次学生的影响与作用,我们课题组分别从学生实验前、实验后两个方面进行了随机抽样调查,调查以问卷的形式展开,实际取证,让我们的研究更脚踏实地,有据可循。

3. 调查时间及对象

时间:分实验前(2013 年 12 月 19 日)、实验后两阶段(2015 年 6 月 19 日)进行。

被试对象总体情况:在 40 名被调查的五年级学生中,男生 18 人,女生 22 人。成绩较好学生 10 人,占 25%;中等学生 25 人,占 62.5%;学生相对困难学生 5 人,占 12.5%。

4. 调查结果与分析

表 2-4 中学生在课题研究前后学习数学的兴趣有了整体的提高。这说明数学本身的魅力吸引着学生,当然,也包括各位数学教师自身对学生们的影响。

表 2-4　小组互帮共议学生感受统计表

问卷回答	喜欢	不喜欢	没什么感觉
研究前	89.8%	4.1%	6.1%
研究后	96.7%	1.7%	1.7%

表 2-5 是对"你对数学学习活动中的小组互帮共议,班级各小组和同学之间开展的交流提高等活动的真实看法或感受"情况统计。

表 2-5　小组互帮共议情况统计表

问卷回答	很喜欢	感觉一般	不喜欢
研究前	51%	46.3%	2.7%
研究后	89.1%	10.9%	0

表2-5告诉我们：在课题研究前，小组合作虽然已经在我们的数学课堂中广泛应用，但是，由于教师对学生个体差异的关注度不够，所以，部分学生在小组合作的过程中，没有积极参与。课题研究后，根据学生的不同表现进行了各层次协调搭配，建立了学生之间互帮共议的活动模式，让学生对同学之间的交流有了新的认识，学生对于开展班内差异合作教学模式的认可度高。

表2-6是对"你是否积极参与同桌之间、小组成员之间、班级内开展的互帮共议活动？"的情况统计。

表2-6　研究前后学生参与交流情况统计表

问卷回答	能	不能
研究前	44.9%	55.1%
研究后	98.3%	1.7%

从表2-6中，我们可以看出学生坚信班内差异合作教学有助于数学知识与技能的学习。并且，在调查中，我们发现班级中学习相对困难的5名学生中，有3人都选择了同桌之间、小组成员之间、班级各小组和同学之间开展的互帮共议活动能帮助他们掌握数学知识和技能。

表2-7是对"平时，你是否经常跟同伴相互交流各自解决问题的方法与策略，以及各自在数学学习中的一些好习惯？"的情况统计。

表2-7　研究前后学生交流频次统计表

	经常	偶尔	从来没有
研究前	44.9%	32%	23.1%
研究后	91.3%	7%	1.7%

从表2-7中我们可以看出，班内差异合作教学有利于培养学生数学学习的方法与习惯。当班内差异合作教学模式被学生接受后，它不但会促进学生数学知识与技能的提高，也会逐渐深入学生的学习习惯、学习方法甚至整个学习生活中去。

（二）观察描述

作为实验教师，我们还对学生的学习状态进行了观察和了解。实践说明，实施差异合作教学的确有利于促进不同学生的学习与发展，尤其表现在促进学生数学学习态度、习惯方面。学生发生的变化和点滴进步，也给了我们极大的鼓舞。

下面这封四年级二班家长的来信更能说明这一点。

尊敬的学校领导：您好！

我是您校四年级二班学生小良的家长，在此我想向学校领导说下孩子的近况。

小良原是一个学习和纪律都有问题的学生，我也很无奈。可自从2013年下学期来，在班级几位教师的耐心帮助和引导下，渐渐地转变了。这个班的几位教师很善于发现孩子的闪光点,注意按每个孩子的特点激发孩子的学习动力,培养孩子的兴趣,慢慢地孩子在学习变得自信和上进了。看着孩子的一天天变化,我很高兴。

这学期一开始,班主任又为孩子设计了一份"维护小组荣誉和小组共同进步的工作方案",孩子学习明显地比以前更主动了,晚上写作业再不用我天天催促了。非常佩服教师的工作方法,打心眼里庆幸自己的孩子在这关键的年龄段遇上这几位优秀的教师。

我读书少,真不知道怎样表达自己的心情,只想在这里向学校领导和这些优秀的教师表示自己深深的谢意!

小良妈妈

另外,研究团队的教学理念转变了,教育视野拓宽了,教学方法丰富了,教科研水平也得到提高。期间,贺丽芝、孙天华和于建华的老师分别获烟台市差异课题优质课一等奖,6位教师获区优质课;我撰写论文《例谈基于班内差异的数学复习课》《一节难忘的数学课》分别发表于《中小学数学》和《烟台教育》。课题研究也促进了学校教学质量的提高,近年来,在全区进行的教学质量检测中,学校成绩都名列前三名。

附优秀差异教学论文

例谈基于班内差异的数学复习课

有人说:"新授课是栽活一棵树,复习课是育好一片林"。引导学生对知识的整理和复习,不但能弥补学习过程中的缺漏,还能加深对知识的深化理解,为进一步学习新知识打下基础。但由于学生自身的差异,对知识掌握情况参差不齐,因此我在数学复习课中,从"关注差异、利用差异,从而达到共同发展"的理念出发,采取"基于差异"的小组互助合作方式来展开教学。现以五四制青岛版的小学数学教材第十册第三单元"圆柱和圆锥的整理复习"一课为例,谈谈我的一些做法。

一、自主回顾

为了使不同层次的学生都能整体系统地感悟、巩固知识,形成良好的认知结构,在复习《圆柱和圆锥的整理复习》一课时,课前我出示如下两个导学问题:

(1)学习了圆柱和圆锥的有关知识,你印象最深的是哪部分知识?

(2)以你喜欢的方式将你印象最深或认为是重点的知识整理出来。

然后要求学生根据"导学问题"用"理一理""串一串""连一连"等方法进行自主性复习并对相关知识进行分类整理,尝试创造"知识链"。

当我检查同学们的作业时,发现大家的答案各不相同,有的同学只整理了一个知识点,有的同学则用不同的方法整理出整个单元的知识;有的同学用文字表述,有的同学用字母表达。但都从不同的角度反映出他们对相关知识的认知水平。

正是考虑到每个学生的个体差异,课前让学生自己根据"导学问题"用自己的方法对相关知识进行分类整理。不仅使学生的分析能力得到了培养和发展,而且也让他们对学习内容、学习方法进行了反思。学生有了自己的思考,为下一节课的课堂学习与交流奠定了基础。

二、组内互帮

由于学生的个体差异,对知识点的网络建构可能会有遗漏,会有错误。这时,通过组内交流可以很好地查漏补缺。于是,上课后,我便向学生提出:"把你课前整理的知识和小组的其他成员说一说,在交流的过程中要不断地补充或改正自己整理的知识。"

"奋进"小组4位成员听到要求后采取了弹性分组方式,由学习能力强的4号和相对较弱的1号结合。在交流中,4号发现1号对圆柱的表面积公式推导过程,即沿圆柱体高剪开、展开后的平面图形与原圆柱体的关系总是表达不清,她便利用学具与1号一起,边演示学具边回顾它们之间的关系;学习能力相当的2号和3号互相交换学习对方整理的知识点,并给对方提出修改建议。

"扬帆"小组4位成员,先由学习相对较弱的1号交流圆柱和圆锥的特征,再由学习能力相当的2号和3号交流圆柱的表面积和体积公式的推导过程,最后由学习能力强4号用自己独特的方式——文字叙述与简图相结合法,向全组展示了自己整理的知识。每位同学交流后,其他同学都适时作出评价。

这样做充分利用了组内异质的丰富资源,以优带差,互相补充,互相促进,帮助了学困生,也提高了优势学生的思维能力。

三、组间交流

由于班内小组是"组内异质,组间同质",不同的小组整理知识的方法不同,因此我安排了班内集体交流,目的是让不一样的学习成果、不一样的学习方式、不一样的思维模式在交流中得到充分的碰撞,使学生在碰撞中相互矫正、相互补充、共同提高,达到最佳的差异融合。

例如,组内交流后,我提出"现在把你们小组的成果再向全班同学展示一下。""雄鹰"小组的代表第一个站起来展示,他指着屏幕说:"我们是用思维导图法,将整个单元的知识点展现出来。请看。"

"我们先整理了圆柱的特征,又整理了圆柱的侧面积、表面积和体积的推导过程及公式,最后整理了圆锥的特征和体积公式。"

"小荷"小组的代表说:"我们是用画图法,整理了圆柱的表面积和体积推导过程,体现了'化曲为平''化曲为方'的转化方法。请看。"

"火箭"小组的代表说:"我们小组用的表格法,便于在对比中记忆知识,请看。"

"阳光"小组的代表说:"我们用的抓关键字法,用了'刷''切''削'三个字将这一单元的知识点串为一体,请看。"

小组代表交流时,其他小组成员可以补充想法或提出问题。这种组间交流方式,不仅把学习的时间、思考的空间、展示的机会留给了学生,而且教学内容得到了多次反馈,扩展了知识的宽度。同时,通过生生交流和教师的适度点拨,不仅完善了学生的认知网络,还让他们学会用不同方法整理知识,并形成整体建构的思想。

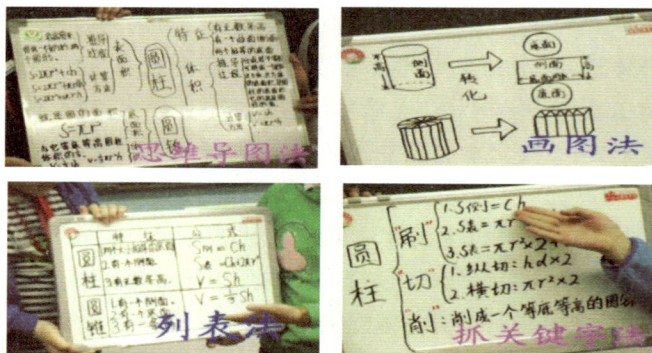

图 2-6　学生展示

四、分层练习

经过组内、组间等渐进自主的复习过程，学生的知识理解得到了强化，认知结构得到了完善。此时，针对学生易错、易混淆、难掌握的知识点，精心设计针对性强的复习内容，适度增加情境练习、综合应用的拓展性习题，可以更大限度地巩固、提高学生应用数学知识解决问题的能力。

例如，本课，我安排了两个层次的练习。

必做题：

① 求下面图形的体积。

② 一个圆锥形粮囤，底面周长是 9.42 米，高是 5 米，如果每立方米稻谷重 840 千克，这个粮囤最多可存稻谷多少千克？

图 2-7　必做题图

选做题：下面的圆锥与哪个圆柱的体积相等，为什么？（单位：厘米）

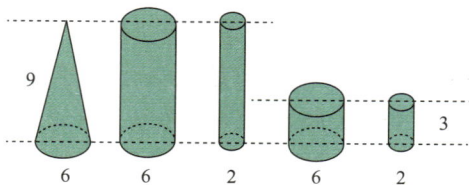

图 2-8　选做题图

必做题中的①是基础题，②是巩固提高题；选做题是一个拓展延伸题，为提高优生的思维能力提供了平台。这样，各层次的学生既能在作业过程中梳理、完善自己的思路，发展、开拓自己的思维，又能享受到成功的乐趣；既保证了"面向全体"，又兼顾了"提优"和"辅差"，从而全面提高了课堂效率。

教育是艺术，艺术的最核心部分便是对每一个独特生命的深刻关照与提升。本节课，我在教学设计时充分预想到学生差异，在课堂教学中充分利用学生差异，在练习设计时充分考虑学生差异，在教学评价时充分承认学生差异，从而使每一个学生都有展现自我的机会，都有不同层次的收获，整个课堂充满了生机和活力。

（此文发于《中小学数学》2014 年第 9 期）

附差异教学优秀教后说课稿

"小数的初步认识"教后说课稿

说课的内容如下。

《义务教育课程标准实验教科书·数学》(青岛版)三年级下册第三单元"家居的学问——小数的初步认识"。我主要从以下几个方面进行说课。

一、教前分析

(一)学情分析

这部分内容是学生在掌握了整数四则运算、初步认识了分数的基础上学习的,是学习小数的起始阶段,是对数的认识的再一次扩展。学好这部分知识,将为今后系统学习小数知识打下良好基础。

多数学生在生活中已经对小数有了一定的感性认识,如商场中的价格表,人的身高等等。部分学生已经会读或会写小数,但对小数的意义不理解。本节课基于学生的这些差异资源,我从学生已有的知识和生活经验出发,采取了学生课前搜集整理日常生活中的有关小数信息,课中引导学生利用新旧知识的联系,自主探究、合作交流,全班交流自主建构知识网络、优生引领解决实际问题,小组互查互助互促的形式进行教学。

(二)教学目标

为了达到差异的最佳融合,基于对教材的理解和学生的学习基础,确定本节课的教学目标如下。

(1)认识并能正确的读、写小数,初步理解一位数、两位小数的意义。

(2)经历小数意义的探究过程,通过观察、动手操作、主动探索、小组合作等形式,发展初步的发现问题、提出问题、解决问题的能力。

(3)感受数学与日常生活的联系,增强学习数学的兴趣。在合作探索的过程中,培养学生的创新意识和合作精神,体会数学的价值。

(三)教法选择

为了更好地实现教学目标,突出教学重难点,我根据教材的特点、学生的差异资源,主要采取了以下方法。

(1)直观操作、合作探究法:初步理解一位小数和两位小数;

(2)用小组合作法:让学生在数学活动中相互合作,突破难点;

(3)用情景教学法和课外调查法:激发学生认识小数在生活中的应用。

充分发挥教师的点拨作用,调动学生的能动性,引导学生在学习中会用观察思考、动手操作、自主探索、合作交流、调查研究的学法,通过对比、交流、质疑、辩论、补充、完善等学习活动去初步认识小数。

二、过程呈现

本节课我采用了班内差异合作的教学范型。从"基于差异—关注差异—缩小差异—共同发展"的理念出发,我精心设计了"从生活中感知小数—在合作探究中理解小数的意义—自主检评中提高"这三个环节,以体现新的教学理念。

（一）从生活中感知，学会读、写小数

课的开始，由学生交流课前搜集到的小数信息导入新知，了解了小数与整数的区别，学习小数的各部分名称。并在交流信息和解读情境图的过程中，充分尊重学生的认知基础，关注学生的差异，顺利地完成小数的读法和写法的教学。

（课前搜集小数信息，使学习素材变得丰富多彩，使学生初步感悟到所学的内容是与生活密切相关的，清除了部分中、后学生的认知障碍，降低了认知难度，节省了课堂时间，教师也能够很好地把握学生学习的起点，迅速地切入下一个环节。）

（二）在合作探究中，理解小数的意义

在探究小数的意义这个环节中，我本着"重过程，重学生亲身体验"的新课改要求，用一根1米长的纸条，设计了两大自主探究活动。

1. 自主探究，认识一位小数

我首先让学生根据自己的生活经验交流0.5米有多长。学生生活中已对0.5米已经有了一定的感性认识：对折1米长的纸条就能得到1米的一半，就是0.5米、50厘米、5分米。

然后再充分调动学生已有的知识经验：1米＝10分米，让学生不用对折的方法小组合作找0.5米，通过小组内讨论、观察、操作、交流，成员之间在交流碰撞中相互矫正、相互补充、相互借鉴，达到最佳的差异融合，多数学生能自主地建构起分数与小数的联系，把1米的纸条平均分成10份，每份是0.1米，5份也就是0.5米。

再以0.5米的理解为基点和突破口，让不同层次的学生在纸条上找0.3米、0.4米等的长度……不断巩固分数与小数的关系，从而真正理解了一位小数的意义。

最后观察比较所得到的这些一位小数和分数，总结提升：一位小数可以表示成十分之几，十分之几可以写成一位小数。

2. 迁移知识，认识两位小数

首先，我让学生利用有了刻度的纸条去度量数学书的长度（比0.2米长比0.3米短），使学生在实际测量中，切实感受到探究两小数的必要性。

由于学生已有了一位小数的基础，于是我完全放手，把它交给学生。在小组合作中，以优带差，互相补充，互相促进，学生很快利用一位小数的知识来迁移，找到了百分数与两位小数的联系，既提高了中后生的推导能力，又深化了优生的思维深度。

再通过探究情境图中两位小数的意义，使学生逐渐脱离米尺，并自主总结提升出：两位小数可以表示成百分之几，百分之几可以写成两位小数，真正理解了两位小数的意义。

（本环节的设计注重了实践操作，学生在大量的读、写、折、量、想、说的活动中，在"经历、体验、探索"过程中，初步理解了小数的意义，突破了教学难点。备课时我精心设计，授课时灵活运用，对待不同层次的学生，提问交流时兼顾差异、点拨时注意差异疏导、评价时正视差异，使不同层次的学生在思考、讨论、观察、操作、交流活动中自然而然的收获知识。）

3. 自主检评，巩固提高

练习是学生领悟知识，形成技能，发展智力的重要手段。为了让不同层次的学生在本节课的学习过程中获得不同的发展,本节课的练习设计突出两个方面:一是对新知识的巩固和练习,二是通过自选的题目,扩展和深化小数的意义,使学生灵活掌握知识。我设计了四个题目:读小数、看图写分数和小数、小数与分数互化、改写数学日记。

(整个练习的设计由浅入深,由易到难,兼顾了自主性、针对性、层次性和开放性。在自主挑战世界冠军的过程中,不同层次的学生能根据自己的实际水平,选择自己跳一跳就能够摘到"桃子",体验到了成功的感觉。)

三、教后反思

"小数的初步认识"是小学数学概念中较抽象、难理解的内容。在教学中,我从"基于差异—关注差异—发展差异"的理念出发,努力做到导入能够激发学生的学习兴趣,探索能够升华学生思考,练习能够发展学生的思维,在掌握知识中各方面的能力得到提高,习惯得到培养。

(1)充分发挥学生的主观能动性,积极开展实践活动。为了减少新知识带给学生的突兀感,我让学生课前搜集生活中的小数信息,引导学生根据已有的生活经验及知识经验,自主地学习小数的读法、写法及小数的各部分名称。这样的设计,使学生初步感悟到所学的内容是与生活密切相关的,清除了部分中、后学生的认知障碍,降低了认知难度,节省了课堂时间,教师也能够很好地把握学生学习的起点,更好地完成教学任务。事实也证明了这一点,通过课前的实践活动,98%的学生知道什么样的数是小数,会正确读写小数。

(2)借助直观操作,经历探究过程。在探究小数的意义这个环节中,我本着"重过程、重学生亲身体验"的新课改要求,通过一根1米长的纸条,让学生在独立思考、自主探索、小组合作、动手实践等活动中,自主地建构起分数与小数之间的内在联系,在直观、形象中初步理解一位小数、两位小数所表示的意义。

同时也让学生体会到迁移知识的好处,教给学生学习的方法。在这一环节中,我重视学生的差异,关注学生的差异,发展学生的差异。从小组交流到全班交流,从师生互动到生生互动,简单的问题让中、后生来解决,较难的问题让优生来回答,让不同的学生都能在解决问题中体验到成功。小组合作中,在优生的帮助下,中、后生解决问题的能力也得到了相应的发展,提高了小组学习的效率与价值。

(3)关注差异,构建和谐民主高效课堂。为了让不同层次的学生在本节课的学习过程中获得相应的发展,整个教学过程中,不论是小组合作,还是集体交流,我都做到了关注不同层次的学生,让他们在和谐民主的气氛中,都来表达自己对知识建构的理解,并在思维的碰撞中,互相补充,互相促进。本节课的最后练习中,我设计了四个题目:读小数、看图写分数和小数、小数与分数互化、改写数学日记。整个练习的设计由浅入深,由易到难,兼顾了自主性、针对性、层次性和开放性。在自主挑战世界冠军郭晶晶的难度系数过程中,不同层次的学生能根据自己的实际水平,选择自己跳一跳就能够摘到"桃子",体验到了成功的感觉。在这种被重视、被关注的氛围中,他们的潜能会被充分挖掘,会突破低层次向高层次跳跃,实现质的飞跃。

"图形排列的周期问题"说课稿

一、教材简介

"图形排列的周期问题"是义务教育教科书青岛版五四学制二年级上册智慧广场的内容。

二、教学目标

（一）最近课标

课标指出：学生的数学学习内容应当是现实的、有意义的、富有挑战性的，这些内容要有利于学生主动地进行观察、实验、猜测、验证、推理与交流等数学活动。内容呈现应采用不同的表达方式，以满足多样化的学习需求。

（二）教材分析

本课时是在学生对图形排列规律已经有了一定的感性经验，并且学习了有余数的除法的基础上进行教学的。教材呈现了从魔术箱中拉出小旗的情境图，让学生通过观察，了解图中小旗的排列规律。在充分感知的基础上，展开对问题的探究。

（三）学情分析

学生已经有了良好的知识基础，一是在一年级时已经初步认识了图形的简单的排列规律，二是刚刚学习了有余数的除法。所以大部分学生对于寻找彩旗颜色的排列规律并不困难。但是由于学生的年龄特点，学生的抽象思维能力比较弱，对于用计算策略解决问题比较困难。

（四）经验剖析

因为喜欢思维的严密性，所以一直热衷于数学教学，又因为希望不同的学生在数学上得到不同的发展，所以一直努力践行差异教学。多年来自己坚持不懈地学习，具备了一定的数学专业知识，掌握了一些基本的数学思想方法，对于差异教学摸索了一些自己的经验。并在课堂教学的探究、交流、巩固等不同环节践行差异教学。

（五）课时目标

根据本节课的学习内容和学情的差异，我确定的基本教学目标如下。

（1）结合具体情境，探索并发现简单的周期现象中的排列规律，学会根据规律解决简单的问题。

（2）让不同层次的学生都经历自主探究、合作交流的过程，体会画图、数数、计算等解决问题的不同策略。

（3）每个学生知道生活中的事物有规律的排列就隐含着数学知识，初步培养了学生发现和欣赏数学美的意识。

提高目标：提高 A 层次学生综合运用知识解决问题的能力，进一步提升他们的逻辑思维能力。

教学重点：发现简单周期问题的规律并能解决问题。

教学难点：确定几个物体为一组，怎样根据余数来解决问题。

三、资源重整

（1）游戏资源：针对二年级学生的年龄特点，在导入环节我设计了"记数字"的小游戏,既激发了学生的学习兴趣,又了解了学生间的差异。

（2）问题资源:为了尊重学生间的差异,发展学生潜能,在自主探究环节中增加了"第80面小旗是什么颜色"这个难度系数较高的问题。

（3）生活资源:在练习的设计中我加入了一个关于星期几的练习,结合现实生活,让学生再次感受生活中处处有数学。

四、教学过程

本节课我采用了班内差异合作的教学模型。从"基于差异—关注差异—缩小差异—共同发展"的理念出发,精心设计了四个环节。

第一环节:创设情境,引入规律。

本环节我用一个男女记数比赛的小游戏导入新课。第一轮两组的数字都比较简单,双方势均力敌;第二轮数字比较多,比赛出现了一边倒的现象。

第一轮:

男生:3752　女生:2573;

第二轮:

男生:8051627305829　女生:257325732573。

这时我引导学生思考:为什么女生记得多?你发现了什么?学生通过观察发现数字中存在着周期现象,从而引出本节课的课题。

（在这个环节中通过游戏导入新课,既吸引了学生的注意力,激发兴趣,同时也体现了学生的个体差异。具体体现在:C层次的学生只是单纯地感知到数字;而B层次的学生则发现数字是有规律排列的;A层次的学生不仅发现规律,而且找到数字的周期规律是每4个一组重复出现。）

第二环节:运用规律,探究新知。

这是本节课的学习重点与难点,共设计了三个大的问题,第一个大问题是:探索第17面小旗是什么颜色?

活动一:观察猜想　独立探究

先出示情境图让学生仔细观察,小旗是按什么规律排列的?"第17面小旗是什么颜色?"你想用什么方法来解决这个问题?先想一想然后在学习单上选择自己喜欢的方法来进行探究,看谁想到的方法多。

（探究的过程也是关注学生的差异的一个重要环节,B层次的学生只想到用"画一画"或"数一数"的方法,仍然停留在一年级的认知水平上,但10%的A层次学生会联系到刚学过的有余数的除法,想到了用算一算的方法解决问题,但是对于算式中商和余数表示的意义并不理解。这样设计既让不同层次的学生通过自主探究获得满足与发展,又拓展了A层次学生思维的深度和广度。）

活动二:差异融合　能力提升

先让学生在组内交流,在差异互补的基础上再选择有代表性的策略在全班进行交流。

在学生交流之后,将三种方法在全班展示,再次引导学生回忆这三种策略的解题思路。

然后重点引导学生思考：为什么除以3？商5表示什么意义？余数2表示什么意义？

通过交流学生进一步明确：每3面一组，17面小旗中有完整的5组，余数2表示第17面小旗是第6组中的第2面，所以是黄色。

（在解决第一个大问题的过程中，我充分尊重学生个体差异，让学生运用自己的方法独立探究，在组内交流的过程中，认识到解决问题策略的多样性，并让不同层次的学生在交流的过程中认知与能力都得到不同程度的提升。根据小组交流情况，适时发放小奖章，也激励了每个层次学生交流的积极性和主动性）

第二个大问题：研究第几面小旗是什么颜色？为了巩固图形排列的周期问题，照顾不同层次学生的学习基础与能力，我设计一个开放性问题：你还想研究第几面小旗？学生在学习单上做一做。

学生独立完成，全班进行交流。交流过程中会出现不同情况：有① 余数是1的，② 余数是2的，③ 没有余数的。

通过不同余数的对比，引导学生加深了对余数意义的理解。

（在第二次活动过程中，学生不但巩固了解决问题的思路与方法，而且在交流过程中针对不同的余数，进一步加深理解了算一算的方法。）

第三个大问题：第80面小旗是什么颜色？你能快速找到答案吗？

这个问题的抛出，引起学生思维冲突，B 层次的学生发现如果还用"数一数"或者"画一画"的方法，将会非常麻烦，这样迫使他们放弃自己习惯的方法而自觉转向计算策略，同时让 A 层次学生的思维更加深入，进一步提升他们的逻辑推理能力。

第三环节：自主检评，巩固提高。

为了让不同层次的学生在本节课的学习过程中获得不同的发展，本节课的练习我采用了习题超市的方式，让学生自主选择。

（1）按这样排列，第24个图形是什么？

（2）六一儿童节，二年级一班的同学举行了围棋比赛，小凡和小航不会下围棋，就利用围棋玩起了游戏，下面分别是小凡和小航用围棋摆的图形的一部分。

小凡：○○●○○○●○○……

小航：●●●○○……

帮小凡继续摆下去（想一想，涂一涂）

○○●○○○●○○○○○○○○○○○○○

① 小凡摆的第45颗子是白子还是黑子？

② 小航摆的第6颗子是什么颜色的？你是怎样想的？

3. 今天是3月14日，星期二，同学们你知道这个月的哪一天也是星期二吗？

让学生选择喜欢的题目来完成，然后在全班进行交流。

（整个练习的设计由浅入深，由易到难，兼顾了自主性、针对性、层次性和开放性。不同层次的学生根据自己能力的不同，选择的题目也是不同的。第3题是一个拓展延伸题，为提高优生的发散性思维提供了很好的平台，让不同层次的学生在交流方法的同时，能力也得到了提高）

第四环节:课堂小结,反思提升。

这节课你的收获是什么? 你对自己哪些方面很满意?

(交流分享能促进学生的发展,引导学生对术节课的知识以及数学思想、方法进行梳理,做到融会贯通。自己对自己的及时评价,使得每个层次的学生都能发现自己的优点,增强了学生的自信和学习数学的兴趣。)

五、自我反思

本节课,差异教学体现在三个方面,一是独立探究环节,首先让不同学生采用不同方法来解决问题,充分体现了尊重差异,然后在交流过程中让不同策略方法得到充分的展示,并在由形象到抽象的过程中,让每个层次的学生思维能力都得到提升,尤其是第三个大问题的提出,引发学生的思维冲突,自觉转为计算策略解决问题。二是教师引导体现差异,学生是课堂学习的主体,而教师只是点拨与引导者,在班上交流活动中,我引导学生从数到画再到计算,使解决问题的策略呈梯度展示,让学生的思维步步深入。三是练习设计体现差异,我设计了"习题超市",让学生自主选择习题进行巩固练习,不同层次的学生都能够找到适合自己的练习进行巩固或提升。

总之,本节课我本着差异教学的理念,让不同层次的学生通过自己的努力都能够获得成功的体验,数学学习的能力与素养都能得到不同程度的提升。

当然本节课还存在很多不足的地方,比如鼓励性、评价性语言过少。丰富的评价语言,可以使学生的个性得到极大的张扬,让整个课堂充满活力,这需要在以后的课堂中多加练习。

第 四 节
实施作业改革,巩固课堂研究成果

一、小学教学作业改革实施方案

(一)课题的提出

作业是学生进行学习的最基本的活动形式。肖川博士曾说:"作业是教师精心准备的送给孩子的一个礼物。""作业给孩子综合运用知识、发展和表现个人天赋提供机会,使教学的影响延续到孩子全部的生活中。"随着"简约课堂"的深入实施,教师都比较重视课堂教学的改革与创新。然而,对如何以新课程标准为依据,设计适合学生的作业,利用作业来培养学生素养,促进学生主动地探究,促进学生有效地学习,促进学生个性发展等,却依然关注不够。大多数教师仍然本着"熟能生巧"的思想布置一些形式单一、陈旧、缺乏应用意识的作业。既加重了学生负担,还深深地扼杀了学生的学习兴趣和个性,非但没使不同的学生在学习上得到不同的发展,反而使学生丧失了学习的主动性,背离了

"减轻学生负担,促进学生全面发展"要求,阻碍了学生创新精神和实践能力的发展。因此,开展本课题的研究,是广大一线教师必须面对并解决的具体问题,对有效落实"课程标准"的四个目标有较强的现实意义。

(二)课题研究的目的和意义

(1)以建构主义理论为指导,以"课程标准"为依据,顺应小学生的心理与年龄特点,设计符合"简约课堂"要求的作业形式,努力提高教育质量。

(2)突破过去形式单调、结构封闭、缺乏应用、以个人模仿操作为主的传统作业方式,确立须通过自主探究、合作交流等多种形式完成的贴近生活、新颖有趣、富于思考的开放的作业方式,促进学生整体素质的提高。

(3)通过研究构建以基础性作业、拓展性作业、开放性作业、合作性作业和探究性作业相结合的符合新的教育理念的作业模式。提炼基本经验、探索规律,提供既适合于学生的作业形式与内容,又体现教育教学目标的要求,为广大一线教师将课改新理念落实于教学实践,提供有价值的可借鉴的小学作业设计。

(三)课题研究的设计

1. 研究的主要内容

(1)优化小学基础性作业设计的研究。

基础性作业是指为实现基本的教学目标而设计的体现基础知识和基本技能的课内外作业。其主要目的是帮助学生构建知识,形成基本技能。它是面向全体学生而设计的。

(2)优化小学拓展性作业设计的研究。

拓展性作业是指在学生已经掌握了基础知识和基本技能的基础上,将所学知识进行必要的延伸和发展而设计的课内作业,其主要目的是为了提升学生的观察、比较、综合、推理等思维能力。它是面向学有余力的学生而设计的。

(3)优化小学开放性作业设计的研究。

开放性作业是指条件开放、问题开放、解题策略开放的课内作业。其主要目的是培养学生思维的开放性、灵活性等。它是面向全体学生而设计的,不同基础的学生可以提出难易程度不同的条件、问题和策略,这样便于激发学生的学习兴趣,帮助学生树立信心。

(4)优化小学合作性作业设计的研究。

合作性作业是指需要通过与他人合作才能完成的课内外作业。其主要目的是培养学生的合作、交流、表达等能力。它是面向全体学生而设计的。

(5)优化小学实践性作业设计的研究。

实践性作业是指让学生将所学知识应用到生活实际中解决实际问题的课内外作业。其目的是培养学生运用所学知识分析、解决现实问题的能力和水平,解决学用结合的问题,体现人人学有用的数学的新理念。它是面向全体学生而设计的。

通过广泛学习—尝试设计—实践检测—交流研讨—反思改进—循环往复的研究活动,逐步形成经验,从而达到优化小学课内作业设计,减轻学生负担,提高教学质量的实验研究目标。

2.研究的对象

以现行实验教材为内容,以班级学生为对象。

3.研究方法

理论与实际的结合,是我们优化作业设计行动的指南。因此,本课题研究拟采用以行动研究法为主,结合调查法、观察法、个案法。在形式上拟采取以点带面、循序渐进、不断完善、层层深入的办法。

(四)课题研究的原则

(1)自主性原则。自主性原则要尊重学生的主体地位,作业设计要给学生以选择的机会,数量、难度、内容、形式都要根据学生的年龄、爱好、特长和条件而定,以减轻学生的心理压力和作业负担,把他们从繁重作业中解放出来,从而有更多的时间根据自己的爱好、兴趣自主学习。

(2)层次性原则。作业设计要针对学生水平的差异,体现层次性和选择性,既要体现学生对知识的多角度思维和学习的个性化,又要尽量照顾到各个层面的学生,给每一类学生都提供积极学习的机会。

(3)开放性原则。要拓展学生的学习空间,鼓励学生灵活运用所学知识,走向社会、走向生活;让学生在调查、访问、观察、试验、参观和制作等活动中主动发现、主动学习、勇于创新,培养创新精神和实践能力。

(4)综合性原则。要加强作业内容的综合性,加强作业内容与现实生活和学生经验的联系,增进各学科间的知识和方法上的联系,发展学生解决实际问题的能力。

(5)可操作性原则。作业设计意图要明确清晰,考查的双基要紧扣教学进度和学生基础及认知特点,实用性强,便于操作,真正做到减负。

(五)课题研究的实施阶段

1.准备阶段(2012.2—2012.3)

这一阶段主要完成课题论证,进行课题申报,开展理论研究,完成研究方案设计。

2.进入研究阶段(2012.4—2013.12)

研究阶段主要分两个阶段进行。

第一阶段(2012.4—2012.7):这一阶段主要围绕作业改革的目标、内容、作业改革操作方法、作业本的设计等开展研究。为使作业改革顺利开展,学校组织学习市、区教科所发布的《关于加强小学作业改革的指导意见》,并参观烟台的支农里和凤凰台小学的作业改革,在学习他们先进经验的基础上,结合自己的实际情况,多次向教研室领导请教,最终确定了"以生为本、夯实基础、注重趣味、引领成长"的作业设计原则。在业务校长的带领下,在三年级进行全方位的作业改革,全体教研组长和实验教师一起,设计出作业本的雏形。带着设计出的作业本参加市区教研室组织的座谈会和讲座,与兄弟学校在交流和学习上进行了调整。

第二阶段(2012.9—2013.12)这一阶段,主要围绕"作业的有效设计""作业的有效批改与评价"等方面展开研究。2012 年 9 月针对上学期作业改革中出现的问题,对相关内容进行了微调;2013 年 2 月在全区作业改革经验交流会中作了经验交流。

3. 总结阶段:(2013.3—2014.6)

这一阶段,主要围绕"作业内容设置的改革""作业评价方法的改革"等研究,并汇总全校作业改革研究成果,装订成册,完成了"研究报告"和"工作报告"。

二、小学教学作业改革设置方案

新学期,进行"作业改革"与深化"简约课堂"建设的要求同时提出。面对截然不同的两个方面,我们在几经思索之后逐渐明晰了改革思路:作业改革,一方面要为师生减负,另一方面,一定要与高效课堂建设相辅相成,使两者相得益彰。但怎样才能借助作业改革发展学生能力,促其为构建"和谐高效"课堂服务,并以此检验高效课堂的学习成果、促进教师更好地教学呢? 带着种种思索我们先后参观了烟台的支农里和凤凰台小学的作业改革,在学习他们先进经验的基础上,我们又结合自己的实际情况,多次向教研室领导请教,最终确定了"以生为本、夯实基础、注重趣味、引领成长"的作业设计原则。在教研组长的带领下,决定在三年级进行全方位的作业改革,全体教研组长和实验教师一起,历时一个月,先后三次修改,设计出了作业本的雏形。

开学后,面对着崭新的作业本,不光学生看着激动,回忆曾经的付出,教师们也激动。因为在实践过程中,教师们都倾注了极大的热情。实践一段时间以来,我们欣喜地看到了学生的进步,同时也发现了一些没有预想到的问题,产生了新思索。学校领导又适时组织实验教师召开了两次作业改革研讨会。大家畅所欲言,踊跃交流近期实验发现的优点与不足,提出自己的建议,一起确定了作业设置方案。

(一)语文作业设计

语文作业设计包括"快乐学习我做主""读写快乐行""妙笔生花"三份作业。

第一,"快乐学习我做主"——主要包括两方面内容:日积月累和课前预习。

"日积月累"是基础知识和基本能力的训练环节,包括词语巩固（生字、组词、多音词及近反义词等）及每日收获(课内外的收获)两个方面。让学生尽可能对自己的作业进行自我设计、自我控制、自我解答,"鲤鱼跳龙门"是单元小测,对一单元的内容进行归结。"课前预习"包括三方面内容:① 读书——提供三级目标供学生自主评价,② 理解——词句理解、整体感知、自学质疑和课内外采撷,③ 评价——家长、师生、自我多元评价。这个环节的设计,为教师找准教学起点、有的放矢地进行课堂教学提供依据,为创建和谐高效的课堂奠定基础。为了更好地发挥作业对高效课堂的促进与检测作用,我们在下学期将在这份作业中增设单元测试页面,以便教师、家长、学生均能及时掌握学生的学习情况,方便教师、学生及时查漏补缺。

第二,"读写快乐行"——主要包括以下几方面内容:课文点击、营养书吧、小练笔、童心童言。

以课本中的典型段落为载体,以儿童善于模仿的特点为契机,以"学会写作、乐于写作"为宗旨,迁移训练,悟用结合,实现课内、外阅读与小练笔相结合,以读促写。之后附评价台——自评、小组评和教师评"三选一"。"读写快乐行"将学生的课内外阅读和小练笔进行了充分地整合,抓住每个单元的一个重点训练点进行训练,改变了以往单独对片段进行训练的做法,让学生有目的性地学习,这样大大提高了学生的读写水平,教师和学生普遍感觉运用起来得心应手。

第三,"妙笔生花"。

紧扣语文园地的"习作"要求进行练笔。引导学生留意生活,关注现实,热爱生活,易于动笔,乐于表达,表达真情实感。作业改革的每个环节是紧紧相扣的,学生自己的时间多了,自然地就走进书的世界,学生的个性在文章中更鲜活地显现出来。

(二)数学作业设计

包括三份作业:"数学自主性作业""数学实践性作业""数学检测性作业"。

第一,"数学自主性作业"——包括以下几方面内容:"扬帆起航""快乐一二三""智力园地""数学小屋"。

"扬帆起航"用于学生预习后做基本练习或课堂探索完新知识点后做基本练习;"快乐一二三"用于学生分层作业,也包括解决与生活息息相关的实际问题;"智力园地"用于学生解决课本上或其他带"*"的题,以上三个版块一周设置两次。"数学小屋"用于学生写数学日记,每两周一次。"扬帆起航"是学生对知识点的一个初步探索、尝试;"快乐一二三""智力园地"分别是学生对知识点的巩固和升华;"数学小屋"是学生对本知识、本学段的一个小小反思。自主性作业层也是根据学生情况进行分层次的作业,教师和学生都感觉这种改革非常有利于学生自主学习。

第二,数学检查性作业——包括课堂小测和单元小测。

一改传统正规作业的面貌,摒弃了形式化的内容,数学检查性作业用于每节课的小测试和单元测试,集中展示学生每节课和每个单元的学习成果。将高效课堂的落实和作业改革融合到一起,既强化了学生的规范书写,又检验了学生的学习效果。

第三,数学实践性作业——"小小研究室"和"数学大观园"。

"小小研究室"是教材中关于数学实践活动的内容展示。"数学大观园"是学生自我完成的以数学小报为内容的展示。"小小研究室"一般每册教材活动两次,也可以根据教材实际内容让学生自己找素材进行调查研究。"数学大观园"每学期一般两到三次。

(三)英语作业设计

根据小学英语"听、说、读、写"四个目标,我们将英语作业设计成四个板块:"我会读""我会说""我会写""我会画"。

第一,I can read.(dialogue)——"我会读"。

这一板块主要操练课文对话。教材每一模块两个单元的课文都是一个个有趣的小故事,学生在读熟的基础上,将自己喜欢的对话或段落抄写下来,能较好地感受语篇,加强对课文内容的理解。

第二,I can say.(drills)——"我会说"。

这一板块主要操练句型。教材中每一模块重点句型突出,要求学生做到举一反三,强化了句型。

第三，I can write.（words）——"我会写"。

这一板块主要操练单词。事实证明：自己拼写出单词能让学生更有信心地学英语。通过抄写单词，能有效加强记忆。学生可以抄写生词表内的单词，也可以将对话中的生僻单词写一写。

第四，I can draw.（　）——"我会画"。

针对小学生爱画的特点，我们设计了"画画、描述"板块。既可以画模块重点单词、动词短语，也可以画情景图，并在图片下加以描述。学生各尽其能，描述可长可短，写出自己想表达的心愿。

改革后的作业内容丰富，形式多样，趣味性强，体现了实用性和自主性，学生在完成作业的过程中，既养成了书写规范的好习惯，又巩固了模块重点内容，使学生薄弱的书写能力得到很大的改善。

三、小学教学作业改革效果

（一）设计出适合儿童年龄特点的作业本，激发了学生的学习兴趣

我们根据学生年龄段的不同而设计了不同类型的作业本，具体分低年级和高年级两个版本。高年级版本包括语文的"快乐学习我做主""读写快乐行""妙笔生花"，数学的"数学自主性作业""数学实践性作业""数学检测性作业"，英语的"我会读""我会说""我会写""我会画"。低年级版本包括语文的"自主性作业""欢乐写话"。每类作业本的封面都根据儿童的心理特点，设计了活泼有趣的画面，让学生一看就产生爱不释手的感觉。而且在作业本里，我们还根据不同学段的学生，有选择地添加了名人名言，这不仅是对学生的鞭策与鼓励，同时也有利于学生语言的积累，可谓一举多得。作业本中"希望起跑线""快乐学吧""智力冲浪""采撷花露""小小展台亮我风采"等时尚而又童趣化的名字更是让学生耳目一新、跃跃欲试，给学生以美的享受。这些设计都大大激发了学生的学习兴趣。

（二）设计不同类型的作业，促进了学生的全面发展

根据学科特点以及学生实际，我们将作业分为四种类型：自主性作业、实践性作业、信息性作业、口语性作业。每项作业内容的设计既有针对性又兼顾学科间的整合，倡导学生主动参与，乐于探究，勤于动手，勤于动口。自主性作业：数学以"我选择我快乐""数学小屋""数学小报"为载体，给学生选择作业的机会，学生可根据自己的特点，在做好基础知识的同时，进行学习的拓展与延伸。语文以"日积月累"和"课前预习"为载体，让学生分别在预习、搜集资料、基本词句、课后练习、精彩词句这几种作业中，根据自身的能力，选择适合自己的作业类型，在学习过程中发挥自己的优势与潜力，把自己精彩的一面呈现出来。这些都最大限度地激发了他们学习的主动性和自主性。实践性作业以"妙笔生花"为载体，鼓励学生随时观察、记录生活见闻、所想所感，培养学生善于观察、乐于思考、勤于动笔的好习惯，从而培养学生习作的兴趣，提高学生习作水平。信息性作业以"读

写快乐行""数学小报"为载体,让学生通过大量的阅读和网上浏览了解更多的文学作品、社会知识、自然知识、科学知识,通过摘录,粘贴、心得等形式不断丰富自己的知识,提高综合素养。口语性作业以提高学生的言语素养为目的。内容包括朗读、背诵、讲故事、演讲、课本剧、辩论赛等。

(三)设计出不同层次的作业供学生选择,尊重了学生的差异

自主性作业的设计立足于学生的发展,尊重了学生的差异,将作业设计成不同的层次,供学生选择,把作业的主动权交给学生,实现了学生作业的真正自选。① 难度自选:作业的层次设计表示一定的难度等级,学生可以根据自己的学习情况选择相应的层次做作业。例如:数学作业中"我选择我快乐"是每学完一个知识点,我们会根据学习的内容给学生精选三类不同难度的习题,有优等生的拓展题、中等生的变式题、学困生的基本题,让学生有自由选择作业的空间,体现了学生主体性。同一次数学作业学生在选择上是各不相同的,有的侧重基础知识的巩固与熟练;有的能将所学的知识融会贯通,体验学习的乐趣,这样的学生潜心于自己编题,自我选题,充分体现了学习的主动性,从而将所学的知识上升到更高的层次。② 数量自选:允许学生根据自己的记忆特点,接受能力的差异,确定自己的作业量。例如:数学中的自选作业、语文中的读读写写等板块都没有数量要求。学生根据掌握知识情况选择作业数量。③ 形式自选:由于学生的特长、爱好、学习水平不同,我们设计了供学生自由发挥,展示自我的板块。如:在数学中设计了"实践作业""数学小屋",语文作业中我们设计了"妙笔生花",在这几个板块中我们将作业的形式完全放给学生,学生可以选择最能表现自己才华的形式将自己的聪明才智表现出来。在"数学小屋""妙笔生花"里,同一个知识点,全班学生没有完全相同的两份作业,作业形式在 10 种以上。如语文作业中有给课文配图的,有以连环画的形式揭示文章蕴涵的哲理的,有写读后感的,有续编故事的,有制作学具的,有编演课本剧的,有录音的,有查找资料的,有写诗的……

(四)作业改革给学生提供了张扬个性的空间

每个学生都能在作业中找到适合自己的天地,体验到成功的乐趣,激发了学生想学、乐学的愿望,养成了勤学的习惯,形成了科学的方法,达到了会学的目的。如今大部分学生不仅喜欢各种形式的作业,而且想出各种方法将自己的作业完成得别具特色,还津津乐道地说作业真好玩,这是以前所望尘莫及的。教师曾通过不同方法调查过以前和现在学生对作业的态度。统计情况如表 2-8 所示。

表 2-8　学生作业态度统计表

	能主动高质量完成作业的/%	经督促完成作业的/%	经常不完成作业的/%
实验前	69.5	23.3	7.2
实验后	85.6	14.4	—
上升率	16.1	−8.9	−7.2

作业改革还激发了学生的环保意识和爱父母、爱教师、爱同学、热爱大自然的美好情感。如在学习了有关"年、月、日"和"24时计时法"后,学生通过回家调查、了解了亲人的生日后在日记中写道:"以前我从来不知道爸爸妈妈地生日,通过这次作业,我记住了他们的生日,我以后也会给他们送生日礼物,以表达我的感激之情。"还有的同学制出了年历卡,用自己的喜欢的图案标出亲人的生日和自己重要的日子。实践告诉我们,如果离开了学生真实具体的活动过程,这样的情感就很难生成。如今翻开学生的作业本,看到他们干净整洁的字迹,看到孩子们凑在一起骄傲地交流自己为自己编制的家庭作业,读着他们幼稚又不乏新意的小诗,看着那颇有点宏伟壮观的颐和园模型,欣赏着穿梭往来的威尼斯小艇,倾听他们穿越时空与老舍先生的养花论坛,我们由衷地感到欣慰。

(五)作业改革引发评价方式的改革,激励了学生成长

作业改革中,我们要求每位教师对学生的作业进行科学、全面的评价,倡导教师用等级加评语等激励评价方法,用发展的眼光来评价学生。

1. 根据作业类型,采用不同的评价方法

不同类型作业有着不同的特点,因而也就应该有不同的评价方式。

(1)基础型作业评价:课堂中,集体评议,教师适时表扬;课后作业老师全部批改,适当的时候让学生互相批改,以利于教师对学生掌握情况的全面了解和学生对自己错误原因的深刻认识。

(2)思维训练型作业:教师集体讲解,让学优生展示自己的思维方式和思维过程,为中间生和学困生打开思路,活跃思维,为今后的学习打下基础。

(3)实践型作业:采用班级集体交流反馈和家长反馈意见相结合方式。家校合作,效果明显。

(4)学生自创型作业:学生集体交流评价,教师适时点评,优秀作业收进作业集,使学生渐渐理解每种题目类型设计的真正意图。

评价中,我们改变过去只对题目的正确率打一个等级的做法,转为评价学生的作业态度、书写质量和正确率。采用"等级+等级""定量评价+定性评价""等级+简语""等级+评语"等评价方式,让学生明确学习方向,同时加强师生情感交流。

低年级学生,则把"优""好""棒""祝贺你"等字样或"★"等图形符号奖励给学生。如,学生作业写得正确、整洁,我们印一个"优"字,回答问题完整、正确,我们奖一个"★"符号。学生非常在乎这些印图,他们之间经常相互比较看谁得的印图数目多,有的学生还把一个星期或一个月得的印图数作为自己努力的目标。

2. 实施捆绑式评价

对小组进行捆绑式的评价是对小组合作过程和学生合作表现的监控,是促进合作小组健康发展的重要环节。对小组合作的成果或全组每位成员表现都很好,则全组每位成员都可以得到奖励。这样,"一荣俱荣,一损俱损",让每个人代表的都是一个整体,集体荣誉感会越来越强,评价体系也成为一个动态的过程、一个促进的过程和一个开放的系统,最终成为一个增强每一个学生发展动力的"泵"。那些平日被我们遗忘的"花朵",也

得到阳光普照,而绽放生命的光彩。

表 2-9　小组捆绑式评价表

姓名	得分	合计	姓名	得分	合计
1 号 ×××			4 号 ×××		
2 号 ×××			5 号 ×××		
3 号 ×××			6 号 ×××		
本周本组平均分(　　)本组之星(　　)本组是不是优秀小组(　　　)					

评价不只是一句评语、一个等级、一个分数,重要的是隐藏在评价结果后面的促进、改进、推进学生学习方法,激励学生学习的那种动力,在评价时,我们更多地注重小组捆绑式评价和对差生进步的激励。小组捆绑式评价极大地调动了小组成员间的互助热情,他们还自动形成 1+1 帮扶对子,督促学习差的同学改错、背书、作业,甚至小教师般地讲评数学题……学生自主学习的热情被点燃!班上自发地出现了许多教师的小帮手。

小组捆绑式评价,让组内同学互相帮助,共同进步,培养同学间的合作、竞争、责任意识,激发学生的思维与进取心,集众智、聚众力,活跃课堂气氛,提高课堂效果。同学们你追我赶,争得激烈,学得积极,这使积极的学生变得更加热情大方,怯懦的学生变得大胆主动。此外,评价周期缩短为两周,奖励方式也由物质奖励改为颁发一张小奖状,每获得一张奖状就可以免写一次家庭作业。对于高年级学生来说,这种务实的奖励使孩子们的学习积极性更为高涨,从而可以获得更多自主探索的空间。

(六)提升了研究人员的教学能力和科研素养

课题的研究促使我们课题组研究人员不断学习先进的教育教学理论和课题研究经验。我们的科研能力逐步提高,逐渐由实践型向科研型转变,我们的教学能力提高的同时,还积累了丰富的课题研究成果。学校多位教师参与了课题经验交流,均获得好评。另外,研究人员所带的班级教学质量得到了稳步提高,在区教研室、督导室等多位领导的不同方面的考查中,成绩都名列榜首。设计的数学作业样本,在全区得到推广,语文教师自创的"让学生在互批自改中提高习作能力"的批改方法在全区作业经验交流会作了典型发言。另外,孙春老师撰写的《让每个孩子都成为"英语之星"》发表在 2012 年第 23 期的《英语周报》上;徐俪娜老师撰写的《让英语作业丰富起来》发表在 2012 年第 2 期的《烟台教育》上;曲涛老师撰写的《本次评价我做主》发表在 2012 年第 33 期的《新课程报》上;孙莉老师撰写的《作业因放手而轻松》发表 2013 年第 7 期的《山东教育》上。

附优秀作业改革经验交流总结

关注细节重实效,改革评价促发展

随着素质教育改革的不断深化,"和谐高效、思维对话"型课堂教学活动的深入开展,我校根据烟台市《关于加强小学作业改革的指导意见》精神,以减轻学生课业负担,提高

学生自主学习能力,促进学生全面发展为目的,对作业改革进行了有益的探索。

为了查找日常教学中作业设计方面存在的实际问题,校领导通过与学生座谈,了解学生对教师作业设计的满意程度、学生喜欢的作业形式与设计;通过家长会、问卷调查、信息反馈等形式了解家长对学生作业设计与布置的合理化建议;通过随机检查,了解各年级各学科教师作业布置形式、作业量、作业批改情况。在充分调查了解的基础上,随时通过"教学简讯"公示作业设计、作业量、作业布置形式、作业批改中的亮点与不足,并及时对今后的作业改革提出具体的整改建议。我们本着实用的原则,从提高作业质量、培养良好作业习惯出发,对学生作业设计进行了大胆创新和改革。

一、结合学科教学,注重实效性设计

去年我区在实验的基础上确定了语文数学作业的样本,我们要求教师不要受作业样本的局限,鼓励各教研组,根据学生的年龄段,注重学生的能力差异,以尊重学生的兴趣、培养学生的自主性学习能力为目的,创造性地设计作业。各教研组在集思广益的基础上,各位教师又结合本班学生的实际情况,对作业进行了形式多样的改革。

尝试一:作业本中线移位设计,提高数学计算正确率。现在学生数学作业中计算的正确率较以前有所降低,原因是多方面的,大多数学生的主要错因是不论数的大小能口算的就口算,有的虽然也验算,但写得乱七八糟,连续几次作业连一张草稿纸也找不到,而是直接在桌面上、垫板上甚至在手心、手背上验算,不重视验算与规范书写必然导致计算经常出错,当计算错误以后让他们指出错因,他们只会说计算错了,再问究竟哪里错了,他们则不知所以然,因为早已找不到竖式了。以后再遇到类似的问题时,他们还是会犯同样的错误。四年级数学教师针对学生计算中存在的这些问题改革了数学演草空间的设计,进行了中线的移位:把竖式搬到作业本上,遇到计算的内容时让学生在本子右边画一条竖式作为分界线,左边写横式,右边写竖式,这样学生的横式和竖式都呈现在教师面前,对学生来说是一种督促,即使计算做错了,他也能从右边的竖式中找到自己错误的原因,计算的准确程度大大提高。学生在不自觉中培养了自我管理、自我监控的能力,培养了良好的计算习惯。

尝试二:鼓励学生自主熟记,培养英语学习兴趣。多年来,我校一直倡导英语学科无书面作业,可是英语单词或重点句式学生单靠课堂时间书写巩固是远远不够的。为了提高学生学英语的兴趣,让学生做到常记不厌,都爱青老师把全班同学分成了若干小组,鼓励学生每天听音,自主熟记三个英语单词或一个句式,或背下课文,并利用课余时间找小组长或老师背默,完成的同学均给予加分奖励,各小组的累积分数直接影响到自己双休日的作业选择!这种捆绑式的自主学习方式,极大地培养了学生学英语的兴趣,英语成绩也直线上升。

尝试三:"数学小屋"为师生搭建了学习交流的平台。对"数学小屋"教师们没有给学生更多的局限,内容自定,可以写自己一周内的学习收获;可以写写自己对某一题由不理解到理解的过程,也可以写某一次测试的小小失误,还有的同学自编数学童话故事……有反思型的数学日记,有实录型的数学记录,有介绍型的数学纪实,"数学小屋"中有学习数学过程中的所遇到的伤心、高兴、难忘、遗憾的事,也有他们学习某一数学法则、公式、性质或自己发现的解题感悟，还有自己生活中发现的数学问题等，"数学小屋"俨然成了师生数学学习与交流的绿色通道。

尝试四：家校携手，快乐读书。四年级组语文组教师结合学生阅读现状及教学实际，在阅读作业设置上下了一番功夫。首先，让读书成为学生每天的必须。教师每天都适量布置15～20分钟的读书任务，并在《童眼看世界》的"阅读记录卡"中，增设"签字"一栏，家校联手，共同记录学生的阅读数量，促进学生阅读的真实有效。其次，评比奖励跟进。学生课外每读够一万字就加一分（以家长的签名为据）每月评选最佳阅读明星。五一节期间，四年级组教师围绕全校开展的"换书活动"，精心为学生设计了"好书大家换，快乐同分享"作业，让学生透过一张薄纸将自己近期的阅读收获、阅读心得及时和大家分享交流，这一新颖有趣的创造性作业深受学生喜欢，学生阅读的兴趣更加浓厚。

上面这样的尝试，都是教师在教学过程中根据教学中发现的问题及时提出的，还有很多细节上的改进，创意虽然很小，但却在实践中收到了意想不到的效果。

二、改革评价方式，激励学生成长

作业改革中，我们要求每位教师对学生的作业进行科学、全面的评价，倡导教师用等级加评语等激励评价方法，用发展的眼光来评价学生。

（一）结合作业特点，采用不同的评价方法

不同的作业有不同的特点，因而也就应该有不同的评价方式。例如：评价学生的语文作业时，我们就根据书面作业、口头作业、听力作业、表演作业、实践作业等的不同特点，采取不同的评价方法。

"书面作业"如生字、词语、阅读积累、作文、日记等。根据学生的书写是否规范、作业质量如何，采用自评、小组评、教师评、家长评多种方式，重在鼓励，帮学生树立自信，如自认为书写十分认真，可自己给自己的作业等级中涂三颗星，家长或老师在相应的图形中打小旗或"√"。同时，关注每一位学生的进步。有的学生习作进步了，即可得一面小旗；有的学生理解与众不同，富有创新，即可得一个笑脸；有的学生作业质量高，令人赏心悦目，即可得一朵小红花。这样的多元评价，充分调动了学生的学习积极性，从而多角度地发挥了作业评价的激励作用。

"非书面作业"如低年级的口头作业、听力作业，单单靠教师评价是行不通的。我们适时地让学生、家长都参与到评价体系中来。比如让学生"闯关"：先过自己这一关——自评；再过同学这一关——互评；三过家长关——满意；最后还要过老师关——抽查，教师定期抽查一部分学生的完成情况。过关采用三星制：能流利、准确地读和说，就得☆☆☆；能准确说出，但不够流利，得☆☆；能大致说出，得☆。说不出的，打△。每个月评一评谁的☆最多，在班里表扬，并适当奖励，将奖励结果展示在二级评价表中，成为学生成长足迹的记录。

（二）实施捆绑式评价，创建"无作业日"

众所周知，孩子的潜能是无限的，资料显示一个普通孩子的潜能只被开发了百分之三，如果能够充分地调动孩子作业的自主性就会产生事半功倍的效果。在实验的基础上，我们调整评价制度。我们结合各个学科的具体情况，把孩子在校的作业、检测、纪律、发言、进步情况等累积分数。每周四根据累积的分数选择相应的 A、B、C 类作业。A 类：在"无作业日"内无书面作业。B 类：做少而精的书面作业。C 类：做相应的巩固性作业。"无作业日"的推出，解放了班上大约 1/3 学生的手，让学生有了更多自主支配的时间。调动了全体孩子的学习积极性，他们的自主学习热情空前高涨。象于建华等几位教师课后一直在尝试着进行学案学习法，每个单元给学生发放一份学案，对学生的复习、预习及课外导读提出了很多指导性的建议。晚上一般布置让学生回家自己根据学案自学，第二天在班上汇报交流所学知识。但学生为了白天能在课堂上充分展示自主学习的成果，很多同学把数学书字斟句酌地看了好多遍，重要的地方都做了标记，甚至有的概念性的内容都能背下来；有的同学为了检验自己的掌握程度，把练习题也尝试着做一下；遇到不会的内容时，有的同学打电话询问同学，还有的请教爸爸妈妈，还有的小组为了自己组同学都能够展示得更充分，提前凑到一起交流和辅导。在这种自主性很强的学习氛围中，大部分学生都能把学习内容透彻地讲给同学们听，自主学习能力越来越强。

三、注重习惯养成，立足长久发展

学生学习习惯的养成不是一朝一夕的事情，作业改革也不是一阵风。我们将作业改革中许多教师好的做法全校公示，鼓励各学科教师结合各班的实际情况实施推广。

推广做法一：针对学生计算能力较差，孙雪芹老师在检查性作业中设计"每日课前一小题"，对的奖，错得也"奖"，对的同学奖励 5 分，错的同学改正后如果再做一题就奖励 3 分，极快地提高了学生的运算能力。

推广做法二：为了培养学生良好的读书习惯，车老师倡导班上的学生：每天挤十分钟读五页书，并在作业本上记下自己的读书心得，有话则长无话则短，有感而发。

推广做法三：设立"错题集""错别字小本""探究本"，让学生学会反思，克服马虎，重视预习，勇于探究。

推广做法四：自编"小课本"。每学完一个单元，让学生小组合作把学习内容编成"小课本"，小组交流，查漏补缺，培养学生回顾整理的能力。

…………

为了更好地培养良好的作业习惯，我校定期举行各科作业小明星的评选活动，每学期举行特色、个性化作业展评，在观摩研讨中取长补短，对进一步推进作业改革、提高作业质量起到了积极的作用。

我校的作业改革不仅仅是减轻了学生的课业负担，更重要的是关注了学生的全面发展，既为学生松了绑，又给学生创设了更加广阔的发展空间。孩子们的作业写得少了，但学得更多了，自主学习的热情更高了。这项改革实施以来，得到了学生家长的大力支持。今后，我们将继续以学生的发展为本，更好地解放学生的大脑、双手、眼睛、时间、空间，为学生撑起一片自由翱翔的天空。

（作者：牟平区实验小学　于建华）

小学数学作业改革有效性的探索

作业是"课堂学习的延伸和补充",许多数学作业的设计往往局限在再现式的范畴内,作业内容大多是机械抄记、重复套用,既没有什么思维训练价值,也谈不上什么创新、人文精神与实践能力的培养,应试训练色彩浓厚。这严重地抑制了学生的学习兴趣,限制了学生学习活动的空间和数学素养的提高,更重要的是制约了学生的个性化发展。为了解决这一现状,提高学生的课堂学习效率,还学生一片空间,我们学校数学教研组决定借着"高效课堂"的东风全面实行作业改革,作为"高效课堂"的一个补充与延深。

一、改变作业设计理念

每次设计作业,我们都要对以下几个方面反复斟酌,认真考虑:

(1)作业的设计是否具有新颖性,能否让学生成为学习的爱好者;

(2)作业的设计是否具有层次性,能否让不同层次的学生成为学习的成功者;

(3)作业的设计是否具有生活性,能否让学生成为知识的实践者;

(4)作业的设计是否具有自主性,能否让学生成为学习的主动者;

(5)作业的设计是否具有开放性,能否让学生成为应用的创新者;

(6)作业的设计是否具有探索性,能否让学生成为问题的探索者。

我们觉得,对于上面几个问题,如果回答是比较肯定的,那么布置的作业就可以算是好作业。反之,就要重新进行选择和设计,一直到能够充分说明上述问题为止。

二、精心设计作业类型

作业设计,一改以往死板、枯燥、乏味的缺陷,真正迎合了小学生受兴趣影响较大的心理特点,对作业真正做到了多样化的设计,极大地激发了学生完成作业的兴趣。作业类型,大致为以下几种。

(1)自主选择性作业。我们细心研究并构建了小学各年段的练习序列和练习层级,教师设计为主导,学生自选为主体。

(2)检查性作业。教师依据教材和学习内容,参照自主选择性作业样式及题型,随堂有针对性地设置考查内容,以检查学生对当堂知识的掌握情况。

(3)数学小报。这类作业要求用图文相结合方式。在内容上,可以包括一些数学家的故事、数学定理的发现、有趣的数学现象、趣味数学知识、具有挑战性的数学问题、奥赛平台等等。还可以把在学习中觉得自己做得好的地方写出来、画出来。比如做题时的巧妙解法,对于某一问题的深入思考,等等。形式上可以多种多样,但要既规范,又有个性。

(4)数学日记。就是让学生以日记的形式记录自己对每次数学教学内容的理解、评价及意见,其中包括自己在数学活动中的真实心态和想法。数学日记的内容可以包含以下几个方面:① 对课堂上讲授的数学概念、计算方法以及推理程序的理解和运用情况;② 对教学过程和方式的评价及建议,即允许学生对课程内容、课堂讲授方式以及课外活动、作业、考试等各类问题发表意见;③ 自由发表意见,学生可以自由地表达自己关心或渴望倾诉的问题,其中包括自己的成就、失望以及生活或学习中存在的问题等。

（5）实践性作业。即以教材、课堂学习为背景的社会实践活动，验证和实践学习所得或新发现。这样的作业可以沟通课堂内外，充分利用学校、家庭和社区等教育资源，开展综合性学习活动，拓宽学生的学习空间，增加学生语文实践的机会。如学习了"体积"之后，就要学生回家自测一个不规则的物体的体积等。

上述作业的类型虽然不同，但无处不渗透着以生为本的理念。只要我们注意并能够为学生的发展搭建平台，就一定能够提高学生作业的热情和积极性，取得很好的作业效果。

在我们的作业中有一个显著的特点，就是通过作业本能体会到浓浓的人文情怀。如在学习了有关"年、月、日"和"24时计时法"后，结合这部分知识与生活联系非常密切的特点，周末我给学生布置了这样的家庭作业：回家调查你或者你家人的生日、重要的生活经历，寻找数学问题并进行解答，并以你喜欢的方式展现在作业本上。

学生是怎样解决这个问题的呢？请看几份作业。

作业一：我爸爸是1975年12月6日出生的（平年、大月），他1995年9月参加工作（平年、小月），至今已经工作了14年了。我妈妈是1979年9月20日出生的（平年、小月），我妈妈1992年7月参加工作（闰年、大月）。我在2000年6月27日早晨5时55分出生了（闰年、小月）。2009年2月28日22时我爸爸坐火车去北京出差（平年二月28天）。我爸爸说他次日4时就到了北京，也就是3月1日的早晨4时，他路上一共用了6小时。以前我从来不知道爸爸、妈妈的生日，通过这次作业，我记住了他们的生日，我以后也会给他们送生日礼物。

反思：班上近半数以上的学生是这样完成作业的。虽然他们思维方式、调查角度和分析方法都带有明显的纯数学特征，但他们内心已走出数学范畴，他们在调查中有自己的收获，有自己的感受，油然而生一份感恩的情怀。让我们体会到他们的可爱之处。

作业二：

个人成长小档案

我的生日是2000年3月31日。我2003年5月10日上幼儿园，2006年9月1日上学。2006年10月成了一名少先队员，2006年10月9日选上了中队委。我在2006年10月10日一天得了三朵小红花，2006年11月1日，我的美术作品被贴到班级的刊板上。2008年11月我获得了文明少年的奖状。

反思：从字里行间可以体会出孩子的欣喜，"一朵小花""一份展出的作业"都是孩子记忆中的一份宝贵的财富，都是孩子人生路上的一个起点。我们教师应适时调整我们的教育方法。

作业三：

表2-10　"我们家的节日"统计表

快乐的日子	
1月2日是奶奶的生日	7月1日是党的生日
2月8日是我的生日	8月7日是姥姥的生日

续表

快乐的日子	
3 月 14 日是爸爸的生日	9 月 19 日是妈妈的生日
4 月 15 日是表哥的生日	10 月 1 日是姑姑的生日
5 月 2 日是爸爸妈妈结婚纪念日	11 月 16 日是爷爷的生日
6 月 1 日是儿童节	12 月 20 日是伯父的生日
我真高兴，我们家每月都有节日，我们是一个幸福快乐的大家庭！	

反思：一个幸福和谐的家，一个心理充满阳光的孩子，一份富有创意的作业。

多有新意啊，同一个问题学生们却有不同的思考方式和表达方式，而且都是那么真实，又那么独具个性，每份作业都绽放着耀人的光彩！数学课堂理解的时间、机会是有限的，但开放性的作业却赋予他们充分表达"自己数学"的权利。的确，在五彩缤纷的世界里，每个学生都拥有一双数学的眼睛，都学着自己不同的数学。这就是我们作业设计的初衷，这就是有效作业的体现。

另外，我们把作业的安排与课堂的学习情况相结合。既每次作业，根据学生对学习内容掌握的实际情况把作业设计成三个层次。然后选择一些同学们喜欢的小卡片，稍作改动制作成作业卡，并且在作业卡上分别写上"你真棒！""还好！""要加油！"等字样。

在本周一至下周一的学习中，小组长要认真记录小组内每名学生的课堂听讲情况、回答问题的情况、课堂小测验情况等日常学习表现，并进行累计积分。在周五放学前根据积分高低发"选作业卡"。积分高的同学可以得到"你真棒！"作业卡，有权从三个层次的作业中任意选一个层次的作业完成，也可以抛开这三个层次，自拟作业；得到"还好！"作业卡，可从三个层次的作业中任意选取两个层次的作业完成；对于积分较低的几个同学，便在"要加油！"作业卡上附上简短的几句话"建议你选前两个层次的作业，下周老师期待你有进步"，作业卡的"有效期"为一周。

"选作业卡"的发放，把学生一周的学习表现与家庭作业直接联系起来，能够有效地督促学生积极地参与学习活动。每到周五发放"选作业卡"时，既是对学生一周学习情况的总结，又能有效地促使学生自觉地进行自我反思。同时，"选作业卡"的发放，也能让家长对孩子在校一周的表现有大致的了解，家长还可以根据作业卡作业记录情况，有的放矢地检查孩子的作业完成情况。

"选作业卡"的发放，给了学生更多选择的空间，学生不必机械地重复已经掌握的内容，可以灵活地选择自己感兴趣的话题去探索，去研究。

"选作业卡"的发放，架起了师生、家长沟通的桥梁。教师通过"选作业卡"上的诸如"本周回答问题很精彩""本周作业有进步""下周要注意听讲啊！"……一句句简洁的留言，犹如一泓泓暖流，让学生兴奋万分，让家长激动不已，从而激励学生不断地从"胜利"走向"胜利"。

三、改变作业批改方式

学生作业的形式多样化了,教师批改作业的形式也应该不拘一格,同样要实现多样化。除了传统的打对错符号外,主要还应该在下面三种方法上着力。

1. 巧用鼓励符号

每个学生都希望自己的作业能够得到教师的肯定,因此,我们要注重多鼓励学生。当他们从教师的手中接过作业本时,不经意间,忽然发现在作业等级的旁边,竟然有个翘起的大拇指符号,或者画了一朵小红花,会是多么高兴啊!教师就是要善于用自己的独特的方式,把肯定、欣赏或期待、指正传达给学生,让他在润物细无声中,体察到教师的良苦用心,不断成长。

2. 巧用激励评语

知识显现是作业的主要内容。但在学生作业的字里行间,跳动着学生热切的目光,闪现着学生思维的火花,折射着学生的情绪体验。对于一个教师来说,它提供了许多稍纵即逝的教育契机。教师对学生的作业,不管优劣,都要有一个交代,真诚地写上点评的话。话不在多,在于引起学生的共鸣。如:在作业批改中,我发现班上的两位同学总是将黑板上的题目抄错,但就抄错的题目解题没错,我没有简单地因为题目不对打上"×",而是在肯定了他们计算结果的同时加上适当的评语。如:"××同学,老师知道你数学学得很棒,这样的题目对你来说的确容易。难道你想提高题目的难度吗?笔算题中756—128应是756—123呀,别心急,慢慢来吧!"又如:"××同学,老师很欣赏你在体育场上的风姿,你投沙包的命中率让其他同学刮目相看。老师希望你今后在做作业时,也能把题目当成沙包,看准好吗?老师相信你行。"这样的评价,教师以坦诚之心与学生进行对话、交流,在肯定学生优点的同时,委婉而明确地指出错误所在和努力的方向,学生乐于接受。

3. 善用学生互评

给学生以机会,引导学生对自己、对同伴的作业进行评价,意在给学生一个自我转化、自我提升的空间,把评价活动置于一个更开放广阔的时空当中。这样评价,一方面,可以使教师及时了解学生在交际中遇到的问题、所做出的努力以及获得的进步,并能对学生的持续发展进行有效的指导。另一方面,自评与互评能让学生学会欣赏他人,有利于学生的自我反思、自我激励、自我期待和自我调整,提高自学、自练、自评的能力。所以,有些作业题目,完全可以让学生自己去批改,或者由教师读着答案,由学生执笔批改,使其在批改中更加熟练地学习和运用知识。当然,教师对学生的批改要把关,要注意纠正学生的错误批改。

四、加强的作业纵横向评比

为了作业设计、评价更合理更有效,就要加强对其进行科学合理的纵横向评比。提倡实行开放式的作业评比。具体地说,就是我们的作业评比,应该是一个以教师、学生为主体的开放式的价值判断和引导构建的体系,不仅要担负着"评"的任务,更重要的是一种"比",即积极意义上的引导。在科学的教学思想指引下,要针对作业活动的不同过程,通过丰富多彩的方法和手段,设置恰当的情境,把教师的目光吸引到主动提高作业设计层次、提高作业批改质量上来。主要应该在以下几个环节上着力。

1. 相互观摩

即在一个学期中,以学科年级组为单位,定期举办几次作业交流活动,平行班级之间相互观摩。各班抽出一个组的作业本,任课教师之间相互看看,翻阅本子,说说别人的好做法,谈谈优点,说说得失,各自做一些记录,主持人适当作一些小结。跨年级的教师也可以观摩,了解不同年段的作业特点。这是一种同伴促进、相互激励的办法。旨在相互学习、取长补短。教师看到别人做得好,就会激励自己以后也不能太落后。

2. 主题研讨

就是结合教师间的观摩和学习,适时开展针对作业的设计、批改或指导等方面策略的、简短的主题研讨,每次有一个恰当的主题,如"作业设计百宝箱(题型建设方面的思考)""教孩子订正作业(作业订正和反馈的策略)""微笑计划(让后进生自觉写作业的小招数)"等等。研讨时,要注意鼓励教师积极参与,依据课程实施的要求,从数学学科特点和实际的学生情况出发,围绕这个主题讨论交流,开诚布公地讲述,互相启发和建议。让教师在和谐宽松的氛围里,得到同伴的促进,共享集体的智慧和资源,碰撞出许多智慧的火花。这样小组之间、教师之间既相互合作又互相督促,能够确保作业活动的质与量,启迪作业活动的创造性。

3. 典型介绍

这是一种积极引导的方法。负责人要善于发现典型,发现教师中的有创造意义的典型做法,然后以座谈或讲座的方式,向教师们介绍其做法及成效。充分发挥典型教师的示范带头作用,以点带面,把他们的智慧辐射为其他教师进行作业创新实践的动力。

总之,实行开放式的作业评比,形式更灵活,内容更丰富,策略更多样,能够很大程度上调动教师和学生作业活动的能动性,促进教师之间、学生之间和师生之间的多元互动,促进教师自觉地改进作业策略,不断提高作业的质量和效能,从而进一步完善和改进学校教学管理模式,全面提高学校的教育教学质量。

作业改革,是一个积极的、有益的尝试。这一切尝试,体现了"高效课堂"教育观。因为和谐有效才是教学工作的生命。我们教师只有踏踏实实立足于平日的工作,去除华而不实的花架子,去除追求短期效益的功利思想,花更多心思去思考更巧妙的方法,用更多心情去想点孩子更喜欢的,真正开发孩子的心智,让每一次作业下来,孩子们都能心有所感、行有所获,也是我们为人师者最大的幸事!

第五节

追问课堂，寻求效益
——对有效课堂的思考

所谓的有效是指师生在一段互动学习之后，学生所获得的具体的进步或发展，也就是说，学生有无进步或者发展是教学有没有效益的唯一指标。学生在课堂上身体动也罢，不动也好，都无所谓，但思维不能不动，思维不动，学生的学习就是无效的，同时也倡导，对话可以是两个人之间的，也可以是与文本对话，更重要的是自我展开的，自己跟自己对话，也就是自我思维的发展。

一、课堂教学有效性的表现

（一）情境的有效性

观察平时的课堂教学，发现部分教师过分注重情景的创设，好像数学课脱离了情景，就脱离了儿童的生活，就不是新课程理念下的数学课，并且有些创设的情景完全脱离了生活的实际，创设的情景只是表面上的热热闹闹，不能引发学生认知冲突，却有喧宾夺主、偏离主题之嫌。创设有效的问题情境，分以下几个方面。

1. 悬念式的问题情境

悬念式的问题情境的创设，往往能够激发学生的学习动机和兴趣，是最常用的一种情境。如学习"年、月、日"时，上课一开始，教师提出这样的一个问题："小明的爷爷今年2月29日过第28个生日，请你们猜一猜，小明的爷爷今年多少岁了？"有的学生从一年过一个生日的生活经验出发，顺口就回答28岁，教师紧接着就问，"小明的爷爷今年28岁，那小明的爸爸今年应该多少岁？有28岁抱孙子的爷爷吗？"问题一提出，学生哈哈大笑，一想也是，哪有28岁抱孙子的爷爷呢，岂不是早了点儿啊？这时同学们充满了新奇和疑惑。

2. 质疑式问题情境

思维往往是从疑问开始的，有了疑问，学生往往就能打破思维的定势。比如在学习"圆柱的认识"时，学生已经感知到圆柱上下两个圆面一样大，如果此时再问："圆柱上下两个面大小一样吗？"学生闭着眼都能回答一样大，不能达到激发学生思维的目的；如果问："上下两个面一样大的就是圆柱体吗？"这样的问题一抛出，学生就要想，这有一个思考的过程，这就是有效的。学生会结合实际例子，提出腰鼓上下两个圆面一样大，但它不是圆柱体，并说出了理由，从而更加深了学生对圆柱体特征的认识。

3. 矛盾式的问题情境

▶ 案例一:矛盾往往能够引起争论,从而使学生产生强烈的探索动机,所以我们可以创设一些矛盾式的问题情境。比如,学习"三角形按角分类"时,教师课前制作锐角三角形、直角三角形和钝角三角形纸片各一张,先任取其中的一张,出示这张三角形纸片的锐角部分,其余部分用别的东西盖住,然后问学生能否判断出这张纸片是什么三角形?如果出示含有钝角的那一部分,还能判断吗?出示含有直角的那一部分呢?学生回答上述问题后,教师接着问,为什么同样是一个角,有的能判断,而有的不能判断呢?这一疑问使学生产生了认知冲突,产生了解决这个矛盾的强烈要求,激发了学生的思维。

▶ 案例二:在学习"分解质因数"时,教师让学生把合数6分解成几个质数相乘的形式。

学生使用除法算式来分解。

师:现在请同学们再来分解36。

师:同学们有什么想说的吗?

生1:我觉得太麻烦了,要写这么多除法算式,能不能简单点呀?

师:大家想想办法。

生:可以把商当成被除数,一层层往上写。

师:这个办法不错,现在就请同学们试着用这个方法分解32。

师:大家有问题吗?

生:没有。

师:好,请大家再分解128,有问题吗?

生:(有些躁动)没有。

师:你能分解256吗?

生:(尝试分解受阻)教师写不开了,我留了三个格,可没想到分解出这么多质因数。

生:我们平时都是往下写,现在却要往上写,太不习惯了。

生:我们倒过来写可以吗?

师:试一试。

生:现在写起来舒服多了。

教师在学习活动中没有主动提出问题,而是创设情境突出矛盾,让学生在实践中体验,产生提出问题的欲望,从而推动探究活动的不断深入,使学生对短除法知其然,又知所以然,并从中感受到数学的简洁美。由于解决的问题切合学生所需,因此在解决问题时,激发了学生的自主意识,产生了参与学习的积极情感。

4. 创设递进式的问题情境

▶ 案例一:在教学中,对于具有一定深度和难度的内容,学生往往一时难以理解和领悟,教师可以采用化整为零、化难为易的方法,把一些较大的或较难的问题设计成一组有层次有梯度的问题,以降低问题的难度。例如,在学习"圆的周长"时,教师引导学生先复习"正方形和长方形的周长",采用问题递进的方式推动学习进程。第一步,出示一个铁丝弯成的圆,谁来指出这个圆的周长?谁有办法量出这个圆的周长?这时学生一般都是想到切断拉直或者用滚动一周的方法来求。第二步,如果要测量一个圆形的花坛的周长怎么办?这时上面两种方法就不行了,不能切断拉直,也不能滚动了,逼着学生另外想办法,于是有的学生想到用卷尺或者绳子围一周后再测量出绳子的长度。第三步,教师在黑板上画一个圆,让学生测量这个圆的周长,这时学生会感到特别困难,因为用刚才前面那几种方法都不适合了,切断拉直和滚动和绳测的方法都有很大的局限性,那么能不能找到更好的方法呢?整个过程让学生的认知沿着教师设计好的台阶拾级而上,实现了低起点,高落点的学习愿景。

▶ 案例二:在学习"求未知数"时,我创设了"猜扑克牌"的游戏情境。第一次,我手拿两张扑克牌,让学生猜猜两张牌分别是几?学生兴趣很高,纷纷举手告诉教师他心中的答案。第二次,我告诉他们这两张牌的和是9,这下,举手的学生更多了,而且答案也更加统一,出现了以下4种情况:1与8,2与7,3与6,4与5。第三次,我告诉他们其中的一张牌为2,这时,几乎是全班的小朋友都举手了,而且喊出了答案7。这个情境的设计,不但了解了学生,把握了教学起点,而且激发了学生的学习兴趣,让学生带着兴趣参与学习。

课本中的情境图运用要注意取舍,但不能丢掉,可以采用课后练习的形式来完成。

(二)追问的有效性

新课程改革以后,我们倡导孩子多说敢说,于是产生一种现象,有的学生在课堂上是漫无边际地说,教师为了鼓励孩子大胆地讲,对于学生这种漫无边际的发言也不加控制,给听课人一种模糊的感觉,到底这节课的目标是什么?教师究竟要干什么?实际上这种迷失更多的时候是因为教师的失控。在平时的研课中,我们要更多地关注教师的提问,具体地说就是教师在课堂上要把握方向,根据学生的回答及时追问。追问是一门艺术,追问到位不到位,可以检验教师对课堂学习内容的把握程度,是教师应变能力高低的有效见证。

▶ 案例一:学习"对称"时,执教者问学生蝴蝶哪里美,有的学生说颜色漂亮,有的说翅膀很美,有的说它是对称的,教师继续问,还有哪里美呢?然后说,这节课我们来学习"对称"。课程结束后,我们反思,如果教师能有效利用生成资源,做到有效追问,那么效果应该是很好的。当有的学生说是对称时,教师可继续追问,"什么是对称?"学生可能会回答说两边是完全一样的,那就再继续追问,你怎么验证两边是完全一样的呢?引出操作,很连贯的环节,顺应了学生的思维。

再比如学习"分数的意义"时,教师问,"二分之一是把单位'1'平均分成两分,取其中的一份,怎样记录和表示二分之一呢?"有的学生写出了2/1,还有的学生用了其他表示方法,有的教师这时会把这些信息一笔带过。怎样能够有效地利用这些信息进行追问呢?可以结合前面那个2/1,说这个同学的这种表示方法已经与我们数学上的要求比较接近,课本中是这样表示的,顺应了学生的思维。其实我们的课堂中有很多这样的现象,教师不能及时抓住这些有效的信息,主要因为执教者对课堂教学的目的把握不够,对课堂教学的内容理解不深。

▶ 案例二:动态出示下面各题。

不用短除法直接报出两个数的最大公因数。

(5,15)=　　(8,24)=　　(18,9)=

学生的热情很高,当写出 18 时,就有学生迫不及待地报出 18,当出现 9 时,才明白说错了。

有效追问一:谁能接着出题? 于是学生出了很多这样的题目,像(21,3),(6,30),(10,100)等等,

师:像这样的题目出得完吗?

生:写不完。

有效追问二:你能用一句话把写不完的题目概括出来吗? (追问得非常有效,把学生的思维由具体的题目拉到抽象的思维)

生:老师,两个数成倍数关系时,较小的数是这两个数的最大公因数。

师:很好,咱们利用这一规律解决一题,(14,?)=14,"? "应该是什么呢?

生:我认为可能是 28。

生:42 也行。

生:56。

生:70。

生:我认为只要是 14 的倍数都行,14 和这个数成倍数关系,14 是它们俩的最大公因数。说明 14 是较小数,那么另一个数就是 14 的倍数。

有效追问三:

师:(14,?)=7,这个应该是什么呢? (深化一层)(学生又有了思维定势)

生:7。

大家异口同声,而且肯定是 7,不可能是其他数。

生 2:我认为 21 也可以,14 和 21 的最大公因数是 7。(引发学生深深的思考)

在另一个答案面前,大家猛然发现这样也是正确的。

师:除了 7 和 21 以外,还会有其他的答案吗?

生:49。

生:35。

生:63。

生:我认为只要是 7 的倍数就行。

有效追问四:

师:你们认为只要是 7 的倍数就行,请问 28 是不是 7 的倍数,但 14 和 28 的最大公因数是 7 吗? (这种有效的追问又把学生的思维提升了一个层次)

生:我认为这个数是 7 的倍数,而且它除以 7,商是奇数,不能是偶数。

生:因为 14 除以 7,商是 2,如果另一个数除以 7,商也是偶数,那么还会有公因数 2,这两个数的最大公因数就不会是 7 了。

题目的设计是有层次的,教师的逻辑性思维也非常清晰,每一次追问非常有价值,学生的思维也不断螺旋上升。

(三)体验的有效性

新课程改革以来,课堂学习中大家特别注重知识产生的过程,认识到让学生经历知识产生过程的必要性。

如一年级下册"统计",学习目标中有一个很重要的方面,就是引导学生认识优化统计方法的必要性,体验统计的重要性。一位教师是这样执教的:

师:同学们,喜欢大草原吗?伴着声声喜欢,一幅动态的画面出现了,画面的背景是一片绿色的大草地,远远地走来一只只动物。随着远处动物的走近,眼前的动物也慢慢地逐渐消失在屏幕的尽头。接着,画面上出现了这样一个问题,你知道各种动物分别是多少只吗?

画面戛然而止,孩子们面对着屏幕上的问题,都傻眼了,刚才都在用心欣赏优美画面,没有注意各有几只小动物呀!这怎么办呢?

师:(听着学生哗然一片,教师很沉得住气)大家讨论一下吧。看谁能够解决这个问题?(学生你看我,我看你,一脸茫然。)

有的学生央求道:"老师,再放一遍吧。"

师:为什么?"

生:老师,刚才我们光顾着看画了,没注意各种动物究竟有多少只啊?

老师笑着听学生说完,说:"这次你们可要看仔细了呀!"(然后把课件重新放一遍。学生自觉地拿起笔,在本上着急地做着不同的记录。)(学生已经自觉地转移了目标,原来是光顾着玩儿,而现在是着急地拿起笔来,这已经是一次长足的长进了。)

师:(视频播放结束)讨论一下,到底怎么解决这个问题?

学生满怀信心地拿着自己的记录参与讨论。不久问题又出现了,小组中的同学做的记录五花八门,而且动物的种类有七种,有的小组五个人竟有五种答案。

生:老师,我们的答案怎么都不一样呢?

生:老师,再放一遍吧,我们一定把问题解决。

师:为什么?

生:老师,原来我们的方法可能不对,动物走的速度太快了。有的我们还没有来得及记录呢!这次我们小组分工统计每种动物有几只。

又有一个学生说:我们的统计方法太啰嗦了。(他们的话,一下子提醒了其他小组的同学,学生纷纷开始自觉讨论,并分工准备重新统计。)

师:那这次播放前你们先讨论一下怎样统计效率最高吧,老师只能放最后一遍了。

(我看到身边小组的同学立刻开始了分工。为了不出错,小组内能力稍差的同学自愿两人一组统计一种动物的数量。有几个能力强的学生则一人统计一种小动物的数量。他们全神贯注地等着。)

师:做好准备了吗?

全体学生满怀信心地回答"准备好了！"。老师又笑着第三次播放了视频。

（教室里静悄悄的，大家唯恐落掉一只小动物，视频播放结束，各小组同学马上进行组间核对，每个组的数据都是一样的，同学们"耶！"一声，答案统一了。）

师：能告诉老师你们是怎样统计的吗？

（学生都把手举得高高的，都想把自己的办法汇报出来。学生有了亲身的经历当然非常愿意把自己的成果汇报出来。）

（四）操作的有效性

人人动手实践，不等于都能获得有效的体验。

1. 操作的无效性

▶ 案例一：我们发现，有的教师就想把课堂弄得面面俱到，环节复杂、结构繁杂，使原本简单而快乐的数学学习，却因为天衣无缝、环环相扣、层层递进的教学环节而使孩子忙于追赶，疲于应付。变得茫然不知所措，忙碌而无所作为。比如，一位教师执教"角的认识"，设计了实物中找角、课本上量角、生活中辨角，还有动手画角、折角、剪角等环节，孩子只能在教师的指令下扮演着"马不停蹄的搬运工"，这么一折腾，教师时间浪费了，教学主题偏离了、数学本色丢失了，学生对角原来还是似曾相识，现在倒迷迷糊糊，原来并不难的内容，现在反而变成纷繁复杂了，数学课也变成了美术、活动、思品和语文四不像的课。导致每一个环节都没有落实到位。

▶ 案例二：再比如"时分的认识"一课，教师设计了十个环节：第一，引入新课，猜猜谜语；第二，认识钟面，观察外形；第三，巩固知识，学画钟面；第四，感受一分钟；第五，体验一小时；第六，认识几时几分；第七，学拨钟面；第八，比赛修钟表；第九，合理安排一天的作息时间；第十，讲时光老人来做客的故事。如此教学，安排趋于饱和，这些操作的有效性到底有多少，学生的思维启动了多少？有些时候教师感觉每个环节都很好，不舍得放弃，但是你想一想，要这么多，哪个又真正有效了？

▶ 案例三：事实上如果操作有效的话，不求更多，往往是一个活动操作就足够。比如一位教师执教"认识毫升"，是这样设计学习活动。

刚才我们认识了 1 毫升的水有多少，那 10 毫升的水大概有多少？下面请拿出准备好的 100 毫升的饮料，喝一喝，看你是几口喝下去的，每一口喝了大约几毫升？让每个学生这样的操作，学生会真正地体验到 100 毫升是多少，每口大约是多少毫升，学生会留下比较深刻的印象。

在这堂课中，操作是有效的，因为这种操作是伴随着学生的思考，操作是有目的，在操作中是有任务存在的。

▶ 案例四：再如一位教师执教"三角形三边的关系"时，一直是在学生的操作中完成的。

刚开始给孩子两根小棒，分别是 6 厘米和 3 厘米，然后猜测一下要想围成一个三角形，需要几厘米的小棒？学生猜的各式各样，然后教师就给了一张操作纸，纸上画有从一厘米到十厘米的几条线。

然后利用手中的两根小棒,看看和哪条线能围成三角形。学生通过操作,发现1、2、3厘米不能,4、5、6、7、8可以,9和10厘米也不行。

在学生充分交流以后,视频又进一步演示了,让学生直观看到1、2、3厘米和9、10厘米都不行。

经常实践,引导学生思考,为什么1、2、3厘米不行,学生看过演示,有很直观的感受,能够说出来,1+3=4,4小于6,2+3=5,5小于6,3+3=6,6等于6,不能围成三角形,观察这三个式子,学生总结:凡是两边加起来小于第三条边或者是等于第三条边时就不能围成三角形。

教师又有效地引导,这样的不能围成三角形,那什么样的能围成三角形呢?学生有了上边的经验,很快就发现:只要两条边的和大于第三条边就可以了。在学生顺着上面的思路走的过程中,当走到9+3=12,12大于6的时候发现出现了矛盾,这是为什么呢?从而又引出问题,引发了学生的第二次操作。

究竟是哪两条边的和大于第三边才可以呢?学生再次用小棒验证,发现:任意两边的和大于第三边才可以。

在下面的练习中,下面每组中的三条线段能围成三角形呢?学生感觉特别麻烦,于是就想到有没有更简单的办法?于是有的学生发现只比较一组就可以了,那就是最短的两条边之和大于第三边就可以了。

▶案例五:有的时候操作是无效的,甚至是负效的。如在"三角形的特性"教学中教材通过实验拉一拉,来说明三角形的稳定性。结果在上平行四边形的认识时,教师也让学生拿做平行四边形拉一拉看看,结果有的学生拿的是钢管焊接而成的平行四边形,怎么也拉不动,于是学生就说平行四边形具有稳定性。其实我们三角形稳定性,明确指向于"形状和大小完全确定"。这就是说,三角形的稳定性不是"拉得动、拉不动"的问题,其实质应是"三角形边长确定,其形状和大小就确定了"。而平行边形则不一样,它的四条边确定了,平行四边形并不确定。而用拉一拉的方法明显不行。这种操作就是非常无效的,甚至是负效的。

改进方法:教学时,为了更加突现了数学本质,我们研讨后:让学生用小棒学具拼搭三角形和平行四边形,发现由于小棒长度一样,所以同学们搭的三角形也都一样,而同样尺寸的小棒搭的平行四边形却有"胖"有"瘦",使学生感悟到平行四边形容易变形,而三角形具有稳定性。

(五)小组合作的有效性

小组合作学习,没能做到人人获得有效的体验。

1. 小组合作学习流于形式

小组合作学习是新课程倡导的主要学习方式之一,是把学生为完成共同的任务,有明确责任分工的互助性学习。可是目前有些课堂中的小组合作学习更多流于形式,缺乏实质性的合作。一直不能解决的问题是:优等生演戏,学困生当观众;参与发言、交流的次数、时间过于集中;为讨论而讨论,具体表现如下。

第一,有些不需要讨论的问题也组织讨论。把不具备合作性学习的问题也采用合作学习的方式展开,只要有问题,不管难易与否,都交给学生进行合作交流。

第二,有些问题需要讨论,学生还没有展开讨论就草草收场,这种无效的、被动的合作学习,根本达不到实际的教学效果。

合作交流的问题必须具有思考性和开放性,能让学生在交流的过程中迸出思维的火花。

我倡导一种自然的合作。比如在学习"长方体的认识"时,一位教师这样设计的:课一开始,出示材料,长方形的纸板若干、萝卜、小棒、插口、小刀、透明胶带等,让学生运用自己的聪明才智与巧手来制作一个、两个甚至更多的长方体,要求可以独立做,如果有困难,也可以和别人合作。这首先是一种放开式的教学,学生都非常投入,有用萝卜切的,有用硬纸板粘的,有用棒插的,在这些过程中,学生对长方体不经意已经刻到脑中,而且在做的过程中,学生有独立的思考,也有同学之间的合作,这种合作就是一种非常有效的交流。

(六)课堂评价的有效性

新课程强调对学生的尊重、赏识,于是有的教师不论学生表现得如何,都一味给予表扬,只要学生敢说、敢做,教师便会慷慨地说:"你真聪明!""你真棒!"大家试着想一下:这样的表扬很容易使学生形成模糊的概念,出现新的知识欠缺。甚至会模糊教师对学生的要求,也达不到对学生提出更高要求的目标。

▶ 案例一:

师:三角形有几个角?

生:三个。

教师表扬道:棒极了。你真聪明,大家为你鼓掌!

诸如此类的景象细细观察还真是屡见不鲜。时常听到"嗨、嗨、嗨、嗨,你真棒"的赞扬,经常也会传来啪啪啪整齐的鼓掌声。这些评价是否有效?我们从有效性的角度来审视这些评价,可能就有些问题。

课堂教学中,评价的最终目标是激发和调动学生数学学习的积极性和创造性,我们倡导鼓励学生,但是在教学实践中,过分推崇鼓励,走向评价的极端化、形式化现象也让我们感觉不是非常合适。当学生思维动起来,紧张起来,随时在想问题,这样才是真正值得鼓励和表扬的。

张齐华老师执教"对称轴"时,在学习正五边形的对称轴时,学生纷纷说它有几条对称轴,对于学生不同的回答,张老师给予的表扬,当一部分学生一致认为正五边形只有五条对称轴,张老师这样评价:"老师真佩服你们,尽管老师喜欢课堂上有许多不同的声音,但是当只应该有一种声音的时候,你们坚持了自己的意见。"

张老师的这句赞赏"坚持一种声音"的评价与前面那句欣赏"不同声音"的评价对照起来看,堪称经典。"老师真佩服你们",为什么?因为张老师固然喜欢不同声音,但是大家并没有迎合老师喜欢"不同声音"的心理,坚持了自己的一种意见。一种声音,正所谓"吾爱吾师,但吾更爱真理!"张老师不正是对学生的这种不唯师的精神发出由衷的赞叹吗?在老师的赞叹声中,同样潜移默化地培养了学生求真、求实的科学精神。这是一个重重的表扬。

特级教师吴正宪老师执教"分数的初步认识"这样评价的:

请大家判断:"把一个圆分成两份,每份一定是这个圆的二分之一。"话音刚落,全班同学已经分成两个阵营,有举"√"的,有举"×"的。面对学生的不同答案,吴老师没有裁决,而让持不同意见的双方各推荐两名代表与同学商量后再发表意见。双方代表各手持一个圆形纸片讨论着,都下定决心要把对方说服。经过讨论准备,小小辩论会开始了。

正方代表把手中的圆平均分成两份,问道:"我是不是把这个圆分成了两份?"

反方代表点头应答:"是,是。"

正方举起其中的半个圆,问:"这份是不是这个圆的二分之一?"

反方:"是,是啊。"

正方当然不让:"既然是二分之一,为什么不同意这种说法?"

此时,反方同学虽然口称"是,是"心理却很不服气,该是他们反驳的时候了。只见,反方一个代表顺手从圆形纸片上撕下一块纸片,高举着分得的两部分大声问:"这是分成两份吗?"

正方连忙回答:"是。"

反方接着把小小的一份举在面前,用挑战的口吻问道:"这是圆的二分之一吗?"

正方的底气已经不那么足了,小声说了声:"不是。"

反方咄咄逼人:"既然不是二分之一,为什么你要同意这种说法呢?"

正方服气地点了点头,不好意思地站到了反方的队伍中。

一场别开生面的辩论会到此告一段落,吴老师紧紧握着反方同学的手,"祝贺你们,是你们精彩的发言给大家留下了深刻的印象。这时吴老师并没有忘记身边的正方同学,仍然深情地握了他们的手,"谢谢你们,正是因为你们问题的出现,才给咱们全班带来一次有意义的讨论!"老师彬彬有礼地向他们深深鞠了一躬"谢谢!"孩子们笑了。别小看了这一次握手、一声感谢,它使成功者体会到快乐,使暂时失败者找回了面子,这无不表现着吴老师对孩子们的热爱与尊重,体现着吴老师以学生发展为本的教育思想。

(七)练习设计的有效性

▶ 案例一:在学习可能性时,有这样一个练习,恰到好处。

动物王国窃案。

昨天夜里,动物王国博物馆里一个宝石被盗,狮子大王大为恼火,命令黑猫警长必须在三天内破案,找回被盗的宝石,聪明能干的黑猫警长带领动物公安局的全体人员日夜工作,终于锁定四名嫌疑人员:狐狸、老鼠、乌鸦、猫头鹰。请小朋友们猜猜看,是谁偷走了宝石呢?

生 1:可能是狐狸,他最坏了。

生 2:也可能是老鼠,老鼠好偷东西。

生 3:我觉得可能是猫头鹰,因为宝石是夜里被盗的。

…………

师:大家的猜测都有道理。后来黑猫警长又在案发的现场发现了窃贼的一个羽毛。根据这个线索大家再猜猜看,可能是谁偷走了宝石?

生 4:可能是乌鸦。

生 5:可能是猫头鹰。

师:其他小朋友都这么想?那不可能是谁?

生 6:不可能是老鼠和狐狸了,因为他们身上没有羽毛。

师:现在我们能不能确定谁是盗贼?

生 7:不能。因为有两个嫌疑人员,还不能确定是谁。

师:后来黑猫警长经过走访得知,盗贼习惯白天睡觉、晚上出来活动。现在你能不能确定是谁偷走了宝石?

生 8:能,一定是猫头鹰。

师:大家真是小神探。

点评:练习设计不能光为有趣,也不能只顾知识点。

▶ 案例二:"倍的认识"

1. 设计层次化的练习,引导学生逐步加深理解

在练习部分,设计了几个开放性的题目,目的是让学生逐渐地从感性认识开始向理性理解过渡,进一步地巩固"倍"的认识。

第一层次:在直观图形中找倍数关系

视频出示了几种不同的花,并且整齐地进行排列着,然后提出一个问题作抛砖引玉的作用,孩子们通过算式得到答案,并通过形象感知直接可以验证答案的正确与否。甚至可以说在这个练习中,孩子更倾向于图形的直观感知,然后让学生提出谁是谁的几倍这样的问题,学生说了很多,甚至有的学生说到"……是……的一倍多两朵",还能够准确地解释。能说到这种程度上,说明学生对倍确实有了一个较深刻的理解。

第二层次:在图与数的结合中找倍数关系

在兴趣正浓的时候,出示了开放练习二。也就是一个大的情境图,让学生通过数一数,把各种贝壳是几只填好了。然后让他们直接说谁是谁的几倍,初看这道题和上一题有些相似,实际上是不一样的,首先图形呈现的方式是不一样的,前面一个图这些花还是一朵一朵整齐地进行排列,学生看到这个图会有感性的认识,也可以通过暗暗地数一数、分一分的方式来得到谁是谁的几倍,而这一幅图这些贝壳是散的,没有办法通过分一分得到谁是谁的几倍。当学生把各种贝壳的个数数出来之后,呈现在他们眼前的只是各种贝壳的数目,而要直接说出谁是谁的几倍,只能通过计算得到,所以在这里是逼着学生用计算的方法得到谁是谁的几倍,而上题是为了熟练地进行计算做了一个铺垫,可以说是让学生从感性地认识过渡到抽象的计算起到了中间的作用。

第三层次:在纯数字中找倍数关系

在学生们说得比较激烈的时候,又引导学生过渡到开放练习三,出示了这样的几张

卡片,让学生用这两张卡片说谁是谁的几倍,这里就是纯粹的计算了,脱离了感性的认识,出示了前两张 24 和 6,这很简单,第二次我又出示了 6 和 36,调换了一下位置,有的学生就得想一想,到底谁是谁的几倍,下一次,我只出示了一个数,让学生自己想另外一个数,说谁是谁的几倍,这时学生思维就很开阔,说 12 是 2 的 6 倍,还有的同学说 12 是 7 的一倍还多 5,接着又有一个同学说 24 是 12 的 2 倍,这些学生想得非常好,正因为他们深刻理解了倍的含义,所以才有了这样一些精彩的回答。

第四层次:在实践生活中找倍数关系

到开放练习三,学生由感性对倍的认识到抽象的计算已经掌握得比较好,在上面的基础上顺势引导,让他们结合生活中的实际来说一说谁是谁的几倍,这较前面的又进了一步,因为信息和数据要自己去找,有的学习说自己所得的小红花是另一个同学的几倍,还有的学生说眼睛个数是鼻子个数的两倍,还有的说驴腿个数是鸡腿个数的几倍,等等,学生说得确实非常好。

在练习设计时尽量地放手给学生,给他们提供一个大的思考空间,让学生有话可说。同时一部分连接一部分,每一部分中的每一小环节都是由易到难,一环紧扣一环。紧紧地咬住孩子们的思维,引导学生自己一步一步往上爬。

（八）媒体运用的有效性

我们现在的课堂,特别是公开课都是声、光、电一样也不能少。好似没有现代教学手段就无法体现先进的教学理念。于是有些时候教师就挖空心思、绞尽脑汁地制造个色彩艳丽、画面迷人、声音动听的课堂。像一位教师在教"乘法的初步认识"时,仅导入一个环节就用了多个媒体效果。首先利用多媒体出示了一幅美丽的图片:小桥、流水、人家,9 只小鸭子在河里嬉戏,一位老爷爷挂着拐杖在桥上数鸭,这时音乐响起,教师伴随着动听的音乐唱起了《数鸭子》,教师边唱边舞,学生也随着歌声左动右晃。接着,又播放淘气和笑笑的对话场面,紧接着还动用了实物投影演示等等,真是应有尽有。试想,这些课件对启动学生的思维到底有多少帮助呢？相反,听课的教师都不知道上课的教师要干什么了,学生被弄得异常兴奋,像要上音乐课一样。难道我们费尽心血、精心制作的课件所期望达到的就是这样的效果吗？

（九）数学意识培养的有效性

新课程改革以来,要求把数学和生活紧密地联系起来,于是我们的教材不管是从新知识的学习,还是各种数学练习,都把素材与实践生活联系起来了,实际上效果不佳。

▶ 案例一:

这是一节总复习课上教师出的题目:

A. 一根圆柱形铁皮通风管长 7 米,底面半径 1 分米,制作 40 节这样的通风管,一共需铁皮多少平方米？

B. 小明家用 85 米的篱笆沿房屋墙壁围成一个长方形养鸡场,养鸡场的长是 35 米,这个养鸡场的面积是多少？

C. 做两只抽屉,它的长是 4 分米,宽 2.5 分米,高 1.2 分米,至少需要多少木板？

D. 小明的自行车外轮半径是 0.35 米，如果车轮平均每分钟前进 120 周，他 1 小时能行驶多少千米？

这四道题是考查学生综合运用数学知识解决实际问题的能力题，结果实在不能令人满意。A、C 题的解答他们只知道计算圆柱、长方体的表面积，却没有想到通风管是没有底的，抽屉是没有上面的。B 题列式错误的就更多了，只有个别细心的同学联系实际画了草图、发现 85 米并不是长方形的周长，只是一条长与两条宽的总和，要正确求出长方形面积就要先求出宽是 25 米才行。D 题的答题情况也令人心寒，真不知道他们有没有看到过自行车的行驶，有部分学生居然计算了圆的面积。从种种情境上看，学生数学与生活联系得并不好。

▶ 案例二：阳光小学教师年龄情况如下表。

表 2-11　阳光小学教师年龄表

组别	语文组（20 人）	数学组（12 人）	艺体组（5 人）	综合组（3 人）
平均年龄（岁）	32	30	24	40

你能计算出全校教师的平均年龄吗？根据计算结果你能想到什么？学生马上开始计算，结果出现了这样的几种答案：

第一种：$(32+32+24+40)÷4=32$（岁）

第二种：$(32+32+24+40)÷(20+12+5+3)=3.2$（岁）

第三种：$(32×20+32×12+24×5+40×3)÷(20+12+5+3)=31.6$（岁）

第四种：$(32×20+32×12+24×5+40×3)÷4=316$（岁）

我把四种答案全列在黑板上，让学生以小组为单位分析一下究竟哪种方法是正确的，正确的理由是什么？我本来以为孩子们马上会排除第二种和第四种，因为根据最后的结果看，在实际生活中教师的平均年龄既不可能是 3.2 岁，更不可能是 316 岁。

在巡回检查的过程中，我才发现我真的并不了解学生，学生并没有把答案集中在最后的问题上，这个看似非常可笑的答案并没有引起他们的注意，孩子们在拼命地分析每一种算法的道理，而且争得面红耳赤，但却没有一个小组从联系生活实际出发，从中发现教师的年龄不可能不足十岁或者是超过一百岁，甚至达到三百多岁。

反思：这是为什么呢？这就是说我们在培养学生数学意识的时候有些是无效的，甚至这些无效导致学生感觉数学还是数学，生活还是生活。

课程改革进行了这么长时间，依据数学课程标准规定的教学总目标，我们努力倡导着一种理念：数学源自生活，还要回归生活，我们要把数学与生活真正地联系起来。为了落实这种理念，各种版本的教材也在这方面下足了功夫：每一部分数学知识的引入都尽量从生活情境中导入，在题目的设置上也尽量与实际生活挂钩，从商店买物品到农家的农产品，从孩子的玩具到家庭的必用品，都成为数学题目的素材。

照理说，下了这么多的功夫，我们的孩子应该非常会利用数学来解决生活问题的，没想到的却是连最起码的不符合生活实际的答案都找不出来，最可怕的是他们甚至没有这种意识：用现实来验证数学答案的真实性。

究竟是哪里出问题了呢？这不由得让我重新回顾我们过去的教学。诚然，我们是把现实的素材大量地引用到数学教材和数学题目中，但是生活中遇到的原形的问题我们很少全盘托给学生，素材的选取是教师根据知识点的需要而去有选择地利用。比如，学到厘米，我们就让学生测量整厘米的物体的长度，而不是整厘米的长度我们并不提供给学生；学了整数乘法，我们就提供给学生整数的素材，学了小数，我们从现实中选取素材的相关数据肯定都是小数。而现实中哪能总遇到这样巧的问题呢？在测量物体的长度会遇到各种问题，比如有的非整厘米数，我们应该怎么办？有的长度太长，学生的小尺子量不过来，我们又应该怎么办？生活中的计算哪能说是整数就整数，说是小数就小数，遇到混合在一起的怎么办？我们虽然选取了现实的素材，但其实归根结底还是在做数学题，并非在解决生活问题，骨子里还是根深蒂固地把数学性牢牢地放在第一位，发生上面的问题也就是理所当然了。真正把数学与生活结合起来就应该把生活中的问题原样端给学生，让他们自己去探究和发现，最终得出符合实际的结论。只有在这样的过程中，学生才能真正地感受到数学就在生活中，也才能把数学和生活真正地结合在一起，不再重现上面题目中的笑话。

出现这样的一些情况，与我们平日出题的方式与教学的要求也有很大的关系。

▶ 案例一：每千克梨的售价是 2.8 元，买 1.38 千克梨实际应付多少元？其计算结果是 3.864 元，有教师规定答案为 3.9 元，要求用四舍五入法取近似值保留到角是 3.9 元。实际生活中往往用去尾法取近似值，只要付 3.8 元就可以了。因此课堂问题与生活实际并不是完全一致的，解决问题的方式自然也是有差别的。

▶ 案例二：一张方凳的面是由边长 0.32 米的正方形木板做成的，凳面的面积是多少平方米？在实际生活中，首先我们不会选择米作为凳面边长的度量单位，其次往往会估计面积为 9 平方分米，而不是精确计算。这种人为臆想的应用题往往会让学生逐渐产生不信任感。即生活中不会出现这种问题，长此以往的一个后果是，学生视课堂与实际生活是完全独立的两个情境，在课堂上学到的解决问题的方式不能用于解决实际问题。

事实上我们的"解决问题"虽然取材于生活，但是在编题的过程中，舍弃了众多生活信息，只保留了数学信息，并且开放度不够，本身也很难做到真正联系实际，造成了这种无效的结果。

下面这个题目与生活联系的就非常好。

▶ 案例一：在学习近似数和精确数时，有这样的一组。

第一，你和三个朋友约好上午 10:45 在入口处会面，你认为将时间近似到 11:00 到达好吗？

第二，你想买 3 个 0.5 元的游戏币，还想买 2.95 元的奶油面包，你有 5 元钱，你需要求出精确值才能判断你的钱够不够吗？

二、有效教学中应该注意的问题

（一）大胆放手

问题解决由反复解说变为激发思考。对教学的重点问题,教师为了提高学生的学习效率,往往是一遍遍地说,而往往说得再多学生也不往心里去。学生的学习就是一种被动的学习,效率自然很低。如果能把这种反复地告诉变成一种积极的思考,就是我们追求的有效的教学方式。

▶ 案例一:抛问题给学生。

判断题:$0.3 \div 0.2 = 1 \cdots\cdots 1$

学生多数认为此题是正确的,因为 $0.3 \div 0.2$ 在计算时被化成 $3 \div 2$,所以余数应该是1,这时教师没有直接告诉学生,而是让学生经过思考自己来解释。

师:同学们,你们说余数是1,对吗?

生:我认为是1不对。

师:为什么?

生:如果余数是1,余数就比除数大啦!

(全班同学恍然大悟)

师:不是1,那是多少呢?

生:是0.1,因为除数×商＋余数＝被除数,所以被除数－除数×商＝余数,$0.3 - 0.2 \times 1 = 0.1$。

生:真奇怪,商不变的规律是被除数与除数同时扩大或者缩小相同的倍数,商不变。

$0.3 \div 0.2 = 1 \cdots\cdots 0.1$

$3 \div 2 = 1 \cdots\cdots 1$

师:商不变,难道余数会变吗?（教师有效追问）

生:余数就是会变,而且与被除数和除数改变得一样。

$300 \div 200 = 1 \cdots\cdots 100$

$30 \div 20 = 1 \cdots\cdots 10$

$3 \div 2 = 1 \cdots\cdots 1$

(生众惊叫果真如此)

生:所以被除数和除数扩大10倍后,余数也应扩大10倍,要得到原来算式的余数,就要缩小10倍,这样余数就应该是0.1。

我们当时听着学生的解释,暗暗惊叹,确实太精彩了。如果我们课堂上都把思考的权利放给学生,就会发现孩子的收获不仅仅是得出了问题的答案,更重要的是数学思维水平的提升和自主探索乐趣的体验,学生生慢慢就会成为会想、乐想的课堂小主人。

▶ 案例二:有一些较好的教师能够把琐碎的问题合成一个大的问题来引发学生的思考,而有一些教师往往就把一个大的问题分解成一个个小问题,让学生一个一个来回答。不敢放手,这里的差距虽然表面看没什么,但实际上差距就非常大。

有位教师讲反义词,书上共有十个,他这样问:"你能把你知道的反义词说出来给大家听听吗？"学生举手回答，教师表扬鼓励，看学生说了很多，这位教师又进一步问，"你能一口气说出几个反义词吗？"于是学生有的一口气说了三个，教师接着表扬道："你看这位同学一下子能说三个。"于是下一个同学就一下子说出五个，说得越来越多，最后学生不仅把书上有的这十个反义词学会了，而且又说了很多课外所不知道的反义词。

而另一位教师是这样操作的，他为了让学生巩固书上的这些反义词，他采用一问一答的形式，"对，还有吗？""谁再来说一说"……学生越说越没劲，腔儿拖得越来越长。明显感觉教师的付出和学生的学习是不对等的。

比较这两种教学方式，大家可以明显地感觉到，一种是一个大问题，放手给学生，一个是把大问题给肢解了。思维的深度和思维的敏捷性明显是完全不同的。所以课堂上我们要舍得放手，给学生提一个大的问题，也只有大的问题才更能引起学生的思考。

（二）注意学生的知识基础

▶ 案例一：分数应用题的学习往往是教学中的难点。到目前为止，尽管教材降低了难度，但是情况仍然不是很好。原因可能在于教师没有有效利用学生的知识基础，将分数应用题人为地另起炉灶，特别是一些专用的术语让学生晕头转向，如对应的量、标准量等。事实上分数应用题就是将倍数关系以分数形式呈现，数量关系、分析方法也与过去所学的倍数问题完全一样。打通这两类问题的联系，完全可以收到事半功倍的效果。

有一位教师这样讲，感觉效果非常好。

引入题：男生有 20 人，女生人数是男生的 2 倍，女生有多少人？

第二题：男生有 20 人，女生人数是男生人数的 1.5 倍，女生有多少人？

第三题：男生有 20 人，女生人数是男人生数的 $\frac{2}{3}$ 倍，女生有多少人？

了解学生的知识基础并有效地利用学生的知识基础，这样的课堂，这样的设计是有效的。

▶ 案例二：有 13 朵红花，8 朵蓝花，红花比蓝花多多少朵？蓝花比红花少多少朵？

在我们眼里，红花比蓝花多 5 朵，那么很自然地，蓝花要比红花少 5 朵，这是无须考虑的，而实际情况是蓝花比红花少几朵对一年级学生来说是个不小的挑战，我们学校讲课的时候，这个教师在黑板上画了 13 朵红化，第二行一一对应画了 8 朵蓝花，请学生上台指出红花比蓝花多的部分时，学生看了看，就顺利地指出了多出的部分，并回答，红花比蓝花 5 朵，但这位教师让学生指一指蓝花比红花少的部分时，他很认真地看了看，告诉老师：蓝花比红花少，但没有蓝花比红花少的部分。这就是学生的知识基础，多出的部分对孩子而言是可视的，是真实的，而少的部分是一种虚拟存在的，低年级儿童是以直观形象思维为主的，自然会产生这样的偏差。所以在议课的时候我们建议教师，换一种问法，蓝花再添上几朵就和红花一样多了？并用虚线补画 5 朵花。这样学生就能够了解多的部分和少的部分实际上是一样的。

▶ 案例三：如学习"比例尺"。学生已有了比的知识，以及对地图、平面图的了解，在学生很容易地在纸上画出同样大小的三角板后，通过比较，得出"图上的边长：实际的边长 ＝1∶1"；然后问："你能把一个长 50 米，宽 30 米的篮球场同样大小的画在纸上吗？"

学生面面相觑,小声议论着。有的在思索,有的边摇头边说:"篮球场太大,纸这么小,画不下。"这时,我慢慢地说:生活中我们见到的地图是怎样的?很多学生马上意识到什么,露出了微笑。于是他们在我没进行任何讲解的前提下,充分利用学过的比的知识,把它的长和宽缩小若干倍,又借助生活中的相关经验画了起来,很快就有的同学画好了,"比例尺"的概念自然生成。

（三）上课要真正地关注着学生

现在课程标准提出了"四基",基本知识、基本技能、基本思想方法、基本活动经验。在我们备课的时,首先想学生已具备哪些经验,他的思维起点是什么。课堂上,我们还需要更多地关注学生,要关注学生思维。请看下面几个案例。

▶ 案例一:推导三角形的面积公式的操作过程。

师:三角形的面积计算公式是什么呢?下面,请你用两个完全一样的三角形拼成我们学过的图形。

师:谁来说一说,你拼成了什么图形?

生 1:我拼成了一个平行四边形。

生 2:我拼成了一个长方形。

师:拼出来的图形与三角形各部分之间有什么关系呢?

师:拼出来的图形的底相当于三角形的什么?高呢?面积呢?

（学生回答）

学生将三角形面积计算公式很顺利地推导出来。我们来分析一下这个片段,有什么问题吗?有的学生动手操作,有的学生进行小组活动、汇报交流,是不是没有问题了?当然是有问题的。问题就是教师组织的操作活动没有意义,也可以说是无效的。一方面,学生是被动地进行操作,是完成教师布置的任务,连怎样做教师都说了,不需要动脑,只要摆一摆、拼一拼就可以了,学生对于操作的目的、意义不甚了解,更谈不上操作过程中的有效思考;另一方面,学生操作过程中能获得哪一些数学经验,不得而知,更谈不上"转化"思想渗透。针对分析的问题,到底应该怎样来组织这个操作活动?怎样才算是有效的呢?我们不妨把这个片段改动一下:

师:三角形的面积怎样计算呢?

（生沉默）

师:想一下,我们在推导平行四边形面积公式的时候是用到了什么方法呢?

（学生思考）

师:三角形又是一个新的图形,它的面积我们不知道怎样算,你能联想到什么办法呢?

生:平行四边形可以转化成长方形进行推导,三角形是不是也可以转化呢?

师:试一试吧。

（生用一个三角形进行操作）

生 1:行,能转化出来,可剪拼成一个正方形。

生 2:可那是特殊的三角形,一般的三角形不行。

师:试试用两个三角形,我用两个三角形转化成了一个平行四边形。

生 1:用两个三角形可以。

师:任意两个三角形都可以吗?

生:是两个完全一样的三角形。

师:转化的目的是解决问题。现在你能推导出三角形面积的计算方法了吗?

(学生观察操作的结果进行思考)

这个片段中的操作是有效的。学生在这个过程中是主动地想问题,是在教师的引导下要自主地进行操作,并且操作中有一个思想引领就是要把新的图形转化成已经学过的图形,这是在操作过程中占主导作用的。这也是非常关键的,带着这样的思想意识进行操作,可以促进学生在今后的学习时同样进行类似的思考,也就是达到了思想方法渗透的目的。

这个片段是最基本的,我们很多的教师能接受,或者一下子就可以明白过来。继续深入探究的话,我们还有一种潜意识的影响不是短时间能消除的。我们在课堂上已经习惯了扑着答案而去,总是感觉应该有一个结果,学生的操作活动也好,还是探究活动,我们教师总是将孩子引向那个结果的圈子里去。在过程中应该关注的一些东西反而不去管了。

▶ 案例二:课堂上探究"三角形内角和"。

(上课已开始约 7 分钟,教师组织学生复习了有关三角形的组成、三角形的各部分名称、角的分类、用量角器求角等知识与技能,然后要求每个学生在课前准备好的一张白纸上随意画一个三角形。)

师:大家都将三角形画好了吗?谁能说说,你是怎么画的?

生:我先画了一条直线……(师追问:直线吗?)是线段。然后再画另外两条线段,将它们连起来,就画出一个三角形了。

(教师请该生展示自己画的三角形,得到大家的认可。随后,教师又连续请了三位学生展示了自己画的三角形并说明画图过程。然后,教师引导学生分析每个人画的三角形是否一样,三角形的角是否一样。最后,组织学生用量角器将自己画的三角形的每个角都量一下,并将结果记录下来,前后四个同学相互讨论。)

(整个学生量角活动,包括学生四人一组的讨论活动,大约持续 50 秒。期间,教师游走于学生中间,数次停下来,帮助个别学生一起量角。)

师:好,请大家都停下来了。谁能说说,你计算的结果是多少?

(学生回答有"179 度""179 度多一些""180 度""180 度不到""181 度"……)

师:那么你们发现了什么?

生:每一个三角形的三个角加起来大小是不一样的。

师:实际上它们都是一样大小的,因为量角器量出的角是不精确的,会出现什么情况?(数生附和:有误差。)对,量角器在度量的时候是有误差的。大家看看,它们都在一个什么数的周围啊?

生 1:180 度。

生 2:不对,应该是 179 度。

师:为什么?

生 2:大部分同学量出的都是 179 度左右。

师:你的"左右"用得很好。如果我们从整十整百数的角度看,它们都在一个什么数的左右呢?

生 2(稍犹豫一下):是 180。

师:180 什么?

生 2:180 度。

师:现在我们能得到结论了吗?(学生异口同声说"能",但声音并不大。)谁愿意来说说?

学:三角形的三个内角……内角的和是 180……哦……180 度。

(该生开始表述不够严谨,教师连续三次提醒才准确说出结论。随后,教师又请一个学生复述一遍。)

师:这个结论准确吗?(停约 2 秒)老师也来做一个实验,请大家一起来看看,这个结论究竟准确不准确,好吗?

(教师向学生展示一张预先准备好的大白纸,上面画有一个三角形。接着,教师用一把剪刀将三角形整个剪了下来,高高举起,提示学生仔细观察。然后,教师先用手撕下三角形的一个角,并将整个"角"放在投影仪上面,再撕下三角形的又一个角,也放在投影仪上,并与第一个角拼了起来,随后再撕下第三个角,放在投影仪上,与前面两个角拼好。)

师:现在你们发现了什么?

(仅有三个学生举起了手。)

生 1:老师将三个角拼成了 180 度。

师:将三个什么角拼成了 180 度?

生 1:三个内角。

师:你怎么知道是 180 度的?

生 1:因为……因为是一条线段。

师:对,一条线段说明是一个什么角?

生 2:就是一个平角。

师:平角是多少度?

学 2:180 度。

师:通过老师的这个实验,你们发现了什么?(学生举手人数不多,停 4~5 秒)能不能证明刚才我们说的结论是正确的?

学(几乎异口同声):能。

不难看出,这应该算是一堂好课。首先是教师并没有将"三角形内角和是 180 度"

这样一个数学事实,用直接演示的方式来告诉学生,而是让每一个学生通过自己的实验来体验,来观察,然后再通过教师的演示来设疑,从而思考并归纳出。

但疑问也随之窦生:这真的就是我们所理解的探究活动?这真的就是我们所认为的自主发现?引导儿童进行探究与发现的价值究竟何在?儿童的探究与发现究竟应是一种什么样的活动?这里的操作与实验,究竟是为了什么目的,或者说是为了追求什么样的目标?于是,我们便可能会试图去弄清:学生通过自己的活动,得出"每一个三角形的内角和是不一样的"这样的结论究竟有没有价值?

通过这次的学习,学生除了知道了"三角形内角和是180度"这样的数学事实之外,他们还获得了些什么?或者说他们还学到了些什么?数学思维?探究策略?发现意识?创新能力?

我们可以作个简要的分析。

首先,教师采用的探究策略显然是浅层次的。它主要表现在:第一,学生并没有真正经历一个"疑问—欲求—猜测—尝试—发现"这样一个探究的过程;第二,学生的行为参与似乎是积极的,但是,仔细分析一下就可以发现,学生的认识参与是属于浅层次的依赖型的参与,缺少独立的探究意识。

其次,教师的设问引导也是浅层次的。表现在:第一,当教师的演示与学生刚获得的初步结论产生明显的认知冲突时,教师并没有很好地利用这个关键,而是用了明显的体态语言就将学生可能的惊异、思考和探究消解了;第二,教师的那些所谓的问题明显具有"小碎步"的特点,问题以及问题之间缺少思索的空间。如何说这个片段存在着问题的话,我们不妨再来看以下改动后的片段。

(上课已开始约7分钟,教师组织学生复习了有关三角形的组成、三角形的各部分名称、角的分类、用量角器求角等知识与技能。)

(教师请每一个学生任意画两个三角形,然后观察自己画的三角形以及周围同学画的三角形,说说自己都发现了些什么?学生基本上都说出了这些三角形的相同点,同时也说出了这些三角形的角的大小是不一样。于是,教师提出了这样的问题。)

师(举起向学生"借来"的两个三角形):大家都认为这两个三角形的三个角大小都不一样(用手指依次指点着两个三角形对应的内角,并用手指示意它们大小的不同)。于是,我们就想,将这两个三角形的三个角分别加起来后,它们的大小会是一样呢,还是不一样?

(学生意见不一。)

师:你用什么来证明自己的猜测呢?先小组讨论一下,然后去验证。

(很快各小组陆续拿出量角器量自己画的三角形的三个角,有的将数据记录在自己画的三角形的相应角上,有的则是记录在画三角形的纸的边上。教师提供给学生活动的时间约4分钟,发现大部分学生已经完成了工作。)

师:好,现在请大家来交流一下。先要说说你的猜测,然后再来说说你验证的结果。

生1:我认为是不一样的。我先量了自己画的三角形的三个角,加起来后是180度不到一点,而××量出来的是179度。

师:所以……

生1:所以我的猜测是对的。

生2:我原来猜测它们也是不一样的。因为我量出来的是181度,和他们两个都不一样。所以,我的猜测是对的。

生3:我原来猜测它们是一样的,结果,我量出来的是180度,和他们都不一样。所以,我的猜测错了。

(教师又请了几位学生,量出来的数值都不一样。)

师:现在我们可以得到什么结论了呢?

师:三角形的这三个角(举起一张学生画的三角形,用手指比画着),我们把它称作"内角"(板书)。

生:因为每个三角形是不同的,所以,它们的三个角加起来的结果也是不同的。

师:这三个角称作什么?

生:内角。

师:因此还可以怎么说?

生1:因为每个三角形是不同的,所以它们的三个内角加起来的结果也是不同的。

生2:所有的三角形,它们的三个内角加起来的大小是不一样的。

…………

师:很好! 大家通过度量角的大小的方法,发现了三角形的三个内角加起来后的大小是并不相同的。但是,假如我们再仔细地观察一下每个人求出的三角形的三个内角加起来的结果,你可能会发现些什么呢? 你们有没有想过,虽然每个人将自己画的三角形的三个内角加起来后,结果是不一样的,但是它们却为什么这么接近? 猜测一下,可能会是什么原因?

20秒后,有学生发言。

生1:我知道了,因为在量角的时候,会有误差,而且,每量一次,就会有一次误差,我们量了三次,所以误差就会更大些。

生2:我也同意,因为我们在量角的时候,都不会太精确。

师:怎样才能更好地减少这种误差呢?

生:可以……可以只量一次。

师:怎么样量一次呢? 各个小组可以讨论一下,然后自己去尝试一下。

观察者边上的一个小组都在尝试着先将三角形"折"出来,再尝试将三个角"拼"起来,但都不成功。尝试活动进行了7~8秒,稍远处有一个小组,先将一个画好的三角形剪了下来,然后再尝试将三个角"拼"起来,也不成功。一人突然再拿起剪刀,将三个角剪了下来。可是,在拼的时候,两个人发生了争吵,原来是为一个角是不是原来那个三角形的角在争吵。观察者走上去,问:"你们可以用什么办法,再将角剪下来后,还能找到哪个是原来三角形的角?"一学生大悟,拿起另一个三角形,先在每个角上用铅笔画了一个点,再将他们剪了下来,然后开始尝试将他们"对着点"拼了起来。

十多秒后，附近几个小组也开始学着样子做了起来。整个活动教师给了有近12分钟的时间。

师：谁先来说说你是怎么想的，怎么做的，又发现了什么？

生1：我们想，要想只量一次，就要把三角形的三个角拼在一起来量。所以，我们就将三角形的三个角剪下来，再……

师（打断）：你们是怎么剪的？

生（举起三角形）：我们就把这个角、这个角和这个角（边说边用手指指着）都剪下来……

学2：不对！

师：为什么不对？

生2：我们开始也是这样剪的，后来发现这样剪，会找不到原来的角，因此，先要在原来的角上做一个记号（举起自己已剪下的角），这样就不会搞错了。

生1：我们也是这样做的，我们把剪下来的三个角拼起来后，发现不要再量了。

师：为什么不要再量了？

生1：因为他们拼成了180度。

师：你怎么知道它们拼成了180度？

生1：因为它们是一条直线。

师：你们怎么证明它们是一条直线的？能不能上来做给大家看？

（生1走上讲台，在实物投影仪上拼角，然后将一把直尺放在了拼完角的一条直线下面。）

生1：这个角就是180度。

师：因为这个是……

生：一个平角。

师：还有哪一个小组也愿意上来将你们的探究演示给大家看？

……

师：现在我们又发现了什么？

生：三角形的三个角……

师（打断）：称作三角形的什么角？

生：三角形的三个内角加起来后，大小是一样的，都是180度。

…………

在学生观察和实验并初步得到结果的基础上，教师也采用了"撕、拼"三角形的三个角的操作，同样也得到了三角形的内角和是180度的结果。接着，教师进一步组织学生对结果进行归纳和概括，从而得出了正确的结论。

这个片段中，当学生通过度量的方法得出三角形的内角和不一样的结果时，教师没有直接告诉学生，实际上这个结论是不对的。很多的教师在这里害怕误导了学生。其实既然是学生通过自己的操作，发现是不一样的（即三角形的内角和是不同的），这就是他们自己的结论，如果教师去告诉他们实际上是一样的，他们倒反而会糊涂的。如果万一学生想不到用"撕、拼"的方法来进一步探究的话,教师可以自己实验给学生看。可以告诉学生:教师用一种不同的方法来试试看,看看大家的结论到底对不对。这样一对比,我想对于深层的一些理念的内化我们就可以体会出一些了。

(四)引导学生的思考是关键

本学期的教研中我们单独地把解决问题的策略作为一种课来研究。有这样的一节课,"有序思考、一一列举",这样的一个解决问题策略,选择的素材如下。

出示情境图,王大叔正在用 18 根 1 米长的栅栏围一个长方形的羊圈,有多少种不同的围法?哪种围法面积最大?

要求学生先在审明题意后,然后动手操作。

学生通过动手操作,各组通过讨论得出四种不同的围法,分别为 8 米和 1 米、7 米和 2 米、6 米和 3 米、5 米和 4 米。然后教师让学生分别计算一下哪种围法的面积最大?学生通过计算得出 5 米和 4 米的面积最大。

教师让学生进一步思考,周长是 18 米,那么它的长和宽之和应该是多少?请同学们完成下列表格,按顺序进行列举。

在这次的教学当中,学生的思维和很通畅,也经历了"围一围""算一算"的过程,但都是在教师的牵引下被动完成的,没有引发学生的思考,激起学生思维的火花。学生动手后的交流,其自然状态是无序的,列举也是无序的,这是正常的,但教师却一下子把板书写成有序的,学生没有那种发现规律后的惊喜。从这个角度上讲,就是没有调动起学生的思维。

教师好多不自觉地充当这个角色——"难题保姆"。有一位教师上练习课,不管哪个层次的练习都是逐题出示,学生练习,集体讲评。如果是稍复杂的实际应用题目,教师必先读题,指出解题注意点,再由学生来练习。这扫除了学生学习的任何障碍,但同时也剥夺了学生独立思考尝试错误的机会。很多教师可能都不自觉地喜欢当这样的"解题保姆",目的是"防患于未然",追求课堂上"歌舞升平"、顺达流畅。但是平时的练习和测试中,又有谁来承担"解题保姆"的角色呢?学生能力没能得到训练,成绩的落后也是必然的。

有的教师不怕学生出错,哪怕一节课弄明白一个很小的问题,也让学生投入其中,这样练就的是学生的一种精神,一种态度,一种方法。

改进后的教学是这样的。

第一步,放开教学,让学生用小棒围栅栏,学生围得各式各样,有的用完了十八根小棒,有的没有用完。

第二步,引导:为了把 18 根栅栏全部用上,不多也不少,围之前先动脑筋想一想,想什么呢?

生:我想到周长的一半,就是长与宽的和,不管怎么围,长宽之和都是 9 米。(学生按照要求来围,看有多少种不同的围法。)

第三步:如果不是 18 根,而是 10 000 根,要你围成长方形羊圈,有几种围法?哪种围法面积最大呢?怎么办?还能用刚才动手围并一一列举的办法吗?

引导学生:就要动脑筋寻找新的方法,这就叫作策略,请同学们自主探索,从观察前面的表格开始,可有什么发现吗?

引导学生:发现长度短 1 米,宽就长 1 米,把上面较乱的表格重新整理成有序的表格。

表 2-12　长方形羊圈围法

围法	长/米	宽/米	周长/米	面积/平方米
第一种	8	1	18	8
第二种	7	2	18	14
第三种	6	3	18	18
第四种	5	4	18	20

引导学生发现:宽度有 1 到 4 米的变化,它的变化决定了长度也有四次变化,也就是有四种不同的围法。而面积也是由小到大,第四次就是最大的。

于是,学生通过这种分析,找到了解决问题的策略。如果要围 10 000 米,那么长宽之和就是 5 000,那么就应该有 2 500 种方法,面积最大的就是长宽都是 2 500 米。

这样的教学过程中,让学生经历了思考的过程,这个过程才真正地让学生得到一种提升。

(五)外在形式必须和内容结合才真正有效

有的时候教师为了追求形式上的新鲜,光顾热闹。我们不能说热闹就不好,要看学生真正的思维深度,也就是说要看内在的深刻性。

比如,一位教师执教"分类"一课。教师在设计这环节时,一般都是举例整理房间、分水果蔬菜等一些具体的事物,而这位教师别出心裁,给算式分类,呈现了这样的一组算式。

8+2　12-2　5+2　7+3　2+3　7+8　5+4+1　13-2-1

应该说这是一个好的创意,从内容上更能体现数学味,发展学生的数学思维。

但这位教师是这样操作的。

小组开始摆一摆,分一分。然后问:哪个小组愿意来汇报一下你们小组的分类结果?学生回答说:"我们是按每一道算式算出来的结果进行分类的。也有的学生说:"我们是按得数来分类的,单数的分为一类,双数的分为一类。"于是教师就说:"你们分类的方法真是不错。"然后就结束了分算式这一教学环节,匆匆进入下一环节。

在这一环节中,教师的设计重视了学习方式的外显性,而没有追问到底,忽略了学习内部的深刻性,大家想一想,除了这两种分法之外,还能有多少种分法啊?按运算符号,按运算的次数都是可以的。

如果继续这样追问下去,我们就能有效地利用这种好的外在形式了。

总之,我们倡导一种理念,要孩子课堂上动起来,这种动起来不是指身体动起来,而是指思维真正动起来。

第三章
守望初心　笃定共行

2016 年 9 月,因工作调动,我来到牟平区宁海街道师范路小学(2021 年 9 月更名为牟平区新城小学)。这是一所城乡结合部的小学校。三排低矮的平房,50 米跑道的操场,全校五个年级 185 位同学,29 位教师,还有一位临近退休的老校长。老校长热情地接待了我,安排我分管学校的教学工作,希望在我的带领下,师生的面貌能焕然一新。如何能点燃他们的热情与希望,让师生焕发本该属于他们的活力呢?

第一节
贯通研讨,激活教师学习热情

全国特级教师俞正强老师说过,"想让教师爱学生,学校首先要爱教师"。同样要激活一所学校,首先要激发起教师的热情,让教师脚下有力量、心中有目标、眼中有远景,让教师热爱课堂、热爱学生、善于学习。

我原来所在的实验小学每个级部都是 6 个班,平行班间的任课教师在工作中遇到问题可随时进行桌边教研或级部教研,而目前每个级部都是单班,教研氛围不浓厚,教师素质提升受到制约。我便以课堂教学"大比武"比赛活动为切入点,带领教师进行"贯通式"教研活动。即每个学科统一主题,每个任课教师根据主题、根据学生的实际情况选择授课内容,如数学分别进行了"计算"教学比赛、"概念"教学比赛、"空间与图形"教学比赛。在进行"空间与图形"教学比赛时,一年级教师选择的"认识图形"、二年级选择"角的初步认识"、三年级选择"认识周长"、四年级选择"三角形内角和"、五年级选择"认识长方体和正方体"。五位数学教师根据教材和学生的年龄特点先进行个性化的备课,再一起进行说课、议课、讲课和评课。从而让每位教师能把准确掌握这个知识点在各年级的学习目标,知道自己所教知识点的"前生"与"来世",提高了教师了解文本、驾驭教材的能力,同时五位教师在观评课中也能更好地互相探讨教法和学法。一轮教研结束,大家对同一领域的知识结构体系的呈现方式更加明了,教学方法和课堂驾驭能力也明显提高。主讲教师执教时学校还进行录课,以便教师对照自己的录像查找自己课堂存在问题,教研组评课时能适时进行回放与观摩。

在进行主题研讨同时,我带领教师总结出课堂学习模式,即"导学合作"模式:课前根据学习内容为学生精心设计出"导学材料",引导学生通过自己主动的思维活动提出问题并尝试自己解决问题,课堂学习时再以合作交流的方式解决学生的疑难问题,最后再以课堂小测的方式检查学生的学习效果。实践证明,这种学习方式不但学生学得扎实、教师教得轻松,而且还有利于培养学生独立思考、勇于探索的创新意识,有利于培养学生勇于发表自己的独特见解的能力,为学生的可持续发展奠定基础。

在教学实践中,有的教师受到启发,梳理出不同课型的学习模式,如整理复习课可按

"自主回顾—组内互帮—组间交流—分层练习"四大环节进行。教师通过创设生活化的情境,引导学生先自己进行知识的整理与回顾,然后再引领学生在生生交流、师生交流、教师点拨中完成学习任务。这样的学习过程让学生经历知识之间的整合建构,让课堂的学习从"唤醒"到"关联"再到"拓展",这种从零散到浑然一体的复习课也和新课一样激发学生的学习兴趣,让学生在自主整合知识的过程中,经历连点成线—织线成面—积面成体的多维数学知识网的学习过程,提高了学生分析解决问题的能力和表达的能力。

工作之余,我给教师们推荐了全国特级教师俞正强的《低头找幸福》、魏勇老师的《怎么上课,学生才喜欢》等书籍,拓宽教师的视野。俞正强老师的《低头找幸福》一书中第一章"谢谢你,我的学生",这样写道:"在我们的一生中有很多需要感谢的人,我最需要感谢的是我的学生,是他们成就了我。学生是我幸福的源泉。"读着这段话,让教师们重新审视自己曾厌恶的"调皮鬼""学困生"们,不正是因为他们的存在,才激发自己不断学习,不断调整改进工作方法吗!魏勇老师的《怎么上课,学生才喜欢》,让教师们进一步明白了,让学生"站在课堂中央",我们的课堂才会具有承载学生发展的生命力。

一分耕耘,一分收获,经过两个学期的学习,教师们的精神面貌发生很大变化,外出学习与比赛不再是"你推我让"。李晓杰主任、张玲老师录制的微课,均获市一等奖,林晓丽老师、衣军波老师录制的微课均获市二等奖;隋靓靓老师制作的微课"绘制美丽几何图形"获市优秀微课。李晓杰主任、蔡杰老师、杜宁老师参加市优质课比赛,均获一等奖。在2021年春季教研室组织的学科教研活动中,学校语文、数学、英语、科学四大学科的骨干教师分别代表学校做经验交流,在2021年7月区质量检测中,学校总成绩在全区名列第三名,荣获市"教育教学先进单位"称号。

此时,我突然想起汪国真老师的诗句,"我原想收获一缕春风,你却给了我整个春风,让我怎样感谢你……"

第二节
晚学论坛,激发学生的读书热情

学校地处城乡接合部,大部分学生来自打工家庭,孩子们不自信,不善表达。为提高孩子们的表现力,我同相关教师商议,结合学校的读书活动,开展"晚学5分钟论坛"活动。即学校利用每天晚放时全体师生集合的5分钟时间,随机抽取一个班级的2～3名学生,分别向全校师生讲述自己喜欢的古典名著中的故事情节、人物形象,或谈一谈自己的读书收获。

活动初期,也由于是随机抽取,学生只能下来简短地介绍故事情节或人物形象,并且声音低小、眼神游离,一幅怯生生的样子。如何能让他们自信、大方、自如地向同学表达自己的所看、所想？正值区在选拔"小小百家讲坛"选手去市参加比赛。我便让参赛选手一次次示范，每次示范后都让同学们自由评价，"你觉得她那方面表现得好？""为什么好？""哪方面再改进一下会更好？"在评价过程中学生们知道了如何向别人讲述自己的观点。然后，我让学生每天一评，先从二人中评出一个优胜者，第二天抽取的二人中再与前天优胜者进行比较，胜出者参与下一天的评比。一周10人为一个循环，一个循环结束后，评出本循环的第一名。第一名的获得者拥有"金话筒"奖项，即下一循环的评价与点评权，并优先享受参与学校的一切活动。四个循环结束，学校会带第一名的获得者们到区新华书店自由选购自己喜欢的书籍。活动的持续开展，使学生们"读、讲、说"的热情高涨，一个学期后，大部分同学们能大方地拿起话筒互相PK，互相点评，不仅敢说，而且能惟妙惟肖、抑扬顿挫地表达，那"精气神"仿佛站在春晚的大舞台上。

一枝独放不是春，百花齐放春满园。如何让"金话筒"的获得者们带动其他同学进一步提高，我又变化形式，按"组内异质、组间同质"4人一组搭配，在《经典诵读》读本上自选内容，一组一个主题，展现形式自定，展示时间抽签决定，每天一组展示，每天一评价，全班结束后评出"优胜小组"和"优秀个人"。"组内异质"可以达到好帮差，好带差的目的，"组间同质"又可达到公平竞争的目的。为争取团队的荣誉，各小组成员个个出谋划策、互帮互学，共同提高。中午或课外活动时，常常能看到各小组成员自发组织凑在一起练习。待到晚学论坛时，每天都会给教师、同学带来惊喜。小组4人有诵读诗词的，有解释诗词含义的，有谈读后感受的，让全校师生感受到经典诗词的韵律美、意境美，更让教师们看到了一群群蓬勃向上的少年。相信此刻的他们也许从此会爱上诵读，爱上读书。

除了讲经典、诵经典，我还适时组织优秀日记诵读、讲成语故事、科学家的小故事、时事话题评说等活动，活动的开展锻炼了同学们敢于表达的勇气，营造浓厚的读书氛围，也让同学们从中受到教育和启迪。如今无论刮风或下雨，学校"晚学5分钟讲坛"已成为师生们的习惯，学校门口常常有驻足聆听的家长与行人。"晚学5分钟论坛"讲出了孩子们的自信，讲出了学校的活力，讲出了师生的心声，成为学校一道亮丽的风景线。

在2018年区春季开展的"读经典 品书香"读书活动评比中，宋佳宸同学获区"最佳读书明星"称号；侯韶华老师获区"十大优秀读书人物"称号；李东锦同学获区"书香家庭"称号；学校先后获"书香校园""诗意校园"称号；在区秋季开展的"品诵红色经典 争做新时代少年"经典诵读大赛中，我校在小学组中三项总成绩第八名，荣获优秀组织奖。另外，多位教师在《牟平教育》《烟台教育》《基础改革论坛》上发表文章。

第 三 节
银针飞舞，培养学生匠人精神

为了丰富学校的社团活动，提高学生的动手能力，结合学校资源，我组织开展了"巧手钩针"编织课程，让学生初步掌握一些钩织方法，在一针一线中亲历作品形成过程，在传承中感受美好生活需要劳动创造。

根据学生的年龄特点和能力水平，将钩织社团分为初、中、高三级班。初级班以三年级学生为主，主要学习各种基础针法，并利用这些基础针法完成一些简单小物件的钩织，如杯垫、简易花朵等。中级班以四年级学生为主，学习一些复杂针法，并能多重针法相结合，学习一些比较复杂作品的钩织，如水果、简易小玩偶等。高级班主要招收五年级学生和一些水平较高、能力较强的四年级学生，他们已经能够熟练使用各种不同的针法，能够独立完成一些作品，这时候鼓励学生积极进行创新，独立或合作完成一些别具一格的作品。学生利用灵巧的双手，钩出了"花儿朵朵""平安果""开心果""向阳花开""梦幻家园"等一系列作品，并多次在市区综合实践成果展评中获奖。2018年10月在烟台市举办的"多彩实践节"中，我校的三位小男生现场展演，其中一位小男生以娴熟的钩织技艺，多种钩织手法，成为实践节的"小网红"，各位参展领导和教师纷纷与他拍照留念。2020年"巧手钩织社团"被区教育体育局授予"牟平区优秀艺术社团"称号。

另外，为了让同学们体会到分享的乐趣，每逢传统节日会开展各种活动，如三八节开展"为妈妈钩织小饰品"活动，中秋节开展"到敬老院送手套、围巾"活动，国庆节同学们钩织出"庆国庆"条幅，挂在学校橱窗里……活动的多样化让学生感受到劳动的乐趣、分享的快乐，培养了学生的感恩之情、家国情怀。

再是，倡导教师们将钩织活动与各学科融合。如美术课上同学们有的用笔画出自己将要钩织的作品，有的将作品涂上颜料，还有的同学用钩织的不同形状的作品，精心拼出一幅《大美牟平》贴画。这些集艺术、钩织知识于一体的作品，充分展现了同学们的聪明才智，感受到劳动是创造美好生活的源泉；传统文化课上，五年级的同学合作钩织一件唐装，文学社成员爱不释手，随即附诗一首："拟织新衣寻古意，秦流汉韵化时风。功成一线夸奇巧，挂壁差能让画工。"

劳动活动与学科教学的自然融合，开辟一条校本育人的有效路径，为培养积极向上、健康乐观的好少年奠定了基础。

如今钩织课程已成为学校特色课程，既让学生了解我国灿烂的民间手工艺品，传承中国的传统文化，又提高学生的动手能力、审美情趣和创新意识，同时发展学生的个性特长，促进学生全面健康成长，带动学校校园文化的建设。

第 四 节
食育课程,培养学生健康智慧生活习惯

2021 年 7 月,学校有在校学生 216 名,经问卷调查约 72% 的学生来自进城务工家庭。他们的父母工作繁忙,早晨上班早,没有双休日,无暇精心照顾孩子的饮食起居。如果能让孩子全面了解食物,学会独立烹饪,不但能解决父母的后顾之忧,更有利于培养他们对父母的感恩之情和终身生活的能力。

2022 年秋,教育部正式印发《义务教育劳动课程标准(2022 年版)》。其中,烹饪与营养项目对小学劳动课任务提出了明确的要求,如 1～2 年级的孩子能够参与简单的家庭烹饪劳动,如择菜、洗菜等;3～4 年级的孩子要学会做凉拌菜、拼盘,学会蒸、煮的方法,如加热馒头、包子、煮鸡蛋、水饺等,劳动任务群项目细化,为学校的研究和探索提供明确方向。

基于上述背景,我精心规划食育课程体系,让学生在劳动体验中感受食物带来的爱与传承,形成向善崇劳的美好品质。

一、基于五育融合背景下食育课程体系构建

(一)课程目标确立

聚焦学生素养的发展,我带领团队结合实际确立了食育课程目标,让学生在学习和反复实践中形成价值体认、淬炼劳动关键能力、培育劳动必备品格。具体目标如下。

(1)掌握烹饪基本知识。通过亲身实践和探究学习,掌握采买食材的基本知识,会正确使用常见厨房用具,具备完成一定烹饪任务所需要的设计、操作能力,热爱劳动生活。

(2)学会烹饪的基本技能。在合作学习与体验操作中掌握烹饪食材加工处理方法和成型质量标准;熟悉菜肴制作的工艺流程和技术关键;能主动运用烹调基础知识加工制作菜肴,大胆创新,形成自主学习厨艺的能力。

(3)养成合理膳食的习惯。在食育课程的学习中,了解食物的营养成分,能做到三餐合理、规律进餐;会平衡膳食,为家人定制营养食谱;能顺应节气,吃应季食物。

(4)了解食育文化。通过学科融合的主题活动,探究时令节气与饮食健康的关系,了解传统节日承载的中华饮食文化,敬畏自然,感受生命的价值和意义,具备科学精神,传承中华传统文化。

(二)课程体系建构

课程实施初期,我带领团队教给学生择菜、做面食,并定期组织水果拼盘比赛、洗碗比赛等活动。经过一年的实践我发现:这些课程虽然使学生掌握了一些做饭技能,但是

课程内容散乱,目标单一,缺乏素养立意。于是,我开始阅读书籍、上网查阅资料。海南农场小学的《烹饪与饮食文化》、潍坊瀚声学校的《家校共建食育课程的研究与实践》等资料,给予我很大的启发:学厨课程不能只停留在技能的层面,还可将其与学生行为养成、农耕教育、传统文化教育等相融合,提升学生综合素养。于是,我重新建构课程内容,从慧眼识材、功夫小厨、营养搭配、文化探秘四大主题入手,确定了种植食材、花样炒菜、膳食搭配、就餐礼仪等十七类课程内容,对学生进行多维度的食育教育。食育课程体系的构建贴近学生生活,让学生在体验式的学习中充分感受到劳动处处有学问、全面彰显课程育人禀赋。

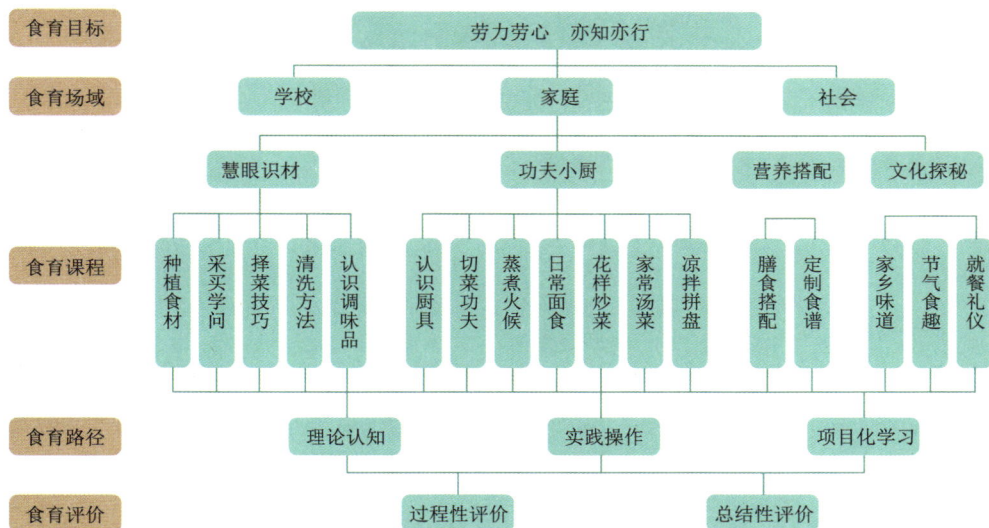

图3-1 食育课程体系简图

有了顶层设计,怎样将学习主题细化到明确的学习任务之中、以具体的内容为载体呢?为此,我与团队成员分组抽时间深入学生和家长当中深度调研,了解学生已有的实践经验,充分征求他们的学习意愿,制定了各年级学习清单。这份清单与十七类学厨课程内容对接,与多学科课程融合,与主题活动联结,改变了课程建设随意拼盘的现状,成为教师日常学习活动的依据。

表3-1 一、二年级食育课程学习清单

学习清单					
课程主题	清单内容	一年级		二年级	
		第一学期	第二学期	第一学期	第二学期
慧眼识材	种植食材	观察学习种植菠菜	观察学习种植土豆	参与白菜、萝卜的管理与收获	参与土豆、芸豆等蔬菜管理与收获
	采买学问	随父母到超市认识常见蔬菜	随父母到超市认识常见水果	能辨别常见蔬菜水果的优劣	能自己采买常见蔬菜、水果

续表

学习清单		一年级		二年级	
课程主题 \ 清单内容		第一学期	第二学期	第一学期	第二学期
功夫小厨	清洗方法	学习择韭菜、葱等	学习择芹菜、芸豆等	在父母的指导下学习洗菜	自己会清洗常见蔬菜
	切菜功夫	观察学习家人如何切菜	观察学习家人如何切菜	学习将时令蔬菜切段	学习削苹果皮
	日常面食	观察学习家人做面食	学习煮方便面	学习擀饺子皮、包子皮	学习揉面团
	花样炒菜	学习煮鸡蛋	学习糖拌西红柿	学习煎鸡蛋	学习制作水果沙拉
	家常汤粥	学会冲泡豆浆粉	学会煮麦片粥	学习做西红柿蛋花汤	学会做小米粥
膳食营养	膳食搭配	了解早餐营养	学习早餐搭配技巧	了解水果营养	学习水果搭配技巧
	定制食谱	学习制定家庭早餐食谱	为家人制定家庭早餐食谱	制定家庭午餐食谱	为妈妈制定生日食谱
文化探秘	家乡味道	了解鲅鱼饺子，观察学习家人制作鲅鱼饺子	了解五巧豆腐，观看学习家人制作豆腐美食	了解养马岛焖子，观看学习家人制作肉焖子	了解胶东面塑，到菜根香非遗传习所观看学习制作面塑
	节气食趣	了解节气文化，观看学习制作绿豆粥等节气美食	了解节气文化，观看学习制作凉拌面等节气美食	了解节气文化，学习制作萝卜丸子等节气美食	了解节气文化，学习家人制作青团等节气美食
	就餐礼仪	学习在校用餐时餐前、餐中和餐后礼仪	学习家庭餐桌上餐具摆放礼仪	学习家庭中为长辈添餐礼仪	学习家庭中为长辈倒茶倒水礼仪

表 3-2 三年级食育课程学习清单

三年级学习清单		第一学期	第二学期
课程主题 \ 清单内容		第一学期	第二学期
慧眼识材	种植食材	学习收获、储藏白菜、萝卜等蔬菜	学习种植茄子、辣椒等蔬菜
	采买学问	走进超市认识并会采买各种副食品	走进超市认识并会采买各种半成品菜
	清洗方法	学会清洗碗、盘等餐具	清洗锅、电饭煲烹饪器皿，清洁灶台
功夫小厨	切菜功夫	学会削土豆、山药皮	学会切蔬菜的块、片
	日常面食	学会加热馒头、包子等	学会煮手擀面、挂面等

续表

三年级学习清单		
清单内容 课程主题	第一学期	第二学期
膳食营养　花样拌菜	学会做水果拼盘	学会拌黄瓜、粉丝等凉菜
家常粥饭	学会做地瓜粥、玉米粥	学会做豆浆、五谷杂粮粥
膳食搭配	了解学习秋冬季时令蔬菜与肉类、海鲜的营养搭配	了解学习春夏季时令蔬菜与肉类、海鲜的营养搭配
定制食谱	为爷爷奶奶定制午餐食谱	为家人制定节日食谱
文化探秘　家乡味道	了解常见海鲜,和家人一起清蒸海鲜	了解胶东面塑,到菜根香非遗传习所观看学习制作面塑
节气食趣	了解节气文化,学会制作腊八蒜等节气美食	了解节气文化,学习制作粽子等节气美食
就餐礼仪	了解中国不同餐具在宴席上的摆放礼仪	了解中国宴席倒水、倒茶礼仪

表3-3　四、五年级食育课程学习清单

四、五年级学习清单				
清单内容 课程主题	四年级		五年级	
	第一学期	第二学期	第一学期	第二学期
慧眼识材　种植食材	学习种植菠菜	学习种植花生	学习种植小麦	学习种植芸豆
采买学问	学会采购蔬菜,识别各种蔬菜品质好坏	认识各种调味品,学会正确使用调味品	学会采购海鲜,能分辨海鲜的新鲜程度	能独立采购食材,比对价格,做到物美价廉
清洗方法	学会清洗菜苗	学会洗刷海蛎子、扇贝	学会洗虾,剥虾仁	学会洗鱼,刮鱼鳞、去内脏
功夫小厨　切菜功夫	学会切黄瓜片	学会切圆葱	学会切土豆丝	学会切肉、打蛋
日常面食	学会包饺子	学会做花样馒头	学会做重阳糕	学会包包子
花样炒菜	学会番茄炒蛋	学会制作肉末粉条;能自主上网学习炒菜技能	学会炒土豆丝	学会使用调料制作鱼香肉丝;能自主上网学习炒菜技能
家常汤菜	学会制作紫菜蛋花汤	学会制作肉片酸辣汤;能自主上网学习煲汤技能	学会制作清炖排骨汤	学会制作全家福;能自主上网学习煲汤技能

四、五年级学习清单				
清单内容 / 课程主题		四年级		五年级	
		第一学期	第二学期	第一学期	第二学期
膳食营养	膳食搭配	了解主食营养	学习主食搭配技巧	了解副食营养	学习副食搭配技巧
	定制食谱	为学校食堂定制午餐食谱	制定家庭早餐食谱	制定家庭一日三餐食谱	制定宴席食谱
文化探秘	家乡味道	了解鲅鱼饺子,和家人一起制作鲅鱼饺子	了解五巧豆腐,学习制作豆腐美食	了解养马岛焖子,和家人一起制作肉焖子	了解胶东面塑,到菜根香非遗传习所学习制作面塑
	节气食趣	了解节气文化,学会制作绿豆粥等节气美食	了解节气文化,学习制作凉拌面等节气美食	了解节气文化,学习制作萝卜丸子等节气美食	了解节气文化,学习制作青团等节气美食
	就餐礼仪	了解中国宴席席位安排礼仪	了解中国宴席点菜和上菜礼仪	了解西餐餐具摆放礼仪	了解西餐用餐礼仪

二、整合有效资源,创新食育课程实施路径

在学厨课程推进的过程中,学校注重加强学科融合,通过教师专业指导、学生积极操练和家长辅助指导等措施,形成家校协同共育机制。

(一)创建劳动基地,提供课程实施场域

依托学校、家庭、社会实践基地等资源,创新设计"师娃学厨"主题化活动,创设了"校园—作物种植""基地—学习烹饪""家校—展示交流"三个维度的实践体验场,形成系列课程主题链,使学厨目标实现纵向贯通、横向融合、循序渐进、螺旋上升,学生的劳动素养得到跟进式培养。

实践田里种食材。为了让学生了解食物的来源,学校利用校园内外的方寸之地开展科学种植课程。劳动教师引领学生跟随二十四节气种植蔬菜和庄稼。火红的辣椒、芋头成长记、芝麻节节高等一系列主题研究活动,不断激发学生探究食材的兴趣,他们在劳动中感受到食物来之不易。

操作间里学厨艺。劳动课上,学生在学校小厨房学习择菜、洗菜,给土豆、山药等削皮,练习洗碗刷盘;在课堂上学习均衡膳食营养,学做面食、拌凉菜、做水果拼盘等;在工贸学校厨师操作间里认识各类现代化厨具,学习切菜、烹炒……依据学习内容不同,我们还将实践场域拓展到超市、菜市场,采买食材、购置调味品等课程的学习,让学生真正体验到:下厨做饭大有学问,需要足够的细心,并付出耐心。

家庭厨房实操练。以劳树德是"师娃学厨"课程不变的坚守。我们鼓励孩子在家中下厨房,向大人学厨艺:跟妈妈学包饺子、擀面条;跟奶奶学做咸鸭蛋、做腊八蒜……一家

人感受人间烟火气,其乐融融;同时,以节日活动为主线,引领孩子为家人和朋友下厨房:十一假期为同学制作"丰收美食";父亲节为爸爸做一道拿手菜;重阳节为家中老人做重阳糕,亲情、友情在家庭厨房里孕育。

学校、家庭、社会劳动基地无缝衔接,让学生在体验中收获厨艺,提升技能。一个个生动鲜活的实践体验场,让学生在沉浸式的劳动中感受中华美食的审美情趣以及文化底蕴,领悟"情、礼"智慧。

(二)打造食趣课堂,优化课程实施方式

根据"师娃学厨"内容难易程度,我们弹性设置大小课时,大课时为 1 小时,小课时为 10 分钟。如每周五学生食谱是排骨炖土豆,学生学习削土豆就设置在周五早上,时长为 10 分钟。教学时,教师基于学生的生活经验先开展削土豆比赛,通过计时、称重土豆皮来科学评估学生的劳动效果。在互动交流中,他们发现削土豆有大学问:削刀力度要合适,这样削出的皮薄不浪费;削土豆从两头入手,上下削,这样一次削出的面积大,削得速度快;削完皮要用尖刀去掉黑点土豆芽,谨防食物中毒……这些处理食材的方法均来自学生的经验总结,他们在劳动中形成科学思维方式。

为了解决学厨课程实践操作困难的问题,我们以 40 分钟的劳动课为基础,打造开放式的 1 小时大课堂,培养学生自主学厨的能力。如我们发现学生爱吃米饭不爱吃馒头,便指导四年级的学生学习制作花样馒头。教师让学生前一天晚上做好课前准备,向家人学习如何和面、发面。课堂上,同学们交流和面遇到的问题以及解决的办法;课后,我们向学生推荐了"顽皮的面团"APP,上面有 1 000 多种花样馒头的做法,学生利用周末自主学习至少 5 种花样馒头的做法。开放式的大课堂将学厨课程延伸到家庭,有效解决了缺乏食材、缺少练习等问题,面向全体学生,重视教师指导和学生反复操练,有效保障了学厨课程扎实落地,培养学生必备的厨艺技能。

(三)规划多彩劳动周,强化课程实施体验

每年的五月和十月,学校会根据时令设置主题式的劳动周活动,让不同年级的学生在共同的劳动周活动中,互帮互学、合作建构,形成良好的劳动合作与"比学赶超"氛围,实现劳动育人价值。

五月,学生种植的薄荷收获了,我们开展了为期一周的"采薄荷 品粥香"主题活动。活动前,学生查阅资料、访问身边的老人,全面了解薄荷的药用价值。劳动课上,同学们和教师一起采薄荷、洗薄荷。根据《本草纲目》的介绍,薄荷具有清心怡神、疏风散热等功效,我们学习制作薄荷粥,为即将到来的炎炎夏日送去清凉。做粥非常讲究工序:先将新鲜的薄荷叶切碎煮出薄荷香味;然后过滤出叶子,将米放入锅中;大火煮沸后放入冰糖,煮制黏稠。做粥顺序如果颠倒,将会影响到粥的口感,学生由此深刻体会到:要想做出色、香、味俱全的美食,一定要依据食材的特点讲究操作工序,生活中做事亦是如此,要顺应规律才能有收获。

为了让学生能够充分地从劳动中汲取知识、获得成长,牟平区教育和体育局分批组织中小学生到"莒格庄实践基地"进行为期一周的劳动实践活动。去年十月,我校四年

级学生首批入驻，学校以"学厨课程"为主线，设计学习内容，开展丰富多彩的体验活动。田地里，学生在农民伯伯的指导下摘苹果、挖地瓜，感受获取食材的艰辛与快乐；厨房里，学生洗碗、洗地瓜、包饺子，人人参与。在包饺子的活动中，我们先引领学生走进饺子文化，从饺子的来历、品种到胶东吃饺子的习俗，孩子们充分感受到了小小的饺子让我们的生活有滋有味。在教师的指导下，他们学习擀皮、放馅、捏褶，在劳动中品味到平凡生活的幸福。此外，制作苹果、地瓜美食等一系列的劳动体验活动，让孩子们学会创新，学会合作，充分感受到劳动创造美好生活。

（四）开展项目化学习，深化课程实施成果

在实施"文化探秘"主题课程时，我们创造性地将项目化学习和"师娃学厨"课程有机结合，引导学生综合运用多学科知识和劳动技能自主解决问题，深化"学厨"成果。

五月端午节，为了让学生深刻感受端午文化的内涵与精髓，学校开展"浓情端午 粽享欢乐"项目化学习活动。诵读端午诗词、分享端午饮食文化、演唱端午歌谣、做纸葫芦为家人送"福禄"，学科融合，将端午文化深深扎根学生的心田。端午假期，我们将劳动的场域从学校拓展到家庭，引导学生跟大人学习包粽子、做青团，参与端午家宴的美食制作，孩子们在动手动脑的过程中传承中华情！

七月，学校组织学生开展了"探秘蓝色海洋"项目化学习活动。我们通过"多样海鲜有名字""超级海鲜有味道"等主题活动，引领学生走进海鲜市场，认识海鲜种类，感受海洋物产丰富多样；来到海滩上，和爸爸妈妈一起挖蛤、捉螃蟹、拾钉螺，享受赶海拾贝的乐趣。最新鲜的食材要用最简单的加工方式，在学习烹制海鲜菜肴时，学生通过实践摸索出蒸煮要讲究火候：蒸蛤5分钟，蒸螃蟹大火5分钟，再调小火10分钟，时间太短海鲜不熟，时间太长海鲜将失去鲜度，火候把握好才能吃到美味的海鲜大餐。在这个学习过程中，他们充分运用综合实践、科学、美术、数学等多学科知识，在生活体验中完成了科学、系统的学习过程，学习效果不言而喻。在牟平区组织的"我为家乡的海代言"活动中，我校于一诺同学以"寻味，寻味，最是海的味道"为主题进行演讲，将师小厨娃的蒸煮厨艺展现得淋漓尽致。

暑假里，我们开展"探秘节气饮食"项目化学习活动。教师假前指导、家长现场传授，同学们在小暑节气里做出解渴消暑的绿豆汤，大暑节气里做出酸、辣、甜等不同口味的凉拌面。同时，他们查阅资料，知道了绿豆汤为什么能解暑、制作绿豆汤注意事项，了解了面条的由来和面条的寓意等知识。

项目化学习是多元学习方式的整合，通过选择项目主题、制订项目计划、实施项目计划、评价项目成果四大环节进行学习行动，让学生在"知味、寻味、制味、品味、创味"的过程中立德、强体、增智、育美、促劳，形成自主学厨的能力，感受中华饮食文化的博大精深。

三、构建"X+1+1"评价体系，让生命因"食育"更美好

为推进学校食育课程扎实落地，培养学生劳动习惯，提升劳动技能，我从顶层设计入手，构建"X+1+1"食育课程评价体系，实现食育与"德智体美"的深入融合，通过评价引

领食育课程实施,让学生在学厨体验中转变观念、形成习惯、培育责任。

"X+1+1"评价体系涵盖三个维度的内容:一是学校每学期进行 X 次班级日常评价、契约单反馈、现场测评等常态化评价;二是每学期举行 1 次学厨成果展评;三是每学期开展 1 次综合考评。该体系从知识习得、技能掌握、协作能力、习惯养成、素养提升五方面进行评价,关注学生的参与过程和个性化实践成果,重视学生的发展和进步幅度,让学生在实践体验中感受食物带来的爱与传承,形成向善崇劳的美好品质。

(一)"X"评价常态化,让"学厨"在坚持中成为习惯

我要求教师关注学生学厨过程性评价,随时为孩子创造学厨过程中的获得感和幸福感,让食育在孩子们的日常生活中生根,让他们从心底升腾起喜爱下厨、热爱生活的积极情感。

课堂学习,即时评价。学期初,学校为每位学生印制评价手册。课堂上,教师根据学生的课堂表现,即时评价,发放小红花。如在"功夫小厨"实践课上,教师指导学生学习"包馄饨"时,教师为能包出基础形状元宝馄饨的同学发小红花,为能创造出小金鱼馄饨、小船馄饨等多种包法的同学发小红花,为馅、料、器具合理整齐摆放的同学发小红花……同学们在教师的评价指导下不断改进手法,包出各种花式馄饨,自豪感油然而生。在"文化探秘"交流课上,教师为能主动收集整理资料的、能大胆有条理分享经验的和有创意想法的同学一一发放小红花。同学们将小红花随时贴在评价手册上,记录学习效果。课堂即时评价,让每一位学生都感觉到教师每时每刻对自己的关注,感受到自己优秀的言行在教师的注视中闪光,进一步激发了学生学习积极性。

家务劳动,契约评价。为扎实推进"家务劳动契约制"工作的开展,学校以食育课程为切入点,依据学厨课程清单,研制家务劳动契约书。学校召开专题家长会,一起商讨家校联动的评价方法,倡导家长评价要有指导性、针对性和鼓励性,能让孩子在评价中明确下阶段的努力方向。如西红柿炒蛋,如果把西红柿的皮去掉,口感会更好,或出锅前加少量糖,口味会更鲜美,清洗西蓝花,除了用开水焯,还可以用盐水浸泡半小时,等等。每周的劳动课上教师会对学生契约书的完成情况作出评价,让遵守契约的同学分享方法与感受,让他们在交流中互相学习,共同提高。对没有完成契约的同学,及时与他们沟通,了解其中的原因,帮他们调整方法,鼓励他们重新挑战自我。这种契约式劳动增强了学生的责任意识,树立坚持的品质,孕育契约精神。

劳动日记,自我评价。学校不但关注对学生学厨知识、技能等外在表现的评价,还关注对学生的价值观、情感、品质等内在因素的评价。学校倡导学生自我记录学厨时间、地点、参加人员、参与过程、新奇发现、心得体会以及自我评价等,形成劳动日记,弥补了评价对学生自身观照的不足,让学生把内心中他人"看不见"的变化转化成文字、图表等。如庄小溪同学在记录第一次烤蛋糕时,当蛋糕出炉时她这样写,"太好了,蛋糕终于做成功了!我高兴地欢呼起来,我乐呵呵地把烤好的蛋糕从烤箱里拿了出来,'黄金'出炉了!我和妈妈拿了一块尝了尝,有一种淡淡的奶香味,而且非常松软,妈妈竖起大拇指夸我真棒!";李淏译同学则将家里厨具、自己在家里做饭时准备食材、做饭、全家人一起用

餐等场景以绘本形式展现出来,充满童真童趣。人世间的美好莫过于和家人团聚在热气腾腾的饭桌前,这种幸福与成就感情不自禁地从他们的笔尖流淌在纸面上,让隐形的劳动素养成为有形、有力的正能量。

线上平台,互相评价。为随时关注学生的学厨状态,指导教师开辟线上交流平台,每周根据契约中的学厨任务推出一个实践主题,如"秀秀我的早餐""培育小蒜苗""储存土豆小妙招"等,学生通过上传照片、视频等方式展示过程性学习内容,方便学生、教师、家长及时评价,形成学校、家庭和学生"三位一体"互动评价方式。如主题活动"百变萝卜",曲子腾同学用组图的形式展示了萝卜一点点蜕变成一只惟妙惟肖的凤凰,惊艳了群里人员。受他启发,其他同学也纷纷晒出热气腾腾的萝卜饺子"出锅记"、香气四溢的萝卜丸子"漂流记"、爽口的萝卜咸菜"形成记"等等,期间教师、家长和同学的点赞,增强了学生学厨的信心,培养了他们勇于创新的劳动美德。

点点滴滴、时时处处皆评价,"劳动最光荣"的信念扎根每位学生的心灵深处,他们在鼓励中坚持学厨,在坚持中养成终身受益的下厨习惯。

(二)成果评价个性化,让"厨技"在传承中创新发展

每年的五月和十月,学校会根据时令设置主题式的劳动周活动,以此为契机展示学生的食育课程学习成果。不同年级的学生在共同的活动中,互帮互学、合作建构,形成良好的劳动合作与"比学赶超"氛围,实现育人价值。

五月劳动周以"学厨技能大比拼"为主题。为了检验同学们厨技掌握的情况,激发他们的持续学厨的热情,学校结合契约制中的劳动任务开展"学厨技能赛"。如一至五年级分别进行了择韭菜、洗碗、削土豆皮、做面点和做花卷比赛,并聘用上届劳动小达人做评委,评出每个年级的优秀小选手;十月劳动周以"丰收美食节"为主题。三至五年级同学发挥自己的创意,分别用苹果、土豆和地瓜做主料,做出各种口味的美食。苹果蛋挞、土豆派、花生糖等创意美食备受同学们的欢迎,他们在做美食、推销美食、分享美食中体会劳动创造幸福生活的真谛。"创意小厨师""勤劳小厨师""快乐小厨师"等奖章的评比,让孩子们感受到成长的快乐,进一步激发了他们参与学厨的热情,培养了热爱下厨的美德。

另外,我们还以"文化探秘"为主题,进行项目化实践活动,根据过程中学生的参与情况、资料收集、技术实践、书面报告、和项目成果等内容检验学生综合运用多学科知识和劳动技能自主解决问题能力,深化学厨成果。如九月,为解决校内种植园土地贫瘠的现象,开展"学做酵素 耕读树德"项目化学习;十一月,为解决学生不爱吃萝卜食品的现象,开展了"养生萝卜这样吃"项目化学习,过程中他们小组成员互相评价,成果交流时班内组间互相学习。学生在自主探索和解决问题的过程中经历深度学习,体验劳动创造幸福,感受中华美食文化的博大精深。

丰富多样的评价,让学生在劳动体验中传承传统做饭技能,展现个性化的创造思维,形成吃苦耐劳、勇于创新的劳动美德。

（三）综合评价全面化，让"厨艺"在内化中成为素养

学校以"学厨课程"为主线，为每位学生建立了"劳动手册"。学生每月完成的契约书、平时上传的拼图组照、劳动日记、果蔬绘本、手抄报、寒暑假劳动作业等，教师会及时把这些资料一一收集起来为每个学生装订成册，形成"一生一册"，并实行1～5年级滚动升级。这样既可纵向描述个体的发展状况，也可横向呈现个体在群体中的发展变化指数，并为食育综合评定提供素材和参考。

学校期末的综合评价分"四模块"，进行多维度、多元化、多样性评价，促进食育价值有效发挥。"四模块"即期末学厨作品展示、家长评价、劳动手册资料和课堂表现，分等级积分，再根据总分形成学生本学期食育课程的评价等级，对优秀学生和进步学生进行表彰。评价采取教师评价与家长评价相结合方式进行。其中，作品展示、劳动手册资料、课堂表现为教师评价部分，家长评价侧通过学生本学期契约书中劳动任务和寒暑假劳动作业完成情况，体现家长评价等级。"学厨作品展示"主要从"慧眼识材、功夫小厨、营养搭配、文化探秘"四大主题入手，按清单要求自选项目。充分尊重学生的自主选择，分层次、多角度，引导学生围绕主题高质量完成期末作品。评价让学生在分享学厨的快乐与成果同时，获得了更多的信息差互补式学习，体会到劳动的价值在于"以劳树德，以劳增智，以劳强体，以劳育美"。

表3-4 "食育课程"期末综合评价单

年级			姓名		
	等级	分值	分值合计	综合等级	备注
学厨作品展示					
家长评价					
劳动手册资料					
课堂表现					

（备注：等级分为优秀、良好，对应分值分别是5分、4分，合计分值在18～20分的综合等级为优秀，其他为良好。）

生活即教育，评价促发展。"X+1+1"评价体系有效解决了课程评价单一问题，实现了学厨过程可记录、可追溯、可评价的发展模式，让学生的劳动素养提升可视化。学校将在食育课程学习的路上继续探索，在传播食育文化过程中关注每个学生的学习过程、追求多元评价，让生命因"食育"更美好。

四、多元化活动设计，让学生体会到快乐与幸福

新课标明确指出：劳动活动是落实劳动课程内容及其教育价值，体现课程实践性、综合性、社会性的特征，推动学生"做中学""学中做"的重要实施载体。工作中，学校根据课标精神，依据食育课程四大主题、十七类课程内容要求，结合学生实际和各学段劳动清单，灵活设计学生各阶段的活动内容，学生的劳动素养实现进阶式提升。

（一）日常活动注重习惯养成

日常活动设计重视培养学生坚持的品质，让劳动成为一种生活习惯。学校根据烟台市《关于建立中小学生劳动教育清单制度的意见》《关于开展家务劳动契约制试点工作的通知》等文件精神，实施"家务劳动契约制度"。我们的契约书内容兼顾学生差异，设置了基本任务、挑战任务和个性任务三方面。其中，基本任务、挑战任务是依据学厨清单由学校统一制定，实行滚动运行，如高年级七月的基本任务是"每天为家人准备一份营养早餐"，挑战任务是"学习做打卤面、凉拌面或杂酱面"；八月，"学习做面"就成为高年级学生的基本任务，挑战任务则是新的项目——"学习做排骨汤"。个性任务根据每个家庭的实际情况，由家长和孩子共同商讨决定。为了保障他们意志力的持久性，设计了自选惩戒条款，双方如有失约，就要接受"惩罚"。如学生惩戒选项有"一个周不看动画片""一个周不要零花钱""每晚在楼下跳绳 500 下或排球 200 个"，等等，这些惩戒项目旨在培养学生良好的生活习惯。父母的惩戒选项则设计了一系列亲子活动，如"亲子阅读 1 小时""亲子运动 1 小时""一起外出游玩半天""做一桌孩子最喜欢吃的美食"，等等。

在契约的规范下，父母的协同下，同学们自觉践行每天劳动清单。同时学校要求劳动教师每周对学生完成契约的情况进行督促与指导。期间，家长们纷纷在微信中晒出孩子做家务或签订契约时的照片，不少家长表示希望这份"契约"能够长期进行。有的同学也在日记中写道："我和妈妈一起讨论制定的内容，我们是平等的，我们互相监督，各自完成自己的契约任务。"家长和孩子的感言是对"家务劳动契约制"最大的肯定。学校为表彰履行契约的同学，定期举行专题表彰大会，为"诚信劳动小标兵"颁奖，还开展花样面食节、丰收美食节活动，并分批带领他们去工贸学校学做花样面食，观摩各式雕塑，学习西餐礼仪。获得奖励的同学不但为他人树立了劳动的榜样，自己也真切感受到劳动让生活充满幸福味道。

家务劳动清单与家务劳动契约制相结合，让学生的家务劳动有方向性和主动性，使学生的劳动技能不断提升，劳动习惯快速养成，同时培养学生的责任意识，树立坚持的品质，孕育契约精神。

（二）节日活动注重情感交流

节日是学生学厨活动的最佳时机，一家人一起准备一桌丰盛的饭菜，既能让学生体验到劳动的快乐，又能增进亲子关系。因此每逢节日，学校会根据节日特点设计相应的学厨活动。父亲节，设计了"'家有小厨'——以美食之名感恩父爱"学厨活动，倡导孩子为辛苦的爸爸做道拿手菜。活动中让学生写出用的主料、副料和用到的调味品，以此让学生进一步认识常见蔬菜和调味品，写出制作过程，并让爸爸写出评价。记得第二天一进教室门就收到小涵爸爸的微信。小涵出生时妈妈出现意外成植物人。一直以来是小涵与爸爸一起生活。我急忙看短信："老师好，女儿做的做西红柿炒蛋，真是太美味了，我第一次吃到这么好吃的西红柿炒蛋。"再翻看已交上的作业，小莲爸爸说："从来没过这个节日，女儿的举动让我感动又高兴，孩子长大了，知道感恩了。"小童爸爸说："女儿做的寿司太好吃了，是我父亲节收到最好的礼物"……透过字里行间，我仿佛看到爸爸们灿烂的笑脸,幸福的眼泪。这份直击爸爸心灵的作业,锻炼了孩子,温暖了爸爸,搭建了家校共育的桥梁。

重阳节,我们设计了"重阳敬老 孝润意心"的劳动活动,腊八节指导学生与家人一起做腊八蒜、腊八粥等,活动中家人间彼此交流想法,尊重感受,共同创造,同学们学到了技艺,学会了珍惜与感恩,营造了幸福的家庭氛围,传承了博大精深的中国传统文化。

另外,我们还以节气为主线,引导学生了解中国二十四节气文化,学习烹饪节气美食。如大暑时节学做各种凉拌面、杂酱面、立秋时节学做巧果、小暑时节学做绿豆汤等。无论做什么美食,都要给学生一定的引领。如在做绿豆汤时,先引导学生了解小暑的天气特点和节气农事,然后说:"炎炎夏日每天为上班的父母熬份绿豆粥,是件多么温暖和幸福的事!"让学生知道做这件事是多么重要和美好。做的过程中给他一些小提示和一些小问题,如"绿豆汤为什么能解暑?""煮的绿豆汤为什么有时是红色的,有时是绿色?"等问题,让学生在做在学,学中探,最后与家人一起喝着解渴消暑绿豆汤,吟诵着孟浩然、杨万里的诗句,是多么其乐融融!

(三)项目化活动注重素养提升

在进行项目化活动设计时,我们以"文化探秘"为主题,引导学生综合运用多学科知识和劳动技能自主解决问题,深化"学厨"成果。

如五月端午时节,为了让学生认识、了解"百草之王"艾草,开展"从'艾'出发"项目化学习活动。邀请山东省中医药高专的徐老师带领学生认识艾草,学习艾灸。沉浸式的课堂学习,让学生感受到中医药文化的博大精深;端午假期,将劳动场域从学校拓展到家庭,学生有的和父母一起采艾草、挂艾草,用来驱赶蚊虫;有的把艾叶烘干,做艾叶茶、艾叶香囊,送给亲朋好友;还有的下厨,用鲜嫩的艾叶做青团、艾叶饼、艾叶蛋汤或煮艾叶蛋……浓烈的艾香,温暖了家人,提高了学生的实践能力,体验到劳动的快乐;劳动课上,学生围绕软糯的青团、喷香的艾叶肉丸、艾叶饼等美食,一起谈它们的起源、做法、疗效和家长的评价,在品评中进一步提升了技艺,体验了成功,收获了成长。

十二月,组织学生开展了"养生萝卜这样吃"项目化学习活动。通过"萝卜的起源与疗效""萝卜的花样吃法"等主题活动,引领学生了解萝卜的营养价值,会用萝卜做各种美食。学生上网查阅有关萝卜的资料,了解到萝卜不仅仅是一种美味的食材,更是一味中药材,还在山东省中医药文化博物馆中看到了用萝卜做成的中药或中药标本。同学们感叹,没想到生活中不起眼的萝卜,竟然有如此多的药用价值,真是佩服古人的聪明才智。周末,同学们在家长的帮助下,制作萝卜炖羊排、炸萝卜丸子、萝卜炖虾……一家人围坐在一起一边说着有关萝卜的话题,一边享受幸福的家的味道。在解决"养生萝卜这样吃"这一驱动问题的过程中,他们充分运用综合实践、科学、美术、数学等多学科知识,在生活体验中完成了科学、系统的学习过程。

(四)假期活动注重能力迁移

假期活动设计时,我们本着回归生活,注重学习方法的引领,通过共同探讨、角色体验、菜谱设计、作品制作、交流评价等多种学习策略,以食育带动五育共同发展,让学生逐步形成自主学厨的能力。如暑假里，我们团队设计食育课程学习手册，为学生提供自主学习的平台。学生依据学习提示便可自主完成食育课程的探究实践。如一二年级学厨实践篇给学生提供了七月和八月的家务劳动契约书，他们根据契约书的要求完成每天的学厨任务。为检测学习成果，让他们记录洗菜经验、记录做过拼盘名字及所用的果蔬；为培养他们的探索精神，引领他们上网查询或请教身边的大人，了解除掉蔬菜上的农药残留的经验。他们有的说用盐水洗、用苏打水洗，有的说用淘米水洗或用开水焯，还有的说菠菜、芹菜适合用开水焯，西蓝花适合先用盐水浸泡 10～20 分钟，再用开水焯……活动中学生提高了交流与表达能力，了解食材的清洗方法，提高了自己的综合素养。饮食与文化篇，引领他们了解苏轼与美食的故事，知道了苏东坡这位大诗人不仅爱吃，会吃，更会做，东坡肉就是他的杰作，有的同学说他简直就是一位"被写诗耽误的美食家"！还通过图片认识传统食材——五谷、五果、五畜、五菜，了解馒头的旅程，再让他们试着画一画西红柿或土豆的旅程。学生的作品虽有些稚嫩，但他们在仔细观察中、在一笔一画中深刻地体会到"粒粒皆辛苦"的含义。有的同学还画了豌豆的旅程、草莓的旅程、咖啡豆的旅程等等。中高年级则侧重于动手实践，如让学生做"营养早餐""美味凉拌面""我的拿手凉拌菜""莲藕排骨汤"等等。饮食与文化篇，则通过引导他们阅读美食与张大千、美食与苏轼、美食与奥运、美食与博主、美食与我等的小故事，激发他们爱美食、探究美食的动力。

活动本着以食促劳（种植食材、烹饪美食）、以食育美（感受食物色彩和形状）、以食强体（均衡膳食）、以食立德（勤俭节约、学会感恩）、以食增智（了解饮食文化）原则。这样的设计为孩子的生活增添趣味，他们爱上烹饪，勤于制作一日三餐，自觉做食育文化的传播者，用美食点亮幸福生活。

总之，我在设计劳动活动时，注重给学生创设真实的活动情境，注重进行细致的活动指导，注重引导学生记录活动过程与感悟，并及时给予学生活动评价。

食育课程的实施与开展，受到家长与学生的一致好评。在 2022 年度食育课程问卷调查中，我欣喜地看到中高年级 95% 的学生能自己烹饪简单的饭菜，低年 100% 的学生能主动参与帮厨。他们学会爱自己，能按时吃饭，不再偏食；学会爱父母，能为忙碌的爸爸妈妈准备热气腾腾的餐饭；学会爱他人，能与同学分享美食。他们在劳动中成长，传承饮食文化，体味到"劳动是一切幸福的源泉"，增强了家庭责任感，树立创新意识，形成终身受益的生活实践能力。

伴随学生的成长，我也在课程的开发与实施中不断突破自我。课程研究成果被烟台日报、牟平电视台等多家媒体相继报道；课程实施经验在牟平区劳动教育研讨会、烟台市"三项制度试点"交流会上、烟台市中小学劳动教育评价改革观摩研讨会、山东省中小学校本课程建设推进会上发言推广；2022 年，该课程被立为"烟台市基础教育教学改革项目"；撰写的《"师

图 3-2　证书

娃学厨"劳动课程体系探索与实践》荣获山东省优秀案例一等奖,指导学生撰写的《探索海洋 保护自然》获烟台市劳动•实践教育成果二等奖。

人间烟火味,最抚凡人心。我与我的团队将基于问题不断出发,做食育文化的传播者,健康每一个学生,幸福每一个家庭,让生命因"食育"更美好!

▶ 附优秀教学设计

《学做重阳枣花糕》教学设计

【活动目标】

（1）通过交流搜集的资料,了解重阳节的来历和习俗,产生做重阳枣花糕的兴趣。

（2）学习制作重阳枣花糕,能运用已有的技艺在合作、交流中学习制作花托和枣花,收获劳动技能,形成与他人合作的能力。

（3）乐于向同学展示自己的作品,在交流疑惑、互相评价中,学会尊重和欣赏他人的劳动,感受到劳动的乐趣,学会感恩回馈,形成向善崇劳的美好品质。

【活动准备】

（1）课件准备:PPT,花样重阳糕展示视频。

（2）学生准备:活动前搜集重阳节的来历和习俗。

（3）教师准备:24 人分 6 组;6 块硅胶垫、切面的塑料板;每组 2 块面团;泡发的大枣、厨师服、白色干净抹布。

【教学过程】

一、活动分享 引出主题

同学们,大家好,又到我们的学厨时光了。10 月 4 日是我国传统节日重阳节,正值我们的假期,咱同学在重阳节都做了些什么呢,请看屏幕!

我们每位同学都是有孝心的好孩子,以自己的实际行动回报爷爷奶奶、姥姥姥爷,真为你们高兴! 但老师还要说"爱在重阳 孝在平时",希望我们平时也能这样做。那关于重阳节都有哪些习俗呢? 请同学们分享一下你查阅的资料吧。

生交流:登高、佩茱萸、赏菊、吃重阳糕等

师:对啊,还有交流的吗?

师:真棒,能结合诗句说习俗,是啊,毛主席的诗句"今又重阳,战地黄花分外香",说的是重阳节有赏菊的习俗,清代诗人杨静亭诗句"中秋刚过又重阳,又见花糕各处忙",说的是重阳有吃糕的习俗,那你知道为什么要吃重阳糕吗?

生:重阳节又叫"登高节",而不能登高或不想登高的人,就在家中吃糕。象征"人往高处走""步步高升""百事俱高"的祝福之意。

师:重阳糕不但寓意好,种类还特别多呢! 你们瞧——（展示多种多样的重阳糕图片）既简单又漂亮的要数枣花糕了,如果把它送给老人,相信他们一定会非常高兴! 想不想学着做呢? 好,那今天这节课我们一起来学习制作重阳枣花糕。（板贴课题）

二、精心指导 学做枣花糕

1. 观察重阳糕的组成

（1）请同学们仔细观枣花糕，它由哪几部分组成？

生：两部分，第一层是个大花托，上面放了 12 个枣花，第二层是个小花托，周围是 6 个枣花，正好是第一层的一半，中间还有 1 个。

（2）再仔细观察两个花托有什么不同？

生：大花托的四周有花瓣，它的大小约是小花托的两倍。

（3）枣花是如何造型的？

生：小枣花跟我们以前做的爱心馒头有点像。

观察得真仔细！善于观察是一名小厨师必备的品质，接下来制作枣花糕还需要细心和耐心，有信心吗？

2. 学习制作大花托

（1）请仔细观察花糕的分解图，你认为哪部分最难做？你说，你再说，英雄所见略同，我也觉得大花托最难做。想一想，如果你来做做这个大花托，你会先做什么。

（2）你说先做面饼，再做花瓣。如何做面饼呢？

生：把面团揉圆、按扁、再擀成圆面饼

（3）实物投影下演示制作大花托过程。

看来，咱们同学前面学习的面食制作技艺掌握的非常好。看，面饼做好了（师直接出示面饼），接下来，仔细看细节，老师要做花瓣了：先穿过圆面饼的中心点用小刀压一个十字，把面饼平均分成 4 份，再把每一份平均分成 3 小份。想一想为什么要这样分呢；先接着看，然后用刀在离边缘 2 厘米的长度处切下去，每一小份均匀地切下 3 次，形成一圈花边；再用手捏住 3 个花边边缘，轻轻捏紧，形成花瓣。

看，一个漂亮大花托圆满完成。现在能明白为什么先平均分成 4 份，再把每一份平均分成 3 小份了吗？

生：因为每 3 个花边捏成一个花瓣，这样分均匀并且没有剩余。

如何摆 16 个枣花，如何分呢？

（4）对刚才的操作过程你还有什么想说的？

生：多处用到数学知识。

师：是啊，劳动中也有数学呢！谁能说说都用到哪些数学知识？

第一处：把面饼平均分成 4 份，把每一份平均分成 3 小份；第二处：离边缘 2 厘米的长度处切下去，每一小份均匀地切下 3 次；第三处：每 3 个花边捏一起，形成花瓣。

（5）我们巧妙地用数学知识解决了制作枣花糕的难点，想不想动手做一做呢？好啊，小组长分工，小组合作完成。

（6）那个小组来展示你们的花托？

刚才老师观察，你参与部分做得非常好，你来点评下他们组做的？

是啊，第一次做成这样已经很好了，如果花瓣大小均匀些会更漂亮。

有鼓励,还有合理的建议,真好,最佳点评奖送给你! 根据刚才的同学们的建议,看下你们组的花托是否需要再调整下。

3. 合作完成枣花糕

(1)花托做好了,接下来我们再做小枣花。根据上一节课做爱心馒头的经验,我请咱同学做小老师给咱同学展示一下她的做法,好吗? 请看屏幕:

同学们大家好,现在由我来展示枣花的作法:先把面团揉一揉,然后把它搓成手指粗的长条,再切成一段一段的,每一段的长度大约是手掌的宽,然后把这一段的两头轻轻地揉圆,再弯一下,把两端捏在一起,最后把大枣竖着放在中间。一个小枣花就做好了。

(3)会学以致用,真是了不起的小厨师! 你们看明白了吗? 好的,现在小组合作完成小枣花,并将枣花糕组合摆放好。

(4)巡回指导。

(5)老师看大家都完成了,现在那个小组来展示你们的作品?

哪位同学来点评? 你来说说你的看法。

她说这组的小花托有些下沉。

如何来解决这个问题?

她说这样做? 请看屏幕,是啊,真是个好办法。

看这位同学举手,你有什么问题?

生:我们组的花糕移动时,枣花容易动?

老师觉得应该是面团较硬,做时如果在两个花托的面上抹点水,再放上枣花,花托和枣花粘在一起,就不会动了,试试看。

咱们同学不但会合作劳动,还会欣赏别人的劳动成果,并提出一些问题,劳动学习就需要这样,最佳问题奖送给你们俩!

三、小组探究　创意制作

(1)在前面观看的PPT中,我们还看到很多花样的重阳枣花糕,比如如果把最上面的枣花换成了爱心小馒头,寓意着爱心满满;象这样挂上小刺猬和小鸡,寓意着长寿百岁、百鸟朝凤,你还有什么创意? 是啊,可以把枣花部分的面换成红色的,寓意着爷爷奶奶的日子红红火火,换成一只小猪,寓意着爷爷奶奶的生活诸事如意……。好的,发挥你的想象,小组合作再做一个重阳枣花糕,做之前先想一想,我们小组这样做有什么寓意呢,你们组想送给谁?

(2)教师巡视指导,表扬鼓励,选出展示的同学,说出自己组的寓意。

(3)老师看各组已完成,哪组再来展示你们的作品。

(4)这组同学做个三层枣花糕,有创意,寓意着更多祝福,更深爱意。这组的枣糕在上面放棵松树,祝福老人寿比南山不老诉松,有想法有创意! 最佳创意奖送给你们组。今天课堂时间有限,我们每组只做了两种枣花糕,课后大家可以和妈妈一起在网络上学习,网上还有很多创意枣花糕等着我们去学习。

四、活动延伸 孝润童心

现在说说你这节课的收获吧。

是的，劳动是一切幸福的源泉，分享自己的劳动成果，会让我们更快乐。这节课，我们做好的枣花糕醒发15分钟后，就可以送到食堂的蒸饭车里蒸熟。下午，学校要开展"爱老敬老 孝润童心"主题活动，我们将带着亲手制作的爱心枣花糕去"为民"敬老院看望那里的爷爷奶奶们，祝福爷爷奶奶笑口常开、长命百岁！

今天我们就到这里，下课。

<h2 style="text-align:center">《制作花样馒头》教学设计</h2>

【活动目标】

（1）通过交流搜集的资料，了解馒头的历史和营养价值，激发学生制作馒头的兴趣。

（2）活动前向父母学习发面、和面的劳动技能，课堂学习制作爱心馒头，在劳动中培养学生的创新精神。

（3）自主根据劳动手册学习制作元宝馒头、小兔馒头等花样馒头，通过美食点评活动，感受到劳动的乐趣。

（4）策划给全校同学分发馒头的宣传语，带动同学们喜欢面食，养成均衡膳食、珍惜粮食的良好习惯。

【活动准备】

（1）课件准备：和面方法微课；馒头历史让学生录制成小故事；花样馒头展示视频；种小麦、收小麦、磨面等劳动场景回顾，感受馒头来之不易，要珍惜粮食。

（2）学生准备：活动前搜集的资料，了解馒头营养价值；向身边的人学习发面、和面的方法，自己和一块适合做馒头的面团。

（3）教师准备：24人分四组；四块硅胶垫、切面的塑料板；每组四种颜色的面团：红（火龙果汁）、白、绿（绿茶粉）、黄（南瓜汁）；大枣、黑色豆子、一次性叉子；一次性手套、厨师服、白色干净抹布。

【活动过程】

一、课前调查，引出主题

亲爱的同学们，又到了快乐的食育课程时光，我们"师小厨娃"变身小厨师，真精神！今天学习的主题是什么呢？先来看看老师的课前调查吧！

每天中午，我们食堂的阿姨都会给大家准备两份主食，馒头和米饭。老师通过调查发现，92%的同学喜欢吃米饭，仅有8%的同学喜欢吃馒头。咱班也有很多同学不喜欢吃馒头，这是为什么呢？

（学生交流）

（预设：吃馒头觉得太干了，吞不下去）

师：是啊，如果馒头咀嚼的时间不够长，一定会噎着的。

预设2：馒头没有米饭有营养。

师：真的是这样的吗？我们一会来看看。

预设3:吃馒头需要一直嚼。

师:馒头充分咀嚼后淀粉会分解成麦芽糖,会感觉越嚼越甜呢,下次你仔细咀嚼感受下是不是这样,而且咀嚼可以促进我们的颌骨、咀嚼肌的生长发育。

预设4:老师,我一看馒头就不喜欢。

师:你只看到了馒头普通的外表,其实我们的小馒头还很有内涵呢,老师相信通过今天的学习,一定会改变你的想法,你会喜欢上馒头的。

以前,馒头可是我们北方人的主食。现在,备受同学们的冷落,馒头真是委屈,它有好多话想对同学们说,我们来听听吧。(播放"馒头的自述",讲馒头的历史和营养价值。大约1分钟。)

听了馒头的自述,原来不起眼的小馒头是这样来的呀,它不但历史悠久而且还营养价值丰富,大家有没有点喜欢它呀?谁来说说你的理由?(学生结合视频和自己收集的资料说说吃馒头的好处。)

生:我听了馒头的自述,有点喜欢它了,现在知道馒头可有营养了,我以前不喜欢吃馒头的时候妈妈也总说让我吃馒头,说对身体好,我以后可不能偏食了。

师:对呀,馒头里有这么多营养,我们千万不要偏食呀。

生:我现在觉得馒头真不错,上次我胃有点疼,大夫也是让我吃干馍片保护肠胃呢。

师:我们的馒头是发酵制作的,充分咀嚼可以减轻肠道的压力,保护肠胃。

生:看着馒头不起眼,没想到它有这么悠久的历史呢,这个小馒头可真不简单。

同学们,我们听了馒头的自述,知道原来馒头的营养价值这么高呀,在主食中搭配面食会让我们的身体长得更壮!随着生活条件越来越好,人们还研究出很多花样馒头的做法,更能激我们的食欲,今天我们就一起来学习制作花样馒头。

二、精心指导,学做花样馒头

1. 发面、和面有技巧

课前,我们每位同学都回家在妈妈和奶奶的指导下学习发面、和面,准备了既有营养又漂亮的彩色面团,那么在和面的过程中,你遇到了什么问题,又是怎么解决的呢?我们来交流交流吧。

预设:

水加太多了,和出的面成面糊了,解决方法加水。

大家还有没有其他方法?我们可不可以从根源上解决问题?

关于沾手的问题,大家还有没有其他方法?

大家还遇到了什么困难?

大家的技巧真不少,通过今天的学习交流,咱们同学们以后都知道怎么和面了。

2. 花样制作有创意

(1)每个小组桌上已经准备好了漂亮的彩色面团,有菠菜汁调的绿色面团,南瓜糊调的黄色面团,紫薯调的紫色面团,这么多漂亮的面团,能做出什么样的馒头呢?请大家先来欣赏网络达人制作的花样馒头吧!(播放视频)原来馒头还可以做这么多花样啊,大家喜欢吗？这节课我们先一起来学习其中的一种 -- 爱心馒头。

（2）请同学们仔细看老师的操作,这里面可藏着好多技巧呢!

实物投影下演示制作过程:（边演示边讲解）

第一步:先取出一小块乒乓球大小的面剂,在面板上揉光滑,如果不会案板上揉面,可以像揉一揉搓一搓,将面团搓成比小手掌长一点,大概就是 10 厘米长 1 角硬币粗的均匀长条。

第二步:取出擀面杖从顶端 2 厘米处,向下轻轻擀平,厚度大约为 1 角硬币厚,老师为每个小组都准备了硬币,大家可以对照一下。用切面刀轻轻压出条纹,注意不要用力切断;

第三步:将面团翻过来,从下往上卷条纹造型。

（老师刚才说了一个很重要的操作步骤,谁能重复下老师刚才说的什么？）然后将两端捏到一起,小小心便出现啦!

第四步:我们将顶端长条从中间切开,两端环绕小心型,捏到一起,大心抱着小心,中间再点缀一颗红红的枸杞,爱意满满的、营养丰富的小馒头就做好了。

（3）刚才每位小厨师都瞪大眼睛用心跟老师学,现在考考大家,制作爱心馒头每一步都需要注意什么呢?

第一步:揉一揉,搓一搓,10 厘米长 1 角硬币粗的长条

第二步:顶端 2 厘米处向下擀皮,1 角硬币厚,压出条纹

第三步:翻面,从下往上卷条纹,捏紧

第四步:顶端切开,环绕小心型捏紧

我看同学们已经迫不及待了,好了让我们用毛巾擦一擦小手,干净又卫生,我们后面只要手碰到其他地方,都要记得擦一擦小手才能继续接触面团,现在让我们带上大家提醒的注意事项,开始大显身手吧!（播放欢快的劳动轻音乐）

教师巡视指导,纠正学生不正确的操作。（做完一个可以帮其他同学,小组评一评谁做的好。）

（4）作品展示。我们的小厨师个个出手不凡呀,接下来展示一下我们的作品吧! 谁先来? 同学们这是我做的爱心馒头,请大家点评我做得怎么样?

师:劳动处处有技巧,善于发现才更容易把事情做好。（嗯,确实做的不错,形状均匀饱满,）谁还想展示? （两个优秀作品展示）同学们再看这个作品,评一评做得怎么样?

（备一个做得不好的）老师在刚才巡视指导的过程中发现:有些同学的　　（提出注意的问题）

同学们,制作也是有方法的,在刚才做爱心馒头的过程中,你又遇到了哪些问题?你是怎么解决的呢?

（学生交流、教师补充,另外我还发现,刚才有些同学做的稍微不漂亮,还因为做第二步擀的面皮太厚了,大家一定要记住呀,和一角硬币差不多厚度,大家可以比一比硬币,这样薄薄的小心做出来才精致）

俗话说:熟能生巧。要想做得漂亮,得多练习,接下来,请同学们再次尝试,比一比谁做得又快又好。(学生再做一个)

你们真不愧为巧手小厨师,这一次成功的作品更多了! 明明同学不但做得又快又漂亮,他的劳动习惯非常好,做完工具归位,身上没粘一点面粉。我们今后也要向他学习:工具摆放整齐,随手清理面板,做到干净整洁。

(做好的馒头放到餐盘里,上面盖上塑料膜)

三、研究手册,自主学做花样馒头

(1)在前面观看的视频中,还有很多花样的馒头吸引我们,大家想不想试着做一做呢? 老师给大家提供了学习手册,接下来请同学们拿出学习手册,翻一翻,看一看你最喜欢哪一个? 它是怎么做的呢? 好,开始

时间到,把小手册放好。如果忘记了还可以拿出小手册看一看。我们每次看完手册,都要擦擦小手才能接触面团,我们都是讲卫生的好孩子。

(2)现在大家可以选择合适颜色的面团开始制作啦,一会我们展示同学们自主学习的成果。(教师巡视指导,表扬鼓励,选好下来展示的同学)

(3)巧手小厨师们,花样馒头展开始啦! 请优秀同学到前面展示。(指名谈谈今天活动的感受)大家把掌声送给他们。

同学们,这是我做的馒头。

师:大家喜欢哪个作品呀? 说说你喜欢的理由。

(我喜欢南瓜馒头,觉得他做的南瓜馒头,淡黄色的南瓜配上枸杞做的南瓜蒂,颜色搭配特别漂亮;

我我喜欢小猪馒头,觉得他的小猪馒头神态憨厚,活灵活现的

我喜欢小兔子馒头,我觉得她的技术特别高,面团揉的特别光滑,造型精致漂亮……)

因为课堂时间有限,我们今天只学了几种花样馒头,其实花样馒头有好多好多种,大家请看,原来花样馒头有这么多种,是不是眼花缭乱啦,课后大家可以和妈妈一起关注抖音"顽皮的小面团",里面有一千多个创意作品等着我们去学习。

四、活动延伸,花样馒头送同学

今天,每位同学都收获满满。我们做好的馒头醒发30分钟后,就可以送到食堂的蒸车蒸熟。今天午餐时间,同学们将变身小小宣传员,为同学们分发我们制作的花样馒头,课后各小组成员策划下小组宣传语,通过宣传,让更多同学们爱上小馒头,均衡膳食营养。

今天的食育课程就到这里,下课。

五、食育课程节假日活动设置

(一)低年级暑假活动设置

前 言

亲爱的同学们,快乐的暑假已经来到,爸爸妈妈早出晚归忙着上班,这正是我们师小

厨娃大显身手的时刻。请和爸爸妈妈一起定下劳动契约,用心完成劳动实践作业,了解饮食文化,学习烹饪,承担日常家务劳动,为爸爸妈妈减轻负担,做家庭中的小主人。

劳动是一切幸福的源泉。假期里,让我们学会爱自己,重视膳食营养搭配,按时吃早饭,不偏食,养成健康饮食习惯。其次,我们要学会爱父母,为忙碌的爸爸妈妈准备热气腾腾的餐饭,和父母一起享受下厨的幸福时光,在劳动体验中感受食物带来的爱与传承吧!

学厨实践篇

七月份家务劳动契约书

我是劳动小达人_____,为提升厨艺,培养我自理自立能力,我与爸爸妈妈协商,本月主动承担部分家务劳动。为理清双方权利义务,签订此契约书。

我自主承担以下家务:

基本任务:坚持一日三餐跟父母学习清理餐桌。

挑战任务:学习洗菜。

个性任务:_____

爸爸妈妈需承担监督、评价和见证任务。

表 3-5 "七月份家务劳动契约书"家长评价表

周次	评价	周次	评价
第一周	☆ ☆ ☆	第二周	☆ ☆ ☆
第三周	☆ ☆ ☆	第四周	☆ ☆ ☆
综合评价			

(注:三颗星分别代表基本任务、挑战任务和个性任务,每完成一项任务得一颗星,可在相应星处涂色或打"√",评价要结合当周的任务完成与前一周的比较是否有进步。)

双方约定"说话要算数",不得以任何理由提出停止契约。如果不按要求完成约定,需要接受"惩罚"。

我愿意接受的"惩罚":_____

爸爸或妈妈愿意接受的"惩罚":_____

我的自选"惩罚"
1. 一个周不看动画片。
2. 一个周不要零花钱。
3. 每晚跳绳 500 个或楼下原地拍球 200 个。
4. 每天为父母朗诵一篇文章。
········

父母的自选"惩罚"
1. 亲子阅读 1 小时。
2. 亲子运动 1 小时。
3. 一起外出游玩半天。
4. 做一桌孩子最喜欢吃的美食。
········

本月家务劳动契约的挑战任务是"学习洗菜"。洗菜是个技术活,不同的蔬菜采用的方法不一样。其中,油菜、莜麦菜、白菜苗等绿叶蔬菜最难清洗,怎样才能将菜里的泥沙、小虫子洗得干干净净呢?请你动手试一试,并把好方法与大家分享吧!

表 3-5　洗菜方法记录表

蔬菜名称	洗菜方法

为了避免蔬菜招虫子,农民伯伯经常会给蔬菜喷洒一定浓度的杀虫剂。如果我们清洗蔬菜不彻底,就会吃到残留的药物,伤害我们的身体。如何才能洗掉蔬菜上残留的农药呢?请你上网查询或者请教身边的大人,并把你如何除掉农药残留的经验写下来吧!

八月份家务劳动契约书

我是劳动小达人_____,为提升厨艺,培养我自理自立能力,我与爸爸妈妈协商,本月主动承担部分家务劳动。为理清双方权利义务,签订此契约书。

我自主承担以下家务:

基本任务:坚持一日三餐跟父母学习清理餐具。

挑战任务:学习做各种水果拼盘。

个性任务:_____

爸爸妈妈需承担监督、评价和见证任务。

表 3-6　"八月份家务劳动契约书"家长评价表

周次	评价	周次	评价
第一周	☆ ☆ ☆	第二周	☆ ☆ ☆
第三周	☆ ☆ ☆	第四周	☆ ☆ ☆
综合评价			

（注：三颗星分别代表基本任务、挑战任务和个性任务，每完成一项任务得一颗星，可在相应星处涂色或打"√"，评价要结合当周的任务完成与前一周的比较是否有进步。）

双方约定"说话要算数"，不得以任何理由提出停止契约。如果不按要求完成约定，需要接受"惩罚"。

我愿意接受的"惩罚"：＿＿＿＿＿＿＿＿＿＿＿＿＿＿＿＿＿＿＿＿＿＿＿

爸爸或妈妈愿意接受的"惩罚"：＿＿＿＿＿＿＿＿＿＿＿＿＿＿＿＿＿＿＿＿

我的自选"惩罚"

1. 一个周不看动画片。
2. 一个周不要零花钱。
3. 每晚跳绳 500 个或楼下原地拍球 200 个。
4. 每天为父母朗诵一篇文章。
……

父母的自选"惩罚"

1. 亲子阅读 1 小时。
2. 亲子运动 1 小时。
3. 一起外出游玩半天。
4. 做一桌孩子最喜欢吃的美食。
……

盛夏，正是水果大量上市的季节。饭后，我们可以发挥创意，通过组合搭配，制作精美的水果拼盘，与全家人一起分享，获得劳动的快乐和美的享受。本月你做了哪些水果拼盘，给它们起个响亮的名字吧！

表 3-7　水果拼盘用料记录表

拼盘名字	所用的果蔬
可爱的螃蟹	苹果、葡萄

你觉得哪一次做的拼盘最成功，用到哪些水果，你的父母如何夸赞你的？试着把做的过程和喜悦记录下来吧。

_____

_____

_____

_____

_____

_____

_____

_____

_____

_____

_____

饮食文化篇

表 3-8　探寻节气里的美食——"学厨"主题劳动教育活动

节气	立秋 （8月8日—22日）	班级		姓名	
我知道	天气特点：立秋节气预示着炎热的夏季即将过去，秋天就要来临。气温的早晚温差逐渐明显，往往是白天很热，而夜晚却比较凉爽。 节气农事：对于农民来说，秋天意味着一整年的收获，立秋节气是个好的兆头。				
我会做	今年立秋时节的最后一天是七夕节，又称乞巧节、七姐节，是中国民间的传统节日。七夕的应节食品，以巧果最为出名，款式极多，主要的材料是油面糖蜜，是七夕节的传统祭品和美点。七夕晚上人们把"乞巧果子"端到庭院，全家人围坐，品尝做"巧果"人的手艺。今晚，让家人尝尝你的手艺，好吗？ 主料：_____ 副料：_____ 我是这样做的：_____ _____ _____ _____ _____ _____				

科学探究	中国科学院天文台研究员王思潮说,牛郎与织女是民间的一种叫法,其实在天文学上牛郎星的中文名为河鼓二,而织女星称为织女一,他们分别是天鹰座和天琴座的亮星。明代郑和下西洋时,曾以织女星为航海的导航标志之一。 王思潮介绍,在晴夜,可找一处不受城镇灯光影响的安全地方,仰头静望,在头顶附近,银河中间与两边有 3 颗明亮的星星,其中最亮的一颗呈青白色,她在银河西北边,这就是织女星。另一颗亮星在织女星的南偏东,即银河的东南边,他就是牛郎星。牛郎星是颗微黄色的亮星。理论上说,"牛郎"与"织女"的"相会"是非常困难的。根据现代天文观测及测算结果,牛郎和织女这对有情人相距 16 光年(1 光年约等于 10 万亿公里),即使牛郎给织女打个电话,织女也要等到 16 年后才能听到。
我会读	七夕 〔唐〕白居易 烟霄微月澹长空,银汉秋期万古同。 几许欢情与离恨,年年并在此宵中。 秋夕 〔唐〕杜牧 银烛秋光冷画屏,轻罗小扇扑流萤。 天阶夜色凉如水,坐看牵牛织女星。
爸爸妈妈说	

诗人与美食

"如果我每天能吃到三百颗荔枝,我愿意永远都做岭南人!"你听——这是哪个"贪吃鬼",居然说每天要吃三百颗荔枝?

"天下的美食我都要尝尝,我就是一个爱吃的人!"

原来是宋代大诗人苏东坡。他不仅爱吃,还会吃,也会做,可真是一个"被写诗耽误的美食家"!

你瞧,见到惠崇的春日江景图,里面的美味河豚便游进了苏东坡的脑海里。

惠崇春江晚景
〔宋〕苏轼
竹外桃花三两枝,春江水暖鸭先知。
蒌蒿满地芦芽短,正是河豚欲上时。

苏东坡在黄州做官时,发现当地出产的猪肉很好,价格也低廉。怎么做才好吃呢?他找到了一种好办法:洗净小锅,放入肉和调料,但不要多加水,然后点燃木柴,用小火慢慢焖烧。等火候足够时,自然就是极好吃的一道菜了!他的做法经过后人不断地改进,慢慢变成了我们今天的名菜——东坡肉。

〚我的随想〛_____

_____

_____

_____

_____

食物从哪里来

作为一名喜欢做美食的"小厨师",我们需要认识一些食材。在传统饮食文化中有"五谷、五果、五畜、五菜"之说,你知道它们分别指的是什么吗?看看下面的图片,认识哪种食材就在下面写出它们的名字吧。如果有不认识的,可以上网查阅或请教身边的家人。比一比,谁是博学的"小厨师"!

1. 认识五谷

五谷有许多不同的说法,从古流传的是稻、黍(shǔ)、稷(jì)、麦、菽(shū)这五种,稻是水稻、大米,黍是黄米,稷是小米,麦是小麦,菽是大豆,同学们请对照图片认一认、写一写。

图 3-3 五谷图

2. 认识五果

五果一般是水果，实际上是水果和干果的统称，分别指的是枣、李、栗、桃、杏，这些果实中含有的丰富营养成分对人体健康大有益处。同学们请对照图片认一认、写一写。

图 3-4　五果图

3. 认识五畜

农村多会养殖一些家畜用来吃肉，常见的有牛、犬、羊、猪、鸡，统称五畜。同学们请对照图片认一认、写一写。

图 3-5　五畜图

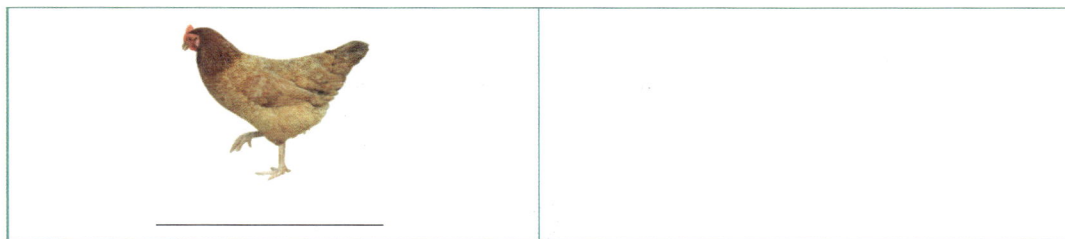

图 3-5　五畜图(续)

4. 认识五菜

在古代蔬菜比较贫乏,所以人们把常吃的五种蔬菜称为五菜,分别是葵(冬葵)、韭、藿(huò,大豆叶)、薤(xiè,小蒜苗)、葱,依次对应着甘、酸、咸、苦、辛五个味道。

图 3-6　五菜图

5. 馒头的旅程

一粒麦种,变成又香又甜的大馒头,需经过一个长长的生产历程,需要经过许许多多工人、农民的辛勤劳作。真可谓:"谁知盘中谁知盘中餐,粒粒皆辛苦。"

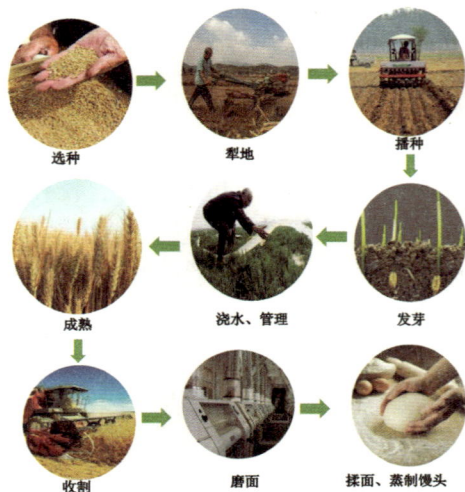

图 3-7 馒头的生产历程图

通过观察"馒头的旅程",我们知道了吃一个馒头要经过"选种""犁地"等十几道工序,每道工序都有很多劳动者付出了大量劳动。当你吃着香甜的馒头时,有什么想说的?试着写写你的想法。

6. 挑战任务

刚才我们观看了"馒头的旅程",请你再观察一种你喜欢的食物的旅程,如"西红柿的旅程""土豆的旅程"等,试着用文字、箭头或绘图表现出来。

（二）中高年级暑假活动设置

前　言

亲爱的同学们,快乐的暑假已经来到,爸爸妈妈早出晚归忙着上班,这正是我们师小厨娃大显身手的时刻。请和爸爸妈妈一起定下劳动契约,用心完成劳动实践作业,了解饮食文化,学习烹饪,承担日常家务劳动,为爸爸妈妈减轻负担,做家庭中的小主人。

劳动是一切幸福的源泉。假期里,让我们学会爱自己,重视膳食营养搭配,按时吃早饭,不偏食,养成健康饮食习惯。其次,我们要学会爱父母,为忙碌的爸爸妈妈准备热气腾腾的餐饭,和父母一起享受下厨的幸福时光,在劳动体验中感受食物带来的爱与传承吧!

学厨实践篇

七月份家务劳动契约书

我是劳动小达人_____,为提升厨艺,培养我自理自立能力,我与爸爸妈妈协商,本月主动承担部分家务劳动。为理清双方权利义务,签订此契约书。

我自主承担以下家务:

基本任务:每天为家人准备一份营养早餐。

挑战任务:学习做打卤面、凉拌面或杂酱面。

个性任务:_____

爸爸妈妈需承担监督、评价和见证任务。

表 3-9 "七月份家务劳动契约书"家长评价表

周 次	评 价	周 次	评 价
第一周	☆ ☆ ☆	第二周	☆ ☆ ☆
第三周	☆ ☆ ☆	第四周	☆ ☆ ☆
综合评价			

（注：三颗星分别代表基本任务、挑战任务和个性任务，每完成一项任务得一颗星，可在相应星处涂色或打"√"，评价要结合当周的任务完成与前一周的比较是否有进步。）

双方约定"说话要算数"，不得以任何理由提出停止契约。如果不按要求完成约定，需要接受"惩罚"。

我愿意接受的"惩罚"：_____

爸爸或妈妈愿意接受的"惩罚"：_____

我的自选"惩罚"

1. 一个周不看动画片。
2. 一个周不要零花钱。
3. 每晚跳绳 500 个或楼下原地拍球 200 个。
4. 每天为父母朗诵一篇文章。
……

父母的自选"惩罚"

1. 亲子阅读 1 小时。
2. 亲子运动 1 小时。
3. 一起外出游玩半天。
4. 做一桌孩子最喜欢吃的美食。
……

美味凉拌面

盛夏来临，从养生的角度来说，此时人们适宜饮食清淡，少吃油腻。在我们北方，到了夏天就可以大吃生菜、凉面，用以清泄暑热、增进食欲。可以想象，炎炎夏日，如果能吃上一碗清爽鲜美的凉拌面，该是一种多么美妙的感受啊！

在一些美食平台上，还有许多更美味的做法呢，酸的、甜的、辣的、麻的……应有尽有。你可以从中找出一种家人最喜欢的口味，尝试做起来吧！

表 3-10 "凉拌面"制作过程记录表

年级		小厨师姓名	
准备原料			
劳动过程我记录			

父母评	你制作的"美味凉拌面"味道如何？在制作过程中表现怎样？请爸爸妈妈作为美食家为你点评吧！

营养早餐我来做

一天之计在于晨，早餐的营养摄入对每个人来说都很重要。本月劳动契约的基本任务是"为家人做营养早餐"，你是如何为家人做的早餐呢，都做了哪些花样早餐，你的家人是如何表扬你？请选择其中一日你最得意的早餐，写写你准备了哪些食材，如何做的，看着家人高高兴兴地吃，你有什么想法？试着记录下来吧！

表 3-11　"营养早餐"制作过程记录表

年级		小厨师姓名	
准备原料			
劳动过程 我记录			
父母评	你做的早餐口味如何？在制作过程中表现怎样，请爸爸妈妈为你写下真诚的评价吧！		

八月份家务劳动契约书

我是劳动小达人＿＿＿＿＿＿＿＿，为提升厨艺，培养我自理自立能力，我与爸爸妈妈协商，本月主动承担部分家务劳动。为理清双方权利义务，签订此契约书。

我自主承担以下家务：

基本任务：每周为家人准备一份凉拌菜（如凉拌黄瓜、凉拌芹菜等）。

挑战任务：学习做排骨汤。

个性任务：＿＿＿＿＿＿＿＿＿＿＿＿＿＿＿＿＿＿＿＿＿＿＿＿＿＿＿＿＿

爸爸妈妈需承担监督、评价和见证任务。

表 3-12 "八月份家务劳动契约书"家长评价表

周　次	评　价	周　次	评　价
第一周	☆☆☆	第二周	☆☆☆
第三周	☆☆☆	第四周	☆☆☆
综合评价			

（注：三颗星分别代表基本任务、挑战任务和个性任务，每完成一项任务得一颗星，可在相应星处涂色或打"√"，评价要结合当周的任务完成与前一周的比较是否有进步。）

双方约定"说话要算数"，不得以任何理由提出停止契约。如果不按要求完成约定，需要接受"惩罚"。

我愿意接受的"惩罚"：_____

爸爸或妈妈愿意接受的"惩罚"：_____

我的自选"惩罚"

1. 一个周不看动画片。
2. 一个周不要零花钱。
3. 每晚跳绳 500 个或楼下原地拍球 200 个。
4. 每天为父母朗诵一篇文章。
......

父母的自选"惩罚"

1. 亲子阅读 1 小时。
2. 亲子运动 1 小时。
3. 一起外出游玩半天。
4. 做一桌孩子最喜欢吃的美食。
......

我的拿手凉拌菜

炎炎夏日，为家人端上一盘可口的凉拌黄瓜或芸豆，是多么惬意的一件事。本月劳动契约的基本任务是"每周为家人准备一份凉拌菜"，你为家人做了哪几种凉拌菜？请选择一份你最得意的凉拌菜，写写你准备了哪些食材，如何做的，看着家人高高兴兴地吃，你有什么想法？试着记录下来吧！

表 3-13 "凉拌菜"制作过程记录表

年级		小厨师姓名	
准备原料			
劳动过程我记录			

续表

父母评	你做的凉拌菜口味如何？在制作过程中表现怎样,请爸爸妈妈为你写下真诚的评价吧!

莲藕排骨汤

8月8日立秋。夏日的余热未消,"秋老虎"也虎视眈眈,天气逐渐转向干热。此时人们最容易感到疲劳。饮食方面我们还是要以清热解暑为主,但相对炎热的夏天要有所变化,多喝水、淡茶、菜汤等,可以增强我们的体力。其中,"莲藕排骨汤"这道汤菜最适合立秋时节,既能够补身体还不会上火。

请同学们通过上网查询或者请教爸爸妈妈自主学习制作的方法,从食材采买到烹饪,完成一条龙的汤菜制作,快来挑战吧!

表 3-14 "莲藕排骨汤"制作过程记录表

年级		小厨师姓名	
准备原料			
劳动过程 我记录			
父母评	你做的莲藕排骨汤口味如何?在制作过程中表现怎样,请爸爸妈妈为你写下真诚的评价吧!		

学厨实践篇

表 3-15 厨房里的中草药——牟平区新城小学劳动活动记录

年级		姓名	
老师说	同学们,今天我们认识了一些厨房里的中草药,如山药、花椒、干姜、八角等,知道了它们的药用价值、食疗方法以及如何保存。回家观察你家厨房里有哪些中草药,保存方法是否正确,再根据今天所学知识用上一味或几味中草药,为家人做一道美食吧!		
我会做(请你用上一味或几味中草药,为家人做一道美食,记录做的过程和感受)	我家厨房里的中草药:_____ 我做的美食名称:_____ 用的中草药名称:_____ 做的过程及口味:_____ _____ _____ _____ _____ _____		
父母评			

美食有故事

1. 丹青与美食

在中国艺术史上,有不少关于画家与美食的佳话,张大千就是其中的一位。但相比他的艺术成就,张大千更愿以美食家自居。

张大千在 1978 年《菜根香》这幅画中,所呈现的对象就是普通百姓日常饭桌上的蔬菜。清脆的白菜和鲜嫩的菜根,被艺术家赋予一种特殊的精神品格。他的作品中透露着他对生活的热爱,对美食的热爱。在敦煌写生期间,张大千还发明了许多运用当地食材烹饪的新菜。在他留下的一张菜单上,菜品丰富,有一道菜是"鲜蘑菇炖羊杂"。在他眼里,美食与艺术不能分开。正如画家自己所说,一个真正的厨师与画家一样,都是艺术家。张大千就是通过他的绘画作品来展示日常之物,并以此来呈现百姓所见所闻所用所吃中的朴素之美。这或许就是他的作品让观者深深感动的原因。

张大千的创作经历启示我们,美食之境与艺术之境是相通的。中国传统绘画艺术的境界,常不离百姓日用。画家不仅在美食体验中获取灵感,还常在美食的体验中成就他们的艺术创作。

〖我的随想〗_____

_____

_____

2. 冬奥与美食

在北京冬奥会紧张的竞技之余,许多外国运动员都把精力放在了,"沉浸式"体验冬奥村的美食上。

麻辣鲜香、清脆爽口,香甜软糯、酱香浓郁……。冬奥村里,既兼顾中西方饮食文化特点,又满足运动员营养需求的冬奥美食,受到各国运动员的欢迎。

这些菜品中就有来自白洋淀畔的浓郁味道。冬奥菜单收录的 360 道菜点里,有 6 道菜点源自雄安。白洋淀炖杂鱼、雄安鱼片、白洋淀八蒸碗、白洋淀小虾糊饼、白洋淀烹熘虾、翡翠白菜蒸饺。

从小在白洋淀边上长大的河北保定厨师陈爱军,对荷花、鱼、虾等食材非常熟悉。他将水乡特色作为冬奥菜单的创作灵感,经过反复研究,设计了 6 道,既具有家乡饮食特点,又具有吉祥寓意的菜品。

陈爱军说,从事餐饮业已经 41 年,我想用我的方式为冬奥会作贡献,希望用美食服务冬奥,为运动健儿加油,借此机会让保定菜、冀菜,在世界舞台飘香,一道道冬奥美食,传递的不仅仅是舌尖上的幸福,还是家乡味道和地域文化。

〖我的随想〗_____

_____

_____

3. 博主与美食

走进金苇杭家,房间里大小鱼缸五六个,五颜六色的热带鱼游来游去。环顾整个家,最引人注目的是一个精心改造的开放式厨房,食材、调料摆放杂乱而"有序"。

金苇杭目前拥有 20 多万粉丝的美食视频博主,他在网上分享做饭视频,教更多人学习制作美食。每逢过年,他都会用自己独特的方式来庆祝,在互联网上与网友"云过年"。

"自从当了美食博主,家里的年夜饭就被我包了。父母点菜,每吃完一道菜还要点评一下。"金苇杭说,"过年最重要的是跟家人团聚,同时我也想跟一路陪伴我的网友一起分享。"

"2022 年春节,我开始尝试公益送饭活动,自己做了 50 份早餐,到街上随机送给这个城市里临近过年还在忙碌的劳动者。"金苇杭说。

大年初一,金苇杭发布了最新一条视频,记录小年夜的公益送饭活动。从买菜、做饭到送饭,他从下午两三点忙碌到次日凌晨三四点,只为给深夜里守护城市的劳动者送去 22 份夜宵。

"让我感触最深的是一个深夜交班的出租车司机,从下午三四点接车到半夜一点多下班,平时这段时间他从来不会吃饭,都是第二天再吃,所以小年夜他拿到夜宵后眼眶湿润地说,'没想到还有这个'。"金苇杭觉得,"这样的过年方式对我来说很有意义,一个人能感受到自己的社会价值是件很幸福的事。"

〖我的随想〗_____

_____

_____

_____

_____

4. 诗人与美食

陆游作为诗人,现存诗数量轻松进入历史前三名,此外他还有另一个隐秘身份:美食家。

在陆游9 300多首存诗里,记载食物的就超过3 000首,让我们能详尽地了解宋朝的食材、菜式和饮食文化。平日里的陆游,经常会化身"家庭煮夫",还经常总结自己的"做菜经",如:"今日山翁自治厨,嘉肴不似出贫居。白鹅炙美加椒後,锦雉羹香下豉初。箭茁脆甘欺雪菌,蕨芽珍嫩压春蔬。"

陆游在诗里写道,炙白鹅要加"椒"才美味。这说的不是辣椒,而是花椒。在明朝后期,辣椒才会从南美传入中国。在花椒的故乡四川,先生遇到了他深深赞叹的舌尖魔法。

爱美食,爱生活,源自陆游那一颗赤子之心。也正因为是赤子,哪怕在田间做了几十年的老农,与青山绿树为邻,他也从未委顿,从未舍弃对日子深切的爱。

5. 我与美食

生活中一日三餐,看起来简简单单,却藏着许多技巧和经验。

周末的下午,妈妈教我做蛋炒饭。当我走进厨房,系上妈妈的围裙时,心里顿时有一种说不出来的快乐,此时的我仿佛是一位大名鼎鼎的厨师。我把妈妈提前准备好的食材洗干净,放在小菜板上。妈妈让我把胡萝卜、火腿肠、葱切成小丁。我左手抓着胡萝卜,右手拿刀试切。一下,两下……咦,平时看妈妈切菜轻松自如,这刀一到我的手里怎么就这么不听使唤呢?妈妈在旁边提醒我小心切到手,还叮嘱我切的东西大小要差不多。我费了九牛二虎之力才切完了一根胡萝卜。

一切准备就绪,妈妈让我打火坐锅,然后我往锅里倒入了少量的油。等了一分钟左右,油热了,我立刻倒入了鸡蛋,并把火关小。等鸡蛋成形后,我用铲子慢慢地翻炒并捣碎,然后盛到碗里。我又在锅里倒了点儿油,等油热了以后,我将切好的火腿肠、胡萝卜、葱,还有绿豆、玉米一起倒入锅中,只听"滋啦"一声,吓得我差点把盘子扔到了锅里。我拿着铲子远远地翻炒着,可还是被溅出的油烫了一下。我将米饭倒入锅中,经过几分钟的翻炒,香味扑鼻而来。再看着锅里的炒饭,好像白玉镶嵌着一颗颗红色的玛瑙、绿色的翠玉和耀眼的碎金,我的口水已是"飞流直下三千尺"了。

关火之后,我迫不及待地将炒饭盛入碗里端上桌。今天的炒饭好像格外地香,因为这顿饭,是我辛勤劳动的成果,它让我感受到了成功的喜悦。爸爸妈妈为我做了这么多年的饭菜,劳累辛苦,却从未有过怨言。今天我学会了做蛋炒饭,以后有时间我还要向妈妈学习做其他的菜,我就可以好好地孝敬他们了。

(作者:牟平区新城小学四年级　林子悦)

〖我的随想〗_____

_____

_____

_____

_____

（三）节气主题劳动活动设置

表 3-16　探寻节气里的美食——"师娃学厨"主题劳动教育活动

节气	小暑 （7 月 7—22 日）	班级		姓名	
我知道	天气特点:小暑来临热三分。小暑节气标志着我国大部分地区进入炎热季节,气温逐渐升高,但还没有热到极点。 节气农事:小暑前后,农业生产上主要是忙着田间管理。				
我会做	绿豆汤,解渴消暑,是炎炎夏日的佳品。每天为上班的父母熬份绿豆粥,是件多么温暖和幸福的事！现在,让我们一起研究一下绿豆粥的做法吧！				
	绿豆的营养价值	绿豆中含有的蛋白质,是小麦面粉的 2.3 倍、大米的 3.2 倍,还含有人体所必需的 8 种氨基酸。			
	绿豆汤的制作方法 （小提示:需准备哪些材料,需泡多长时间,需煮多长时间）				
	绿豆汤为什么能解暑?				
	煮的绿豆汤为什么有时是红色的,有时是绿色?	（小提示:学着自己上网查查或动手试试,找出答案）			
	制作绿豆汤注意事项				

续表

我会做	拓展： 绿豆还有哪些其他吃法？试着选一种吃法做做看。 （拍图贴在右面，或者在右面画一画）	
我会读	🌴 小暑诗词 ☀️	夏日南亭怀辛大 ［唐］孟浩然 山光忽西落,池月渐东上。 散发乘夕凉,开轩卧闲敞。 荷风送香气,竹露滴清响。 感此怀故人,中宵劳梦想。 夏夜追凉 ［宋］杨万里 夜热依然午热同,开门小立月明中。 竹深树密虫鸣处,时有微凉不是风。
我的收获		

表 3-17　探寻节气里的美食——"师娃学厨"主题劳动教育活动

节气	大暑 （7月23日—8月6日）	班级		姓名	
我知道	天气特点:大暑大暑,上蒸下煮。大暑时节是我国广大地区一年中最炎热的时期,雨水偏多,气温较高。 节气农事:大暑前后是一年中温度最高的时间,农作物生长也最快。				
我会做	大暑时节,很多地方都有吃面的习俗。夏天吃热汤面,可以让身上发汗,去除体内的潮气和暑气,还有的爱吃凉拌面、杂酱面。今天,我们一起研究面的做法吧!				
	你了解的家常面有哪些？				

我会做	面的制作方法 (选一种面写出它的制作过程:需准备哪些材料,怎么做,应注意什么问题?将做好的面拍图贴在右下角,或者在右下角画一画)	
	面条的由来	面条起源于中国,已有4 000多年的制作食用历史。最早的面条被叫作"饼"或"汤饼"。1 500多年前的《齐民要术》首次记载了制作面条的方法。
	吃面条的寓意	
	拓展: 生活中同学们还常吃方便面,你知道方便面为什么是波浪形,方便面吃多了有什么危害?	

我会读	🐢大暑诗词☀ 销暑 〔唐〕白居易 何以销烦暑,端居一院中。 眼前无长物,窗下有清风。 热散由心静,凉生为室空。 此时身自得,难更与人同。 夏日山中 〔唐〕李白 懒摇白羽扇,裸袒青林中。 脱巾挂石壁,露顶洒松风。
我的收获	

表 3-18　探寻节气里的美食——"师娃学厨"主题劳动教育活动

节气	立秋 （8 月 7—22 日）	班级		姓名	
我知道	天气特点：立了秋，凉飕飕。暑去凉来，秋天开始，此后气温逐渐下降。 节气农事：对于农民来说，秋天意味着一整年的收获，立秋节气是个好的兆头。				
我会做	伏天胃口差，不少人都会瘦一些，到了立秋要"贴秋膘"。吃味厚的美食佳肴，首选吃肉。人们做红烧肉、肉馅饺子、炖鸡鸭等。现在，我们一起研究红烧肉的做法吧！				
	历史典故	提起红烧肉（东坡肉），大家自然想起苏东坡。"黄州好猪肉，价钱如粪土，富者不肯吃，贫者不解煮。慢着火，少着水，火候足时它自美。每日早来打一碗，饱得自家君莫管。"从这首苏东坡的《食猪肉》，不难看出苏老先生不仅是"每日早来打一碗好吃"，而且，还深谙红烧肉"慢着火，少着水，火候足时它自美"的烹饪之道。			
	红烧肉的制作方法（红烧肉有 27 种做法，请你选一种写出它的制作过程：须准备哪些材料，怎么做，应注意什么问题？将做好的肉拍图贴在右下面，或者在右下面画一画）				
	烹调红烧肉的技巧	原料一般选用上好五花肉或者"坐臀肉"；炖肉时最好用冰糖，比白糖做出来的颜色要亮，好看，而且口感也更好。			
	菜品特色				
	拓展： 红烧肉好吃但不提倡天天吃，了解下吃红烧肉的好处和坏处？为什么吃完红烧肉要多运动？				
我会读	🐉立秋诗词☀ 　　　　　立秋日曲江忆元九 　　　　　[唐] 白居易 下马柳阴下，独上堤上行。 故人千万里，新蝉三两声。 城中曲江水，江上江陵城。 两地新秋思，应同此日情。				

续表

我会读	初秋 ［唐］孟浩然 不觉初秋夜渐长,清风习习重凄凉。 炎炎暑退茅斋静,阶下丛莎有露光。
我的收获	

表 3-19　探寻节气里的美食——"师娃学厨"主题劳动教育活动

节气	处暑 （8 月 23 日—9 月 6 日）	班级		姓名	
我知道	天气特点:处暑天不暑,炎热在中午。"处"为结束的意思,暑气即将结束,天气将变得凉爽了。 节气农事:处暑风凉,收割打场;秋菜定苗,锄草防荒;各种害虫,综合预防。				
我会做	处暑饮食的则:吃酸不吃辣、吃"果"不吃"瓜",吃热不吃凉。适宜食用一些山药、萝卜、藕、豆腐、黑木耳、蜂蜜等。今天,我们一起研究山药的吃法吧!				
	山药的营养价值	滋补脾胃的食物首推山药,它是健脾、补肾的佳品。山药黏糊糊的汁液,能保持血管弹性,还有润肺止咳的功能。			
	山药的制作方法 (山药有多种做法,请你选一种写出它的制作过程:需准备哪些材料,怎么做,应注意什么问题?将做好的菜拍图贴在右下面,或者在右下面画一画)				
	山药的烹调技巧	如果用山药来炒菜,可以先把山药放在沸水中焯一下,立刻捞出,这样能保持脆爽的口感;如果要用山药炖菜,最好在汤汁沸腾后再加入,并用大火快速煮开。			

续表

我会做	山药种类	
	拓展: 铁棍山药是山药中的上品,了解铁棍山药的产地,为什么它是山药中的上品?如何选购山药?	
我会读	🏝处暑诗词☀️	早秋曲江感怀 [唐]白居易 离离暑云散,袅袅凉风起。 池上秋又来,荷花半成子。 朱颜易销歇,白日无穷已。 人寿不如山,年光急于水。 青芜与红蓼,岁岁秋相似。 去年此悲秋,今秋复来此。
我的收获		

(四)项目化学习成果报告

表 3-20 "探索海洋 守护自然"——项目化学习成果报告

1. 研究内容简介

研究内容名称	探索海洋 守护自然	年级	四年级
研究内容类型	跨学科研究性学习	研究时长	10 课时
主要学科	综合实践	涉及学科	语文、美术、科学
研究内容概述	牟平与海为邻,大海是我们的故乡,我们世代享受着大海的馈赠,领略着大海美丽的风光,作为大海的小主人,我们对大海奥秘知道多少呢,又为大海做些什么呢?本学期,我们决定以此为契机,以"探海护海,如何从我做起"为驱动问题,和同学们一起确定方案,深入探索、展开讨论,用自己的热情和智慧进行多方面的研究。研究过程中,我们开展了丰富多彩的活动,实在考察、独立思考、沟通协作等能力得到较大提升,环保意识和主人翁意识也得到增强。		
驱动问题	探海护海,如何从我做起?		

续表

研究目标	学科知识与技能	综合实践学科:(1)能有计划做事,合理安排阶段任务。(2)学会搜集、处理信息。(3)会烹饪常见海鲜,积极参与志愿服务。 语文学科:(1)能有条理地表达自己的观点,提高沟通交流能力。(2)会写活动日记、感悟,提高书面表达能力。 美术学科:(1)能设计制作符合主题的精美手抄报。(2)能动手动脑画出所见所想,绣出创意手工作品。 科学学科:通过实地活动、阅读书籍、观看纪录片,探索海洋奥秘。
	基本品质	(1)能倾听他人的想法,并积极沟通交流。 (2)活动中培养团队合作意识,提高团队协作能力。 (3)在实践中发展创新思维。
研究成果		成果形式:各类活动图片、绘画、"海诗韵文"朗诵会、研究报告、手抄报、活动感悟。 展示方式:课堂交流、成果展示会。
研究评价		过程评价:研究过程记录单。 成果评价:《研究成果分享会活动表现评价量表》《研究学习参与情况评价量表》。

2. 研究启动

(1)提出驱动问题,促进深度学习。

根据劳动清单的安排,本学期四年级的"师娃学厨"劳动课程是"识海鲜""烹海鲜""探海鲜",在课程学习中发现,我们虽从小生活在海边,对大海充满了热爱之情,很多同学家里还养殖扇贝、海参以及各种鱼类等海洋生物,可同学们对各类常见海鲜的认识仅仅停留在表面,有的还叫不上名字,更谈不上了解海洋,保护海洋。这一现象,触发了我们的思考。经过调查、交流,我们形成了统一的意见,决定围绕"探海护海,如何从我做起?"这一驱动问题,开展跨学科研究性学习。在研究学习中了解常见海洋生物、认识海洋资源,懂得海洋保护,明白海洋对人类的重要意义,体会海洋与人类的和谐关系,懂得尊重顺应自然规律。

在解决驱动问题的实践过程中,我们将充分应用综合实践、语文、科学、美术等学科知识,一方面进一步提升搜集信息、分析和利用信息的能力,增强交流沟通能力和书面表达能力,提升艺术表现与创意实践的能力。另一方面可以有效地促进我们从多角度思考,知识技能、学习方式、思维习惯、创新能力也将得以融汇提升。同时,解决身边熟悉的真实的问题情境会进一步加深我们的爱家乡,建设家乡的社会责任感,拓宽我们的学科视野和综合素养。

(2)确定研究内容。

提出"探海护海,如何从我做起?"这一驱动问题,我们开动脑筋,纷纷献言献策。为使研究学习有序进行,我们对提出的想法或建议进行及时梳理、归类,按照驱动问题进行科学策划,合理安排每个阶段的研究任务。第一阶段确定每个成员的研究任务;第二阶段开展具体的研究活动;第三阶段多种形式,展示研究成果。

(3)研究管理,让学习更有效。

① 研究团队约定。一份团队约定,就是一种团队凝聚力。在明确了目标任务和合作规则后,自主制定团队约定,每位成员在约定中郑重地写上了自己的名字。

② 研究团队评价量表。在教师的指导下,我们设计了团队协作能力评价量表(表二),从责任感、参与程度、解决问题三个维度评价小组成员的协作能力。为了确保评价客观,每位成员的协作能力除了自评,还将由小组内其他两位成员进行综合评价。每周进行一次评价,综合实践课上每次留出十分钟的时间组织学生进行自评和互评。如果成员对他人的评价有异议,则将结合小组内未参与评价同学的意见和教师的观察,重新评价。填写完评价表后交由小组长统一保管。

表 3-21　研究团队协作能力评价量表

评价指标	评分等级及分值			得分		
	一星	二星	三星	自评	生1评	生2评
责任感	有时准备好和团队一起工作;做研究任务需要提醒;按时完成了部分任务	准备好了和团队一起工作;无需提醒,按时完成任务	准备好了和团队一起工作;无需提醒;按时完成任务;做了额外的任务			
参与程度	与团队有合作,但是没有积极帮助团队;尝试与他人分享想法,有时能给他人有用的反馈	帮助团队解决问题,能和小级成员分享想法,能给他人有用的反馈;为他人提供帮助	主动帮助团队解决问题;分享想法,能给他人有用的反馈;成员有需要时,能主动提供帮助			
解决问题	很少参与问题解决,有时给小组麻烦,耽误小组成员解决问题	有时会通过行动解决问题,有时会提供解决问题的建议	灵活运用已有知识并通过行动解决问题,乐于和小组成员共同解决			
小计						

3. 研究实施

在"探海护海,如何从我做起?"问题的驱动下,我们确定了的研究主题,借助研究团队契约和研究学习协作能力评价量表,小组合作学习得以有效进行。为使整个研究学习过程有条不紊地进行,在教师的指导下,我们对后续的学习任务和项目实践开展深入讨论,制定出研究日程表。

(1)制定研究日程表。

为了明确内容进程,使研究科学有效地开展,提高研究实施的执行力,我们制定了整个研究具体开展内容与时间安排(表3-22)。

表 3-22　研究日程表

环节	具体内容	时间安排
研究准备	在教师指导下确立"探海护海"研究学习阶段及任务,强调各阶段应注意问题。	1 课时
研究实践	第一阶段在组长带领下确定研究分工。 (1)确定研究时间、研究过程中的分工。 (2)确定各活动的研究记录形式以及最终的表现形式。	1 课时
	第二阶段开展具体的研究活动。 (1)在大队辅导员教师指导下打造校园文化氛围,在科学教师指导下选择相关资料,构建海洋教育课程。 (2)在语文教师协调指导下组建"海诗韵文"朗诵会。 (3)在美术教师的指导下到海边写生、做戳戳绣。 (4)与家长一起到海鲜市场认识各种各样的海鲜,查询做法,做出可口的"海鲜美食"。 (5)与劳动教师一起到海边清理垃圾,进行"保护海洋"宣讲。	4 课时
	第三阶段多种形式,展示研究成果。 (1)"爱海护海"图片、绘画展览分为五大部分,分别是"海洋精灵有秘密""阅读海洋有收获""赶海拾贝有乐趣""多样海鲜有名字""超级海鲜有味道",并配以解说。 (2)"海诗韵文"朗诵会。分经典篇和原创篇两个环节。 (3)进行"保护海洋"宣讲,借此向同学们科普海洋知识,呼吁更多的人减少垃圾排放,保护海洋资。	3 课时
研究展示	举办校园海洋文化节,布置图片、绘画等作品展板,研究小组成员进行现场成果汇报。	1 课时

（2）研究实践。

在设计好"爱海护海"研究学习任务后,小组成员按照研究学习的三个阶段展开实践。

第一阶段在组长带领下确定研究任务。

① 在小组长的主持下确定研究任务,分别是"识海活动""诵海活动""画海活动""品海活动""护海活动"。其中"识海活动""诵海活动"以校内和家庭实践活动为主;"画海活动""品海活动"以学校、家庭、社会实践相结合;"护海活动"以海边实践活动为主。

② 小组成员要根据约定进行研究活动,活动中根据分工,留有图片,做好记录。

第二阶段分别开展"识海""诵海""画海""品海""护海"活动。

① 打造校园文化,构建海洋教育"识海"课程。

围绕"拓宽海洋教育空间,打造海洋特色学校"这一中心,我们在宣传栏设有以知识性、科学性、艺术性为主要元素的海洋科普知识长廊,拓宽海洋教育渠道。在班级墙报中开辟海洋教育专栏,定期展示同学们搜集的海洋知识、书写的海洋日记、描绘的海洋图画等内容。

为了向同学们全面普及海洋文化，我们搜集了海洋教育特色课程，内容包括"海洋环境保护""珍惜海洋资源""海洋军事""海洋生物"等内容，我们还参观了海洋生物馆。

② 融合学科课程，构建海洋教育"诵海"课程。

我们结合语文学科开展"海诗韵文"朗诵会，同学们在朗朗的诵读声中感受海的文学魅力；结合科学课观看纪录片，探索海洋生物的秘密，让学生懂得人类如何与海洋和谐共存。

③ 依托社团活动，构建海洋教育"画海"课程。

我们与"海之情"毛线绣工作坊同学们一起去养马岛的海边写生。回到学校，再根据作品大小裁布钉框，将写生画稿"移"到画布上，进行刺绣，创作"海之情"主题作品，诉说对家乡的热爱。

④ 开展项目化活动，构建海洋教育"品海"课程。

节假日我跟着爸爸、妈妈逛海鲜市场，认识各种各样的海鲜；接着我们向"海鲜美食"发起挑战，清洗、烹饪一条龙；我们还选择自己喜欢的海洋生物进行研究，如横行霸道的小螃蟹、鱼宝宝诞生记、兽中之王——巨鲸……观看《海洋纪录片》《海底两万里》，阅读关于海洋的书籍，记录它们与众不同的生活方式，揭示海洋生物的秘密；和家人一起去海边游玩，挖蛤、捉小螃蟹、捡海螺……

⑤ 开展"守护海洋 净滩行动"志愿服务活动。

在教师的带领下，我们走进养马岛礁石滩公园，将游人丢弃的各种垃圾——进行清理。在净滩的同时，还积极向过往的游客宣传文明出游，动员他们从自身做起，保护好海洋环境。深受感染的游客也主动弯腰将附近的垃圾捡起，并放到我们的垃圾袋中，游客的举动，更让我们切实感受到了本次活动的意义。

第三阶段多种形式，展示研究成果。

此活动分两个部分：一是确定展示形式；二是进行课堂展示。

在展示前，我们在教师的指导下，分小组讨论这两个问题：一是展示内容是什么？二是打算用什么形式来展示？

经过交流探讨，我们明确了以下几个问题。

① 展示的内容为学习过程中搜集到的与"爱海护海"有关各方面的资料，但要结合自己的体会和感悟展示。因为，很多查阅的资料网上随处可见。

② 展示形式可以用口头的方式，如演讲、朗诵自己创作的诗歌及谈感悟体会等；也可以用书面的方式，如手抄报、PPT、调研报告等；还可以以现场展演的形式，甚至可以是多种形式的融合。

③ 展示学习成果时，要求全员参与，并派一位主持人主持本小组的展示活动。

在教师的指导下，第一课时我用 PPT 并配以自己的感悟的解说词进行展示研究过程；第二课时以朗诵诗歌的方式展示；第三课时以宣讲的形式展示。

4. 研究成果展示与评价

经过多路径的深入探究后，我们的内在经验也经历着不断重组、拓展与改造。探究过程中，我们走近大海感受、倾听，为了共同的任务分工、合作，获得了质的成长，尤其对于"为什么要保护海洋"有了更深入的认知和感受。我们通过多种方式呈现这次研究学习的成果。

（1）"爱海护海"图片、绘画展览

图片展分为五大部分，分别是"海洋精灵有秘密""阅读海洋有收获""赶海拾贝有乐趣""多样海鲜有名字""超级海鲜有味道"。小组的讲解员负责介绍此次展览活动，各年级分批前往参观学习。

表3-23　"爱海护海"图片、绘画展览评价表

评价内容	自评	互评	教师评价
能明确活动要求,图片与活动主题有关	★★★★★	★★★★★	★★★★★
在搜集图片中,能积极地提出问题,克服困难并寻找解决问题方法	★★★★★	★★★★★	★★★★★
能探寻图片背后的故事	★★★★★	★★★★★	★★★★★
能主动与他人交流搜集的图片资料	★★★★★	★★★★★	★★★★★
在交流中,对海有进一步的了解	★★★★★	★★★★★	★★★★★

（说明：以上每项评价分三个等级，五星为优秀，四星为良好，三星为加油。）

（2）"海诗韵文"朗诵会

此次诗歌诵读，分两个篇章：经典篇和原创篇。经典篇要求选择表现大海精神的作品进行诵读，原创篇要求把此次学习了解到的海的品格、故事创编成诗歌，并进行诵读展示。此活动分作品、诵读两类评奖，通过学校微信公众号进行展示，进一步激发我们的成就感，并进行持续探究的兴趣。

表3-24　"海诗韵文"朗诵会评价表

评价内容	自评	互评	教师评价
能明确活动要求,根据要求查找与"海诗韵文"相关的资料	★★★★★	★★★★★	★★★★★
在活动过程中,能主动与他人交流、合作	★★★★★	★★★★★	★★★★★
能听取别人的意见,不断完善 自己的方案	★★★★★	★★★★★	★★★★★
遇到问题时,能克服困难,积极寻求解决的方法	★★★★★	★★★★★	★★★★★
能积极与他人交流活动感悟	★★★★★	★★★★★	★★★★★

（说明：以上每项评价分三个等级，五星为优秀，四星为良好，三星为加油。）

（3）"护海"研究宣讲

这个环节分两部分。第一部分,研究报告展示。展示内容为"海洋环境为什么会被破坏""海洋环境被破坏后有什么后果"第二部分,研究团队进行宣讲。

167

表3-25 "护海"宣讲评价表

评价内容	自评	互评	教师评价
能明确活动要求，根据要求进行宣讲	★★★★★	★★★★★	★★★★★
在活动过程中，能主动与他人交流、合作	★★★★★	★★★★★	★★★★★
能听取别人的意见，不断完善自己的方案	★★★★★	★★★★★	★★★★★
遇到问题时，能克服困难，积极寻求解决的方法	★★★★★	★★★★★	★★★★★
能积极与他人交流活动感悟	★★★★★	★★★★★	★★★★★

（说明：以上每项评价分三个等级，五星为优秀，四星为良好，三星为加油。）

5. 研究反思与改进

此次研究学习让我们在经历复杂、真实问题的探究过程中主动学习并掌握相关知识技能，同时发展了我适应未来社会所必备的品格和关键能力。学习中，我既经受了挫折与挑战，也体验了成功和喜悦，这些都是留给我的宝贵财富。

（1）研究经验。

"千淘万漉虽辛苦，吹尽狂沙始到金。"从发现问题到我们一起行动起来保护海洋，在与大海相处的一学期中，我逐渐理解了这句诗的真正含义。正是在这次全新的研究体验中，我真实在体会到各学科从来都不是孤立存在的，正是由各学科教师的指导和启发，多学科知识的融合，我才寻找到各种解决问题的办法。

（2）研究中的遗憾。

本次研究学习结束了，反思整个研究学习的进程，也有一些遗憾之处。如，在推进研究时，我制定了比较详细的时间安排表，但是在实践过程中出现了一些预料之外的情况，这导致部分研究环节没有严格执行计划中的安排。再是后面的成果展示阶段因为分3个星期进行，时间跨度有些长，加上没能在实践过程中实施有效的监控，导致部分同学没有完成任务。这是在以后的研究学习中要引起重视的地方。

（五）低年级寒假活动设置

前　言

亲爱的同学们，快乐的寒假已经来到，新春佳节，一家人聚在一起，正是我们新城小厨大显身手的时刻。请和爸爸妈妈一起定下劳动契约，用心完成劳动实践作业，了解饮食文化，学习烹饪，承担日常家务劳动，为爸爸妈妈减轻负担，做家庭中的小主人。

劳动是一切幸福的源泉。假期里，让我们学会爱自己，重视膳食营养搭配，按时吃早饭，不偏食，养成健康饮食习惯。我们还要学会爱父母，为忙碌的爸爸妈妈准备热气腾腾的餐饭，和父母一起享受下厨的幸福时光，在劳动体验中感受食物带来的爱与传承吧！

学厨实践篇

一月份家务劳动契约书

我是劳动小达人_____，为提升厨艺，培养我自理自立能力，我与爸爸妈妈协商，本月主动承担部分家务劳动。为理清双方权利义务，签订此契约书。

我自主承担以下家务：

基本任务：跟家人到超市、菜市场认识各种蔬菜，并和家人一起择菜、洗菜。

挑战任务：观察学习家人如何切菜，学习做腊八蒜。

个性任务：_____

爸爸妈妈需承担监督、评价和见证任务。

表 3-26 "一月份家务劳动契约书"家长评价表

周　次	评　价	周　次	评　价
第一周	☆☆☆	第二周	☆☆☆
第三周	☆☆☆	第四周	☆☆☆
综合评价			

（注：三颗星分别代表基本任务、挑战任务和个性任务，每完成一项任务得一颗星，可在相应星处涂色或打"√"，评价要结合当周的任务完成与前一周的比较是否有进步。）

双方约定"说话要算数"，不得以任何理由提出停止契约。如果不按要求完成约定，需要接受"惩罚"。

我愿意接受的"惩罚"：_____

爸爸或妈妈愿意接受的"惩罚"：_____

我的自选"惩罚"
1. 一个周不看动画片。
2. 一个周不要零花钱。
3. 每晚跳绳 500 个或楼下原地拍球 200 个。
4. 每天为父母朗诵一篇文章。
……………

父母的自选"惩罚"
1. 亲子阅读 1 小时。
2. 亲子运动 1 小时。
3. 一起外出游玩半天。
4. 做一桌孩子最喜欢吃的美食。
……………

画一画你认识的蔬菜并写出它的名称

_____　　_____

```
┌─────────────┐      ┌─────────────┐
│             │      │             │
│             │      │             │
│             │      │             │
│             │      │             │
└─────────────┘      └─────────────┘
   ─────────            ─────────

┌─────────────┐      ┌─────────────┐
│             │      │             │
│             │      │             │
│             │      │             │
│             │      │             │
└─────────────┘      └─────────────┘
   ─────────            ─────────
```

再选一种你喜欢的蔬菜,了解它的生长过程,并讲给爸爸妈妈听。

爸爸妈妈评:＿＿＿＿＿＿＿＿＿＿＿＿＿＿＿＿＿＿＿＿＿＿＿＿＿＿＿＿＿

表 3-27 "腊八蒜"

牟平区新城小学"探寻节气美食"劳动活动记录

年 级		姓 名	
教师说	"腊八蒜"是一道流行于中国北方的传统小吃,是腊八节节日食俗。冬天经常吃些腊八蒜,对人的身体是有好处的,既杀菌,还解毒。成品蒜呈翠绿色,味道酸辣俱全,十分可口,就着饺子吃更是美味。请你学着做做,与全家人一起品尝吧。		
我会做 （小提示:你需要做哪些准备？然后先做什么,再做什么,密封好放在什么地方合适,一般需泡多长时间就可食用？再上网了解一下腊八蒜变绿的原因）			
家长评			

备注:有条件的同学可以将你做蒜的过程拍照记录下来,分享到班级群里,开学后与同学们一起分享吧。

二月份家务劳动契约书

我是劳动小达人＿＿＿＿＿＿＿＿,为提升厨艺,培养我自理自立能力,我与爸爸妈妈协商,本月主动承担部分家务劳动。为理清双方权利义务,签订此契约书。

我自主承担以下家务：

基本任务：跟家人到超市认识各种调味品，坚持饭前为家人摆放碗筷。

挑战任务：观察家人包饺子的全过程，学习擀饺子皮。

个性任务：_____

爸爸妈妈需承担监督、评价和见证任务。

表 3-28　"二月份家务劳动契约书"家长评价表

周　次	评　价	周　次	评　价
第一周	☆☆☆	第二周	☆☆☆
第三周	☆☆☆	第四周	☆☆☆
综合评价			

（注：三颗星分别代表基本任务、挑战任务和个性任务，每完成一项任务得一颗星，可在相应星处涂色或打"√"，评价要结合当周的任务完成与前一周的比较是否有进步。）

双方约定"说话要算数"，不得以任何理由提出停止契约。如果不按要求完成约定，需要接受"惩罚"。

我愿意接受的"惩罚"：_____

爸爸或妈妈愿意接受的"惩罚"：_____

我的自选"惩罚"

1. 一个周不看动画片。
2. 一个周不要零花钱。
3. 每晚跳绳 500 个或楼下原地拍球 200 个。
4. 每天为父母朗诵一篇文章。
……………

父母的自选"惩罚"

1. 亲子阅读 1 小时。
2. 亲子运动 1 小时。
3. 一起外出游玩半天。
4. 做一桌孩子最喜欢吃的美食。
……………

画一画你认识的调味品并写出它的名称

_____　　_____

_____　　_____

_____   _____

和家人一起讨论下,这些调味品可以做什么菜用?

爸爸妈妈评:_____

表3-29　学擀饺子皮

牟平区新城小学"探寻节气美食"劳动活动记录

年　级		姓　名	
教师说	饺子是中国的传统食物,寓意着"团圆福禄""吉祥如意"等美好祝福。逢年过节,一家人总会团座一起包饺子、吃饺子,其乐融融。仔细观察家人是如何擀饺子皮的,你也试一试吧!		
我会做 (小提示:仔细观察擀饺子皮前先做了哪些准备工作,双手是如何分工协作的,你是怎样擀的,你擀了几个饺子皮,你的心情如何)	我会观察		
	观察身边的大人擀饺子皮,双手是如何分工的?		
	一手捏着面介的边缘不断旋转,另一手擀面介,一会儿,一个圆圆的饺子皮就擀好了。		
	我试着做一做		
	我1分钟擀了(　　　)个饺子皮。		
	我的心情:		
家长评			

(备注:开学后学校将举行擀饺子皮比赛,要求擀时姿势正确,饺子皮的皮厚度合适,形状圆圆的。届时我们比一比,赛一赛,看看1分钟内谁擀得多。)

写一写、画一画不能空腹吃的食物

___冷饮___   ___柿子___

<table>
<tr><td>☐</td><td>☐</td></tr>
<tr><td>_____</td><td>_____</td></tr>
<tr><td>☐</td><td>☐</td></tr>
<tr><td>_____</td><td>_____</td></tr>
</table>

跟家人说一说,为什么不能空腹吃这些食物呢?

爸爸妈妈评:_____

学厨实践篇

表 3-30 "筷"乐探究

姓　名		班　级	
筷子由来	筷子是我们中国人发明的,已有三千多年的历史。当年大禹治水,由于时间紧迫,大禹和老百姓一起风餐露宿,争分夺秒地工作。吃饭时,当热饭端上,大家要待汤凉了才能就餐。大禹认为这样很耽误时间,不利于治水工作的推进,便用两个木棍在汤中夹着吃饭,这样一来就不用等汤凉了。于是众人争相模仿,筷子便应运而生。		
筷子种类	筷子有很多种类:有竹制筷子、塑料筷子……请你查一查、问一问,还有哪些种类的筷子?(至少写出三种)		
正确使用筷子	怎样正确使用筷子呢?请你读一读这首儿歌,再练一练。 筷子五兄弟 大拇哥是老大,两支筷子都帮忙。 二哥三哥夹一支,四哥小弟来垫底。 五个兄弟合作好,团结起来力量大。		
筷子的礼仪	(1)筷子要摆放整齐,不能颠倒放。 (2)_____ (3)_____ (4)_____ ………… 请坚持每天为家人摆碗筷		

续表

"筷"乐时光	请组织家人举行一场用筷子夹花生豆的比赛,感受家庭游戏的快乐时光吧,你1分钟能夹(　　　)个花生豆。
家长评	

备注:活动要注意安全。

实践篇

表 3-31　小蒜苗成长记

姓　名		班　级	
教师说	一头大蒜怎样变成一棵棵葱绿的蒜苗呢,需要多长时间,怎样管理呢?请你用爱心和耐心来试着培育一盆吧!并写一写或画一画它的成长过程,期间你一定会有不一样的发现或感受。		
画一画或写一写小蒜苗成长记(你的小蒜苗每天有什么变化,你是否感受到生命的神奇与力量?)			
家长评			

知识篇

怎样吃橘子不上火

1. 连橘络一起吃

橘子不仅仅有橘子瓣,还有敷在橘肉上的橘丝,又名橘筋,中药名为橘络。有通经络、舒气、化痰等功效,古方中橘络炖猪蹄还能缓解心脏病。因此,吃橘子的时候要连橘络一起吃。

2. 吃热橘子

热橘子服用之后不会出现上火的情况,这是因为橘子皮中所含有的挥发油等物质都会渗透到橘子内里之中,这样不仅不会上火,同时还能够达到美容养颜的作用。

热橘子的做法:首先将橘子清洗干净备用,然后将橘子放入 40 ℃～50 ℃ 的温水中一分钟,将橘子取出擦拭干净,放入微波炉中加热一分钟即可。家里有暖气的同学就更加方便了,把橘子放在暖气片上,不仅能吃到烤橘子,还能收获满屋子的清新橘子香。

3. 搭配凉性食物一起吃

橘子性温,搭配梨、黄瓜、柚子、莲子、莲藕等凉性食物一起吃,可以有效防止上火。另外,菊花茶、金银花茶等凉性饮品也很适合。

〖我的随想〗_____

_____

_____

家乡美食

1. 鲅鱼饺子

鲅鱼饺子是我们烟台的特色美食。2013 年,鲅鱼饺子食俗被认定为山东省级非物质文化遗产;2015 年,登上了中央电视台《舌尖上的中国》。

鲅鱼的肉很嫩,可用刀剔,也可用勺子把鱼肉从鱼皮上刮下。接下来请出饺子馅儿里的黄金配角——一小块肥膘肉。把洁白的鲅鱼肉连同剁好的肥膘充分搅拌,同时,要不断加葱姜水,搅拌至鱼肉鲜嫩。

鲅鱼肉最适合与韭菜搭配。将切好的韭菜放入鱼馅,加盐继续搅拌,充分融合后再包成饺子。鲅鱼比其他肉馅更容易熟,五分钟即可出锅,煮太久鱼肉的口感就不那么鲜嫩。

趁热咬破薄而透明的面皮,露出白嫩多汁的鱼肉,细细一嚼,汁水鲜香四溢。韭菜味道裹挟着鲅鱼的鲜香与肥肉的荤香,味道特别鲜美。

〖我的随想〗_____

_____

_____

2. 荠菜水饺:一口把春天吃进嘴里

春风十里,不如荠菜半斤。在野菜中,荠菜的味道是最好的,在烟台,包上一顿鲜掉牙的荠菜饺子,才是迎接春天的正确打开方式。

每年开春,烟台人都爱去田地里挖野生的荠菜,回家后用水洗干净,焯水后取出过凉,挤干水分备用。新鲜的猪肉洗净放案板上先切成薄片,再剁碎放入盆中,倒入生抽、蚝油拌匀,分次加适量水往一个方向搅拌均匀。荠菜、香菜、姜、葱分别切碎放肉馅盆里,倒入香油拌匀,再放盐、调料调味即可。擀好饺子皮,包入饺子馅,锅中水烧开后下入饺子。煮好后的饺子,皮薄馅大,一口咬下去,鲜嫩多汁,真是春天的味道。

烟台人吃荠菜饺子的奥妙,除了春意浓郁、鲜香爽口之外,还有"积财""百财""积百财"的吉祥谐音,同时寄托了祈盼丰收、发家致富的美好愿望。

〖我的随想〗_____

_____

_____

(六)中高年级寒假活动设置

前　言

亲爱的同学们,快乐的寒假已经来到,新春佳节,一家人聚在一起,正是我们新城小厨大显身手的时刻。请和爸爸妈妈一起定下劳动契约,用心完成劳动实践作业,了解饮食文化,学习烹饪,承担日常家务劳动,为爸爸妈妈减轻负担,做家庭中的小主人。

劳动是一切幸福的源泉。假期里,让我们学会爱自己,重视膳食营养搭配,按时吃早饭,不偏食,养成健康饮食习惯。其次,我们要学会爱父母,为忙碌的爸爸妈妈准备热气腾腾的餐饭,和父母一起享受下厨的幸福时光,在劳动体验中感受食物带来的爱与传承吧!

学厨实践篇

一月份家务劳动契约书

我是劳动小达人_____,为提升厨艺,培养我自理自立能力,我与爸爸妈妈协商,本月主动承担部分家务劳动。为理清双方权利义务,签订此契约书。

我自主承担以下家务:

基本任务:为家人煮各种口味的粥。

挑战任务:三到五年级同学分别学习切土豆块、土豆片、土豆丝。

个性任务:_____

爸爸妈妈需承担监督、评价和见证任务。

表3-32　"一月份家务劳动契约书"家长评价表

周　次	评　价	周　次	评　价
第一周	☆☆☆	第二周	☆☆☆
第三周	☆☆☆	第四周	☆☆☆
综合评价			

(注:三颗星分别代表基本任务、挑战任务和个性任务,每完成一项任务得一颗星,可在相应星处涂色或打"√",评价要结合当周的任务完成与前一周的比较是否有进步。)

双方约定"说话要算数",不得以任何理由提出停止契约。如果不按要求完成约定,需要接受"惩罚"。

我愿意接受的"惩罚"：_____

爸爸或妈妈愿意接受的"惩罚"：_____

我的自选"惩罚"
1. 一个周不看动画片。
2. 一个周不要零花钱。
3. 每晚跳绳 500 个或楼下原地拍球 200 个。
4. 每天为父母朗诵一篇文章。
…… ……

父母的自选"惩罚"
1. 亲子阅读 1 小时。
2. 亲子运动 1 小时。
3. 一起外出游玩半天。
4. 做一桌孩子最喜欢吃的美食。
…… ……

表 3-33 腊八粥

牟平区新城小学"探寻节气美食"劳动活动记录

年 级		姓 名	
教师说	腊八粥是一种由多样食材熬制而成的粥。喝"腊八粥"是腊八节的习俗,腊八粥的传统食材包括大米、小米、玉米、薏米、红枣、莲子、花生、桂圆和各种豆类(如红豆、绿豆、黄豆、黑豆、芸豆等)。腊八粥可加糖变成甜品,也可加少量盐,它有增强人体免疫力的作用。请选择一种你喜欢的吃法,学着做做,与全家人一起品尝!		
我会做（小提示:你准备了哪些食材,需泡多长时间,需煮多长时间,你喜欢什么口味的?）			
家长评			

备注:有条件的同学可以将你做粥的过程拍照记录下来,分享到班级群里,开学后与同学们一起分享吧。

切土豆小诀窍

土豆,学名马铃薯,富含淀粉、蛋白质及胡萝卜素等成分,能给人体提供大量的热能,有补充营养、养胃、宽肠通便、利水消肿的功效。

表 3-34 "切土豆小窍门"劳动记录表

年 级		小厨师姓名	
切菜工夫	1. 切土豆片( ); 2. 切土豆块(; 3. 切土豆丝( ) 你学会了切片、切块,还是切丝?学完了哪几样,请在对应的括号里打√。		
劳动过程 我记录 (小提示:使用刀具安全第一。拿土豆的手怎样放置最合理?切土豆时怎么处理土豆能让土豆"站"稳不乱滚动?)			
家长评			

二月份家务劳动契约书

我是劳动小达人_____,为提升厨艺,培养我自理自立能力,我与爸爸妈妈协商,本月主动承担部分家务劳动。为理清双方权利义务,签订此契约书。

我自主承担以下家务:

基本任务:为家人购买价格低、质量优的各类菜品。

挑战任务:学习擀饺子皮、包饺子。

个性任务:_____

爸爸妈妈需承担监督、评价和见证任务。

表 3-35 "二月份家务劳动契约书"家长评价表

周 次	评 价	周 次	评 价
第一周	☆☆☆	第二周	☆☆☆
第三周	☆☆☆	第四周	☆☆☆
综合评价			

(注:三颗星分别代表基本任务、挑战任务和个性任务,每完成一项任务得一颗星,可在相应星处涂色或打"√",评价要结合当周的任务完成与前一周的比较是否有进步。)

双方约定"说话要算数",不得以任何理由提出停止契约。如果不按要求完成约定,需要接受"惩罚"。

我愿意接受的"惩罚":＿＿＿＿＿＿＿＿＿＿＿＿＿＿＿＿＿＿＿＿＿＿＿

爸爸或妈妈愿意接受的"惩罚":＿＿＿＿＿＿＿＿＿＿＿＿＿＿＿＿＿＿＿

我的自选"惩罚"

1. 一个周不看动画片。
2. 一个周不要零花钱。
3. 每晚跳绳 500 个或楼下原地拍球 200 个。
4. 每天为父母朗诵一篇文章。
  ......

父母的自选"惩罚"

1. 亲子阅读 1 小时。
2. 亲子运动 1 小时。
3. 一起外出游玩半天。
4. 做一桌孩子最喜欢吃的美食。
  ......

买菜有学问

买菜是一门学问,比如什么样的黄瓜最鲜嫩,什么的辣椒最辛辣,什么的西红柿生吃口感好……另外,还要关注质量和价格,学会货比三家,同样的质量,选价格低的。因此,要吃得好,吃得美,吃得实在,除了经验的累积外,还要多学习,多实践。

表 3-36 "买菜有学问"劳动记录表

年　级		小厨师姓名	
今天准备买哪些菜			
买菜过程我记录（你买的菜品质量如何,价钱是否理?）			
家长评			

假期中,你自己或与家人一起去买菜,你有哪些见闻,有哪些买菜经验,记录下来一起与大家分享吧!

表 3-37　学擀饺子皮

牟平区新城小学"探寻节气美食"劳动活动记录

年　级		姓　名	
教师说	饺子是中国的传统食物,寓意着"团圆福禄""吉祥如意"等美好祝福。逢年过节,一家人总会团座一起包饺子、吃饺子,其乐融融。仔细观察家人是如何擀饺子皮的,你也试一试吧!		
我会做 (小提示:仔细观察擀饺子皮前先做了哪些准备工作,双手是如何分工协作的,你是怎样擀的,你1分钟擀了几个饺子皮,你的心情如何)			
家长评			

(备注:开学后学校将举行擀饺子皮比赛,要求擀时姿势正确,饺子皮的皮厚度合适,形状圆圆。届时我们比一比,赛一赛,1分钟内谁擀得多。)

包饺子的乐趣

饺子是中国的传统食物,寓意着"团圆福禄""吉祥如意"等美好祝福。逢年过节,一家人总会团座一起包饺子、吃饺子,其乐融融。我们这儿的饺子有鱼馅的、肉馅的、素馅的。刚出锅的饺子吃一口,那是满口的鲜香。你最喜欢吃哪种口味的饺子? 假期中与家人一起尝试包饺子吧!

表 3-38　"包饺子"劳动记录表

年级		小厨师姓名	
准备原料			
劳动过程 我记录 (小提示:你跟谁学习包饺子,你怎样包的,包了几个,如何包不漏馅)			

续表

家长评	

饮食文化篇

表 3-39 学做"龙"面点——"学厨"主题劳动教育活动

时　间		班　级		姓　名	
我知道	2024 年是龙年,是中国一个非常吉祥的年份,因为历史上,龙一直都被视为祥瑞的象征。随着历史的发展,龙作为文化符号,成为中国在世界上不可替代的象征。龙年的春节,家家户户都喜欢做各种面食"龙",祝福家人吉祥福祉、德高望重、龙飞凤舞。假期中,你也跟家人学习做花样面食"龙"吧,为家人、为自己送上祝福!				
我会做					
文化探究	12 月 2 日,中央广播电视总台《2024 年春节联欢晚会》主题、主标识发布。主题"龙行龘龘 欣欣家国"中的"龘"字我知道读(　　)。"龙行龘龘"形容龙腾飞的样子,昂扬而热烈。"龘"字由三条"龍"组成,这种构造方式,体现了古人的想象力和艺术感,"三"是虚数,往往表众多,可以理解为所有龙的传人一起腾飞。2024 年总台春晚主标识以"龘"字为题眼,也是在唤醒大家对汉字的关注和兴趣,体会汉字之美。 请你写出四个含"龙"的四字成语: 请你写出两句龙年的祝福语:				

续表

我会读	有关生肖龙的诗词 龙移 ［唐］韩愈 天昏地黑蛟龙移,雷惊电激雄雌随。 清泉百丈化为土,鱼鳖枯死吁可悲。 龙阳县歌 ［唐］刘禹锡 县门白日无尘土,百姓县前挽鱼罟。 主人引客登大堤,小儿纵观黄犬怒。 鹧鸪惊鸣绕篱落,橘柚垂芳照窗户。 沙平草绿见吏稀,寂历斜阳照县鼓。
家长评	

生产劳动篇

表 3-40　我来做酵素肥

年　级		姓　名	
教师说	食用酵素是用水果或食用菌等为原料经发酵而成的生命要素。不同的原材料,制成的酵素作用不同。如苹果酵素调理肠胃,预防高血压;柑橘酵素祛斑消渴,通便利尿。还可用果蔬皮为原料制成的酵素有机肥,改良土壤,促进植物的生长。寒假里,咱们学做酵素有机肥吧,可以用来浇家里的花,开学后还可为班级的种植园施肥,快快行动起来吧!		
我会做 (1. 上网查阅资料、搜集整理酵素制作方法与注意事项。2. 请教身边的专家,有条件的实地调查了解有机酵素制作方法)	材料准备:		
	制作过程:		

182

小提示	1. 将所有原料放在桶中后,水不能加得太满,预留发酵空间。 2. 瓶盖不要拧得太紧,以防发酵后气体膨胀将桶撑裂。 3. 发酵的过程中桶要放在空气流通的地方。
科学探究	什么是酵素? 酵素是微生物发酵发生的生命要素,是对植物生根发芽、成长发育、开花结果等推陈出新活动必不可少的,催化加速生化反响进行的一系列活性酶的总称。 酵素肥有什么作用? 1. 净化土壤,祛除地毒,抗重茬,提高作物抗病才能。 2. 加速有机质分化,转化为腐殖质,疏松土壤抗板结。 3. 加速氮磷钾和中微量元素的分化吸收,促进成长!
菜园追肥	如何追肥? 1. 把原液倒出来,按照1:200的比例兑水使用,浇灌到菜地里,浇水和施肥一举两得。 2. 剩下的残渣,刨沟,将其埋在土里作为底肥。 注意事项: 1. 需要控制好酵素肥的使用浓度,浓度不宜过高,避免对作物造成不好的影响。 2. 喷施酵素肥的工具不能用来装农药,宜单独为酵素肥准备1个工具。 3. 如果不需要使用酵素肥的话,一般需要将它放在阴凉处进行保存。
家长评	

家乡美食

1. 海肠捞饭

海肠捞饭就是烟台特色家常菜之一。它也是最能勾起烟台人对于家乡回忆的一道菜,深受大家喜爱。亦饭亦菜,是海肠捞饭的特点。

海肠捞饭做法有讲究。先把新鲜的海肠清洗、焯水备用;油温五成热时,放葱花煸香,再放入鸡蛋液翻炒,随后下胡萝卜丁、黄瓜丁、火腿丁;再放米饭、盐,翻炒均匀盛出;锅中再放油,放入备好五花肉煸香,再放葱花、姜末、蚝油、生抽、韭菜,最后放入海肠,大火翻炒30秒左右即可出锅,将炒好的海肠倒在炒饭上即可。

海肠富含蛋白质,营养价值堪比海参,并具有温补肝肾等作用。韭菜富含膳食纤维与多种矿物质,具有健胃、提神的功效。当凭着一口"鲜"字吊"仙"气儿的海肠遇上肥厚的五花、鲜嫩的韭菜和金黄的蛋炒饭,有关"鲜"字的秘密,一"捞"便知。

〖我的随想〗_____

_____

_____

2. 养马岛肉焖子

焖子是烟台特色小吃，有着上百年的历史，随着人们生活水平的提高，焖子还演变出了许多新的花样。而养马岛肉焖子，就是其中最为有名、最受欢迎的品种之一。

养马岛靠海，百姓以打鱼为生，自古以来就比较富裕。而在过去的时候出海条件差、危险大，因此渔民更不愿意攒钱，所以他们舍得吃，吃得好，而且渔民往焖子里加了肉之后，味道更香。渔民们把焖子晾干，出海时还能当干粮吃，因为肉焖子里有肉，所以抗冻、顶饱，沾上麻汁和海草一起吃，特别香。

那时候除了养马岛之外，很少能够买到肉焖子，多是养马岛上的亲戚相送才能吃到。因此许多人为了吃上一口这种美味，都要专门上岛去买来吃。

现在，养马岛肉焖子不仅成了一道独特的美味，而且，把先切好的肉焖子配上海参、虾仁、鲜贝丁、鸡蛋糕、木耳、黄瓜片、胡萝卜片等，经过厨师精心熬制，就成了一大碗色香味俱全的"全家福"，这道菜是牟平人逢年过节婚宴酒席上不可缺少的美食。

它的做法是，先备好材料，如猪肉、淀粉、盐、味精、酱油、葱、姜。再选三分之二瘦肉、三分之一五花肉的猪肉，切成丁；地瓜淀粉和成糊状，放入适量盐、味精、酱油、葱、姜，顺时针方向搅在一起；让淀粉和猪肉充分融合；然后将不锈钢盘子的盘底先抹一点油，原料和好后一起倒入盘子里，不能太厚；蒸三十分钟，憋十分钟掀锅，冷却后切块保存即可。

〖我的随想〗＿＿＿＿＿＿＿＿＿＿＿＿＿＿＿＿＿＿＿＿＿＿＿＿＿＿＿

＿＿＿＿＿＿＿＿＿＿＿＿＿＿＿＿＿＿＿＿＿＿＿＿＿＿＿＿＿＿＿＿＿＿＿

＿＿＿＿＿＿＿＿＿＿＿＿＿＿＿＿＿＿＿＿＿＿＿＿＿＿＿＿＿＿＿＿＿＿＿

3. "葱烧海参"的秘密

清末民初，京城有名的八大楼中，大多为山东省烟台市福山人所开。其掌柜的、大厨及跑堂的百分之八九十是福山人，一时成为人们在街巷中的美谈。

福山鲁菜首推葱烧海参。它用黄、渤海所产海参加工而成，是中国北方宴请贵客的招牌菜。当时，人们很纳闷："同为厨师，其刀工、食材、火候、炊具几乎一模一样，为什么福山厨师做出的葱烧海参美味可口，其他地方的厨师就略逊一筹呢？"后来，有心的酒店老板特意安排机灵人打入内部，专门盯着，终于发现，福山厨师盛菜前，经常背着人，往菜里撒点什么。因其动作飞快，到底是什么，无法看清。上前询问，他们只是笑笑，默不作声。后来才知，葱烧海参的秘方，首先是必须撒放点海肠子粉提鲜，或用猪大腿骨、老母鸡熬出高汤增鲜，或用新鲜的海蟹腿夹肉熬汤提鲜；其次是必须在锅内放入凉油、用粗细均匀的葱段放入煸炒后提鲜；再是一定要把握住火候。

由于福山厨师做的葱烧海参色泽鲜亮、质地软糯、葱香浓郁、口味鲜美，好多宾客指名道姓要他做，继而久之，就成了京城酒楼的大厨。

新中国成立后，许多社会名流、外国友人就成了丰泽园的食客。他们来此就餐，每次必点葱烧海参。

〖我的随想〗＿＿＿＿＿＿＿＿＿＿＿＿＿＿＿＿＿＿＿＿＿＿＿＿＿＿＿＿＿

＿＿＿＿＿＿＿＿＿＿＿＿＿＿＿＿＿＿＿＿＿＿＿＿＿＿＿＿＿＿＿＿＿＿＿

4. 酸甜爽口的山楂糕

秋末冬初,山楂上市,为干燥天气带来了一丝丝的酸甜。中医认为,山楂甘、酸、温,所以具有消食化积、活血化瘀的作用。对于大多数 80 后、90 后来说,山楂糕可能是童年记忆里最为甜蜜的乐趣之一。现在的孩子们也因其独特的口感与美味而爱上了这款零食。

如果在街上找不到放心的山楂糕,不妨自己动手,在家里自制山楂糕吧。首先,挑选出完整没有破损的山楂,接着将挑好的山楂用盐水泡半小时,搓洗干净后,再从中间切开,去核去蒂,加水煮 5 分钟左右,再挤入鲜柠檬汁。

将煮好的山楂捞出,放入破壁机内打成果泥,用漏勺过滤,倒入玻璃锅中。在果泥内加入冰糖小火慢熬,需要不停地搅拌防止煳锅,待山楂泥变黏稠以后,可以品尝一下,如果觉得酸可以加入适量的白砂糖。

熬果酱的过程是很需要耐心的,全程小火慢熬,一直熬到用铲子铲起来倒挂不掉为止。熬好果酱后放入冰箱冷藏 4 个小时,倒扣直接脱模后,切成小块即可。

大鱼大肉吃得太多确实不容易消化,尤其是老人和小孩,容易发生积食。具有消食健胃功效的山楂是这类人比较好的选择。需要注意的是,山楂糕含有一定的糖,口感好,小朋友通常会比较喜欢,但血糖高的老年人不建议多吃。自己制作的山楂糕口感爽滑细腻,没有添加剂,吃起来也更放心。有兴趣的同学,可以试一试。

〖我的随想〗_____

_____

_____

5. 蓬莱小面

蓬莱小面在烟台仙境蓬莱是家喻户晓的地方名吃,在山东负有盛名,甚至在全国也享有盛誉。它已沉淀为自己独有的专属美食记忆,一座城市的性格和符号!

蓬莱小面以面坯精致、柔软、卤汁多,又以其清鲜味美、风味独特别具而自立特色。做小面,和面最见功夫,手要一松一张,揉九九八十一遍。这样揉制的面,柔中带韧,韧中见柔,在师傅手中一个柔软面团,三拉四摔,几个回合,即被摔成白条细细软软的银丝,将面条下锅煮熟捞出,冷水过凉,此时小面黄里透白,爽滑劲道,碱香味好。正宗小面的卤一直延用当地叫作加吉鱼的一种海鱼熬汤调制,十分鲜美。将加吉鱼洗净放入底汤中煮 10 分钟,再依次加入葱花、姜末、黑木耳、食盐、老抽、大料、香油等佐料,待汤烧开时,再将打散的鸡蛋撒上。这样一碗细如发丝,汤卤鲜美,热气腾腾的蓬莱小面即大功告成。

若来到"人间仙境"蓬莱,遍览神仙胜地,啖尽美味佳肴,自然少不了物美价廉的蓬莱小面。俗话说"饮食众生",慢慢享用这颇具特色的地方小吃,或许可以吃出点神仙文化的意味来……

〖我的随想〗_____

_____

_____

后记

《在坚守初心中绽芳华——我的教育探索之路》记述了我个人的工作学习历程。成书过程与其说是一本书稿的撰写，不如说是一场心灵的对话。借此机会，向曾经给予我机会、关心、帮助、指导、陪伴的人们，致以深深的敬意与诚挚的感谢。

回首我的人生之路，我来自小山村，外貌平平，仅凭着对孩子们的一腔激情，三十多年来一直全身心地沉浸式投入这份工作。可能是因为自己的生活经历，我不太善于人情世故、礼尚往来，也不太会当面表达心中的感动与感激之情。因此我有太多的时间陪女儿，有太多的时间专心读书、专心思考课堂，有太多的时间让我和伙伴们能够沉心静气探索促进孩子们发展的教育路径，实现着自己的教育理想。

我幸运地拥有了很多学习、培训、提升的机会。从 2012 年参与的东北师范大学的国培学习，到浙江大学、华东师范大学等学校长达五年的烟台名师人选培训学习，以及到莒格庄镇中心小学的挂职锻炼，每个阶段、每次培训、每一程历练，都凝聚着各级各界领导、专家对我的真诚关心和培养，都让我踏上教育人生的新起点，都在观念、理论、实践和个人综合素质提升等方面让我实现终身受益的蜕变和成长。我把自己的感动转化为对教师和孩子们的帮助。看着同行团队和孩子们不断提升发展，那是一种无可替代的幸福与满足。随着团队和孩子们的进步，我个人也在各级领导的关心支持下，先后荣获烟台市优秀教师、烟台市教育教学先进工作者、烟台市名师、烟台市教科研先进个人等称号，撰写的 30 多篇论文刊发在各类报刊上。

不管走到哪里、身处何方，我总是诚恳地向教师们、家长们传递着自己的认真与温暖、严谨与善良，呼吁大家要相信和传递正能量，要相信事业的发展、社会的进步需要更多的有情怀、有担当、有作为的实干型人才。

"社会埋没人才是可悲，然而有什么比自己埋没自己更可悲呢。"是中师毕业时班主任送给我们的临别语，我一直谨记在心，并对实际行动践行着教师的嘱托。

三尺讲台，两袖清风，在平凡中享受孩子们带来的快乐，在安静得日子里，品味书籍的清香，用自己的光和热，温暖自己，照亮别人。

接下来,以同仁 2023 年 6 月为我撰写的"牟平区十大突出贡献人物"的事迹报告作为结束语。

她躬耕教育沃土,已三十余载。作为学科教师,她挚爱三尺讲台,不断追求理想的课堂境界;作为教研带头人,她满怀憧憬,把引领教师成长视为己任;作为管理人员,她喜欢默默付出,不待扬鞭自奋蹄……她就是牟平区新城小学副校长——曲涛。

以生为本,为学生成长赋能。

她热爱课堂,热爱孩子。不管工作多忙,她都喜欢走进课堂。她常说:"课堂就是我的加油站,只要一进教室,就觉得自己充满了力量。"工作中,她发现孩子们不会学习、不善于表达。她深知,教育就是点燃、唤醒、成全和等待,孩子有时只需要一个机会。为给学生创造成长的契机,她经反复实践和多方研究创建了自己的教学模式,即"导学合作"模式:课前根据学习内容和学情为学生精心设计出"导学材料",课堂上再引导学生通过主动思维活动提出问题,并尝试自己解决问题,然后以合作交流的方式解决学生的疑难问题,最后再以课堂小测的方式检查学生的学习效果。这种模式的课堂,学生是主动学习者,讲台是学生的。任何时间走进她的课堂,都可以看见"小讲师"们忙碌的身影,"想一想这两条信息能解决什么问题""有请你来说""哪位同学还有什么问题?"……小讲师们个个举止大方得体,思路清晰,逻辑性强。她坚信:孩子一旦有了属于自己的舞台,会发出自己最强的声音,这就是拔节孕穗的声音。在这样的课堂上,学生慢慢学会了自主学习,学会了合作,学会了表达,收获了一生受用的能力。在她的带动下,全校推广这种学习方式,学生形成了"人人能做小讲师,人人争做小讲师"局面。她在平凡的三尺讲台上为学生们撑起人生的大舞台。

以研促学,为教师发展赋能。

"己欲立而立人,己欲达而达人。"作为业务带头人,她奉行这样一句话:领导好好学习,教师天天向上,教师好好学习,学生天天向上。

在听课过程中,她发现有些班级学生的课堂效率不高。仔细分析原因,发现教师备课时"学习目标"设计不明确,导致课堂教学漫无目的。于是,她给教师推荐了车言勇主任撰写的《课堂深度变革:新时代教学策略》一书。为了让教师读懂其精髓,她先组织教师从"如何精准确立学习目标"开始自主阅读,在自读中找疑惑,写感悟,进行深度思考;接下来,再结合校内"课堂教学大比武"活动进行实践。在说课、议课环节,她重点关注教师确立的"学习目标"是否准确,是否具有连续性,并指导教师一条一条修改;在上课、评课环节,重点关注目标达成策略是否指向明确,是否具有启发性。在这个过程中,她与教师反复讨论、实践、修改学习目标,遇到问题就再回到书中找答案,再到课堂去实践,直至问题解决彻底。教师目标意识不断增强,他们基本能够着眼大单元,研制出指向核心素养的精准小目标,设计出简约、高效的课时任务群,使得课堂学习活动清晰化、系统化、条理化。看到教师学有所获,她也满心欢喜,在读书交流会上,她诚恳地说:"我们作为教师要永远走在学习的路上,不断在专业上发展,让专业锋芒化作自己的光芒。"

2022 年秋季开学,学校开设了食育课程。为了让教师上课有所依据,开学前,她与骨干教师一起制定了各年级的劳动清单,从低年级到高年级把日常生活劳动、生产劳动、服务性劳动做了详细规划。针对学校打工家庭子女较多的实际情况,她指导教师精心规划了"师娃学厨"劳动课程,解决孩子按时吃饭难问题。该课程秉承"劳力劳心 亦知亦行"的劳动教育理念,以"培养劳动意识""发展劳动技能""养成劳动习惯""形成劳动价值观"为目标导向,从慧眼识材、功夫小厨、营养搭配、文化探秘四大主题入手,开设了科学种植、花样炒菜、日常面食等十七类劳动课程,对学生进行多维度的食育教育。她组织课程实施,课程的开展,取得了骄人的成绩,两位青年教师执教的食育公开课获区优质课;光明教育家、大小新闻、牟平教育、智慧牟平、牟平电视台等多家媒体相继报道了"师娃学厨"课程体系研究成果。2022 年,该课程的研究被立为"烟台市基础教育教学改革项目""山东省全环境育人实践研究"课题子课题,课程实施经验在牟平区劳动教育研讨会上交流推广,撰写的案例被评为烟台市第二届优秀典型案例,并推荐到省里参赛。

面对骄人的成绩,她从不炫耀,她总是说:"一个人的力量是有限的,我要把 30 多年的教学经验传递给年轻教师,与他们一起做研究,让他们能够'带着课题进课堂,带着思考出课堂',让更多的年轻教师超越我们。"

以身作则,为学校转型赋能。

2021 年秋节开学,曲振芳校长授命来到师范路小学。此时,学校面临老校升级、新校建设两大任务,而学校只有她与曲校长两名领导干部。带领平均年龄在 51.2 岁的一群老教师,如何进行课堂转型,如何进行新校文化顶层构建,如何把这些打工家庭子女培养成乐读、会学、有爱的灵动少年……面对种种困难,她没有退缩、没有旁观,以满腔热情与曲校长一起撑起了师范路小学的天。白天她要上课,要与曲校长一起督查的教学常规、完成政工事务、少年队工作;晚上回家要备课、批作业、写总结、撰写案例;双休日、节假日时常要与赛课教师一起磨课,与曲校长一起讨论新校文化构建。面对快节奏、高密度的工作,她没有请一天假,每天都热情洋溢地穿梭在学校的各个角落,反而担心把曲校长累病了,担心曲校长不能适应老旧的学校现状。

12 月中旬,学校疫情蔓延,各班都有居家养病的同学,教师们也相继病倒了。要给在校的同学正常上课,还要给居家的同学推送网络学习内容,她便与剩下五位教师一起并肩作战。当要求学校自己给学生做核酸检测时,她便与曲校长第一批冲上抗疫一线,一起穿上防护服,拿起检测棉签化身为"大白",一个一个为学生检测。层层包裹的防护服让她感觉眩晕憋气,趁两个班级学生衔接的空闲,她便掀开面罩休息一会儿,学生一来,立刻戴上面罩投入工作。等将全体同学都安全放假回家后,她却病倒了,劳累加上生病,她持续发烧一个周,她却欣慰地说:"我没事,学校工作都圆满完成,我可以安心生病了。"

为了更好地协助曲校长工作,她不断地学习,提升专业素养。她重读了齐鲁名校长曹瑞敏校长的《我的美国行》,书中描述的美国小学的课堂、社会实践活动及各活动室的活动情况、设备陈列,对她配合曲校长进行课堂改革和新校建设有很大启发;她还读了顾明远先生的《新形势下教育本质与价值观的再思考》、意大利著名教育家蒙台梭利《童年的秘密》等等。看她忙碌的身影,教师不解地问:"这么多事还不够你忙的,为什么还要看书？"她笑笑说:"与校长讨论、商议任何工作,都得带着自己的思考和方案,做副职的就要多为校长分忧、出思路、想办法呀!"她也喜欢看曲校长推荐的《在峡江的转弯处》一书。书中主人公陈行甲那一身正气、一身朝气的为民情怀让她深受感动。她说:"我们做教师的也应该这样,因为教育是奉献,不是索取;教育是公益,不是功利;教师要先自重,才能受到尊重。"她是这样说,也是这样做的。

"宝剑锋从磨砺出,梅花香自苦寒来。"三十多年的教学生涯,她在付出心血与汗水的同时,也收获着成功与喜悦。她先后荣获"烟台名师""烟台市优秀教师""烟台市教育教学先进个人""烟台市教科研先进个人"等荣誉称号。

人生越努力,越幸运!行走在教育的路上,她只管努力前行、忠诚坚守,她忘记了自己的年龄,让自己的热情不断地燃烧、蔓延、传递,在困难之处挥洒力量,在平凡之中演绎精彩!